不骄 不躁 不贪 不悔

操盘赢家③

图解K线形态

奋 斗◎著

廣東省出版集團
广东经济出版社

图书在版编目（CIP）数据

操盘赢家. 3，图解K线形态 / 奋斗著. —广州：广东经济出版社，2012.2

ISBN 978－7－5454－1107－2

Ⅰ.①操… Ⅱ.①奋… Ⅲ.①股票交易—图解 Ⅳ.①F830.91

中国版本图书馆CIP数据核字（2011）第253176号

出版发行	广东经济出版社（广州市环市东路水荫路11号11～12楼）
经销	全国新华书店
印刷	广州市岭美彩印有限公司 （广州市荔湾区芳村花地大道南，海南工商贸易区A幢）
开本	787毫米×1092毫米　1/16
印张	16
字数	309 000字
版次	2012年2月第1版
印次	2012年2月第1次
印数	1～8 000册
书号	ISBN 978－7－5454－1107－2
定价	70.00元

如发现印装质量问题，影响阅读，请与承印厂联系调换。

发行部地址：广州市环市东路水荫路11号11楼

电话：（020）38306055　38306107　邮政编码：510075

邮购地址：广州市环市东路水荫路11号11楼

邮购电话：（020）37601950　邮政编码：510075

营销网址：http：//www.gebook.com

广东经济出版社常年法律顾问：何剑桥律师

前　　言

和股友们交流的时候，我发现大部分散户都存在一种偏激行为。市场上涨时，人人兴高采烈，而且有相当一部分散户在市场上涨过程中，被暂时性的盈利冲昏了头脑，觉得自己就是股神。但是当市场进入调整后，马上就会出现骂娘的声音。一旦市场进入大级别调整或者是进入到熊市状态，无论是QQ群里还是网络帖子，到处都是谩骂攻击的声音，证监会、上市公司，甚至政府都成了攻击的目标。

不可否认，我们的市场还不成熟，存在着方方面面的不足与漏洞，但是你既然选择进入这个市场，就要正确看待这些不足和监管漏洞。进入市场就一定有亏有赚，你赚了就一定有人是亏的。市场不是提款机，想要赚钱需要具备足够的技能，并且还要有良好的心理素质。赚了就当自己是股神，亏了就怨天尤人，这样的投资心理，怎么可能成为市场的赢家？

我发现大部分散户亏损后，都会找出无数的理由给自己的错误开脱，虽然有一部分人承认是自己的错误造成亏损，但是也仅限于口头上，真正愿意接受错误并加以改正的人少之又少。我们既然选择进入这个充满风险的市场，就应该承担市场的风险，如果你不能接受亏损，那么最好远离这个市场。市场不可能一直是上涨的，更不可能人人都赚没人亏损，想要成为赢家，你就需要痛下苦功学习股票知识，怨天尤人、喊爹骂娘对你没有任何帮助。

很大一部分散户一年到头都在市场里杀进杀出，最终的结果是：即便顺势的时候赚到了一些，但当市场进入下行趋势时，所赚的利润便很快地还给了市场。这是一种极其错误的操作方式，这部分投资者恨不得抓住每一次机会，甚至是每一次微弱的反弹都不肯放过，即便是在市场处于明显的暴跌状态下时，也不肯休息。怀有这种无视风险的赌徒式的操作心理，不亏才是怪事。

我在博客上无数次讲过，要顺势而为，做趋势的朋友。任何趋势都是有惯性的，一种趋势形成后，是不会在短时间内被逆转的。趋势不仅仅代表某种方向，同时还蕴含着自然规律。任何事物都不能与自然规律相抗衡，否则必将遭受到残酷的惩罚。遗憾的是，即便是一些专家或市场知名人士，对趋势也总是视而不见，他们为了能在市场中吸引大众的眼球，不惜冒着声名扫地的危险。虽然短时间内或许会得到一些关注，但是最终不但自己身败名裂，而且使得很多善良的散户被误导。

从某种意义上来说，形态是趋势的先导，或者说是趋势转折的起点。在实战当中，顶部形态或底部形态，都是在上升趋势或下降趋势中形成的，同时，也是上升趋势或下降趋势的转折处。形态形成的过程，实际上就是趋势即将改变或已经开始改变的过程。所以，形态向市场表达的，不仅仅是买进或卖出信号，同时，它还向市场提前发出了趋势即将转折或已经开始转折的重要信息。

本书将从各个角度对各种形态进行详细阐述，力求以简单易懂的文字，丰富多彩的图例，展现给读者最实用的技术体系。衷心希望本书能让读者对形态技术有更深入的了解，给读者带去有益的借鉴和帮助。

奋　斗

目 录

第一章 K线技术含义新解

第二章　K线组合及实战要点

第三章 K线形态的形成及实战意义

第四章 K线形态的种类及实战技巧

第五章 K线组合与形态的结合运用

第六章 K线形态的变形

第七章 形态陷阱的识别

第八章 K线组合及K线形态实战案例

第一章 K线技术含义新解

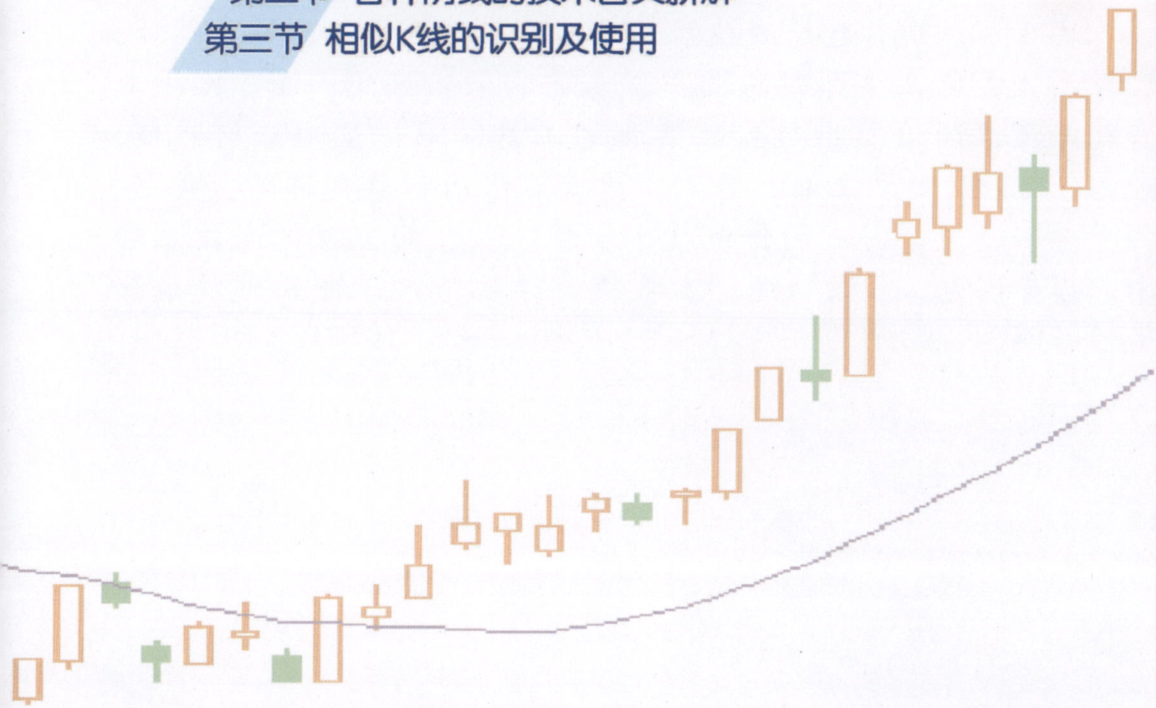

投资者进入股票市场时，最先接触的就是K线。可以这么说，K线是大多数股民认识股市的开始，因为K线是记录股价或市场行情变化的工具，股民进入股市必然会最先接触K线。K线不但是记录股价或指数点位变化的工具，同时也具有独特的技术分析价值。

随着散户股民技术水平的逐步提高，简单的、传统的K线解释已经无法适应错综复杂的市场环境。主力往往利用传统的K线技术解释，反其道而行之，致使大多数散户反复被欺骗，多次遭受重大损失，从而慢慢形成了K线技术无用的观点。

实际上，并不是K线技术无用，而是传统的K线技术解释，已经无法适应日益更新的技术理念的需求。试想一下，K线本身就是记录股价或指数点位变化的工具，无论主力如何骗线，最终的目的还是要上涨，否则主力就无法达到盈利目的。所以，投资者不能抱着固有的传统技术解释不放，而应该更新技术理念，摒弃偏见，多做功课。本章将会详细介绍各种K线技术含义的新解。

第一节　各种阳线的技术含义新解

在解释K线技术含义之前，首先要给K线下一个定义。虽然股市中人人都称呼K线为“K线”，但是大部分股民对K线大小的界定都是模糊的，他们不但不知道怎样去界定K线的大小，而且在对K线的认识上还存在误区。K线大小的区别，是以K线实体来界定的，而不是以涨幅来界定的。也就是说，大、中、小K线的界定，是以K线实体部分的大小来划分的。

我们把K线实体部分的波动幅度达到或超过5个百分点以上的K线称作大阳（阴）线，把K线实体部分的波动幅度大于3个百分点小于5个百分点的K线称作中阳（阴）线，把K线实体部分的波动幅度小于3个百分点的K线称作小阳（阴）线。[注：对股票与大盘指数K线大小的界定，因各自波动幅度的不同，所以界定的方法也不相同。大盘K线大小的界定方法是：K线实体部分的波动幅度小于1.5个百分点的，称为小阳（阴）线，K线实体部分的波动幅度大于1.5个百分点小于3个百分点的，称为中阳（阴）线，K线实体部分的波动幅度超过3个百分点的，称为大阳（阴）线]。

一、大阳线

（一）传统的技术解释

大阳线的传统解释认为：第一，出现大阳线是买盘力量强大的体现，阳线实体越长说明买盘力量越大，相反，阳线实体越短则说明买盘力量越小；第二，连续下跌后出现大阳线，表示多方开始反攻，股价可能见底了；第三，如果股价刚刚形成上涨之势就出现大阳线，表示股价即将加速上涨；第四，在股价连续上涨状态下出现大阳线，表示股价即将见顶回落。

上述观点是市场中对大阳线的传统解释。不能说这些解释是完全错误的，但是上述解释显得较为笼统，对实战没有太大的帮助。同时，上述解释还忽略了一个最为重要的因素，那就是成交量。不同成交水平下的大阳线，会有不同的市场含义。另外，上述解释没有明确界定连续上涨或连续下跌幅度的范围，以及市场的趋势方向。因为在不同的下跌或上涨幅度状态下，以及市场趋势方向不同时，大阳线的市场含义是完全不同的。

（二）实战技术新解

由于单根K线的技术意义只能体现出短期内股价可能出现的走势。所以，无论市场的大趋势，或者是中期趋势是什么状态，单根K线都只能针对短线进行分析。投资者千万不要以单根K线作为中期或者是波段分析的手段。

1. 上升趋势中的大阳线。当股价在上升趋势中的某一日出现大阳线时，首先要看大阳线当日的成交水平，如果出现大阳线当日成交量呈现出温和放大状态，那么抛开一切其他因素，可以认定股价短期内还将上行。如果出现大阳线当日成交量呈现出放量状态，就要看之前的成交量是否已经出现过一段放量过程。如果出现过一段放量过程，且之前股价有过剧烈的震荡，那么，短期内股价虽然还有上涨潜力，但是随时都有回落的可能。如果只是当日放量报收大阳线，之前并未有过连续放量过程，那么，短期内股价可能有剧烈震荡，但震荡后还会有一个上升的过程。另外，如果股价出现了连续几日的放量上行，一旦短时间内涨幅达到或超过了20个百分点，就需要注意股价短线已经见顶［注：凡是大阳线伴随着15%以上（包括15%）的巨量换手，则可以认定股价短期已经见顶（有特殊题材或利好的股票除外）］（如图1－1至图1－3所示）。

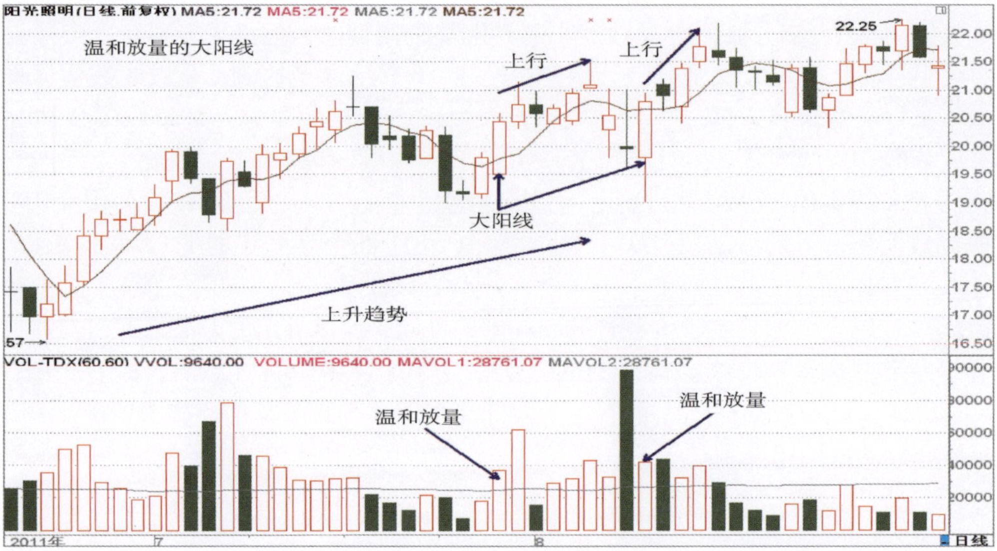

图1－1

图1－1是600261阳光照明的日K线走势图，时间是2011年6月21日至2011年8月31日。

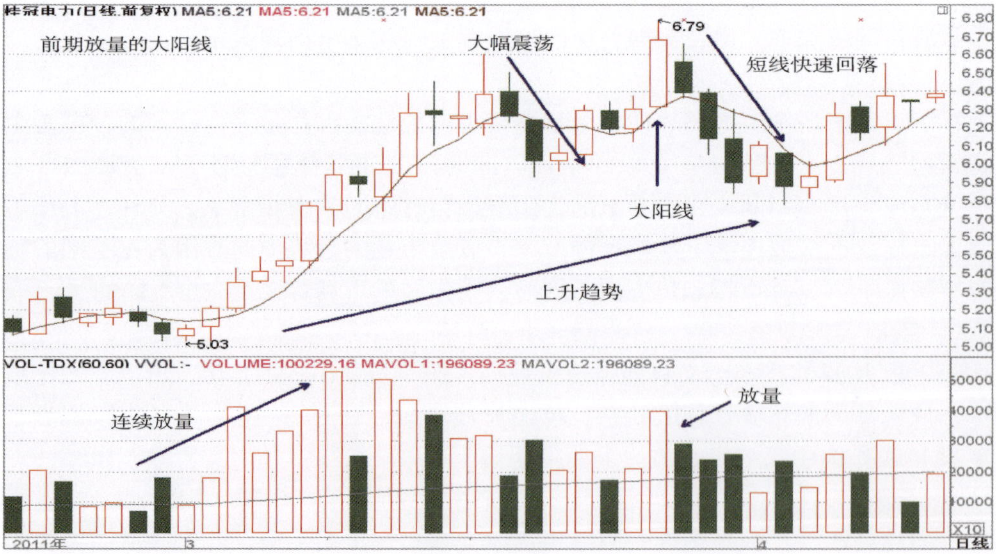

图1－2

图1－2是600236桂冠电力的日K线走势图，时间是2011年2月18日至2011年4月14日。

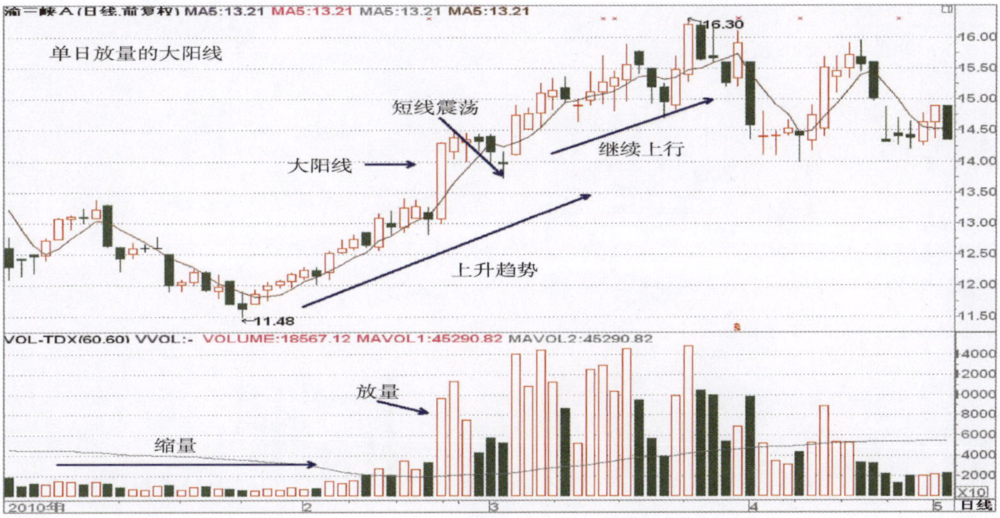

图 1－3

图 1－3 是 000565 渝三峡 A 的日 K 线走势图，时间是 2010 年 12 月 28 日至 2011 年 5 月 4 日。

2. 下降趋势中的大阳线。在下降趋势中出现的大阳线，无论大阳线当日是否放量，都只是多方的抵抗行为，不能作为股价见底的依据。所以，凡是下降趋势中的大阳线，都是减仓或卖出的机会，而不是追涨的理由。下降趋势中的大阳线，只有一种情况可以参与，那就是大阳线之前，成交量出现过连续的放大过程，且大阳线达到了之前放量时的价格区域，但也只能短线或波段操作（注：政策性利好或特殊题材的股票除外）（如图 1－4、图 1－5 所示）。

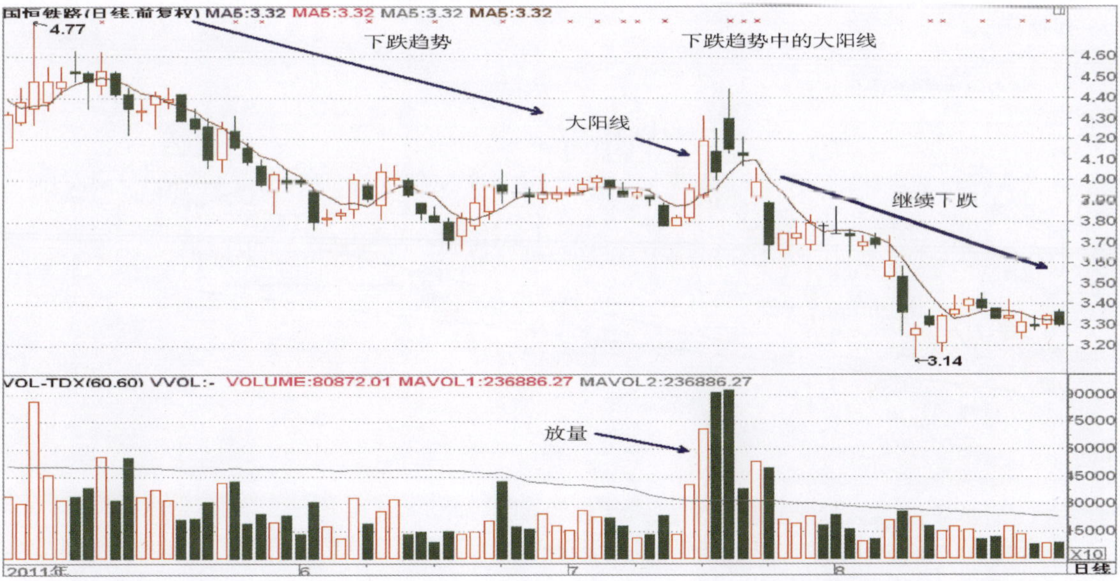

图 1－4

图 1－4 是 000594 国恒铁路的日 K 线走势图，时间是 2011 年 4 月 29 日至 2011 年 8 月 24 日。

图 1 –5

图 1 –5 是 600093 禾嘉股份的日 K 线走势图，时间是 2011 年 3 月 29 日至 2011 年 8 月 24 日。

（三）大阳线的实战价值

很多喜欢追涨的短线散户股民，往往喜欢追涨大阳线，但每每总是被套或被迫割肉出局，其原因是对大阳线的实战价值没有一个正确的认识。事实上，并不是所有的大阳线都具有短线操作的价值，只有那些具有特定意义的大阳线才有短线实战价值。

1. 阶段调整后的起涨大阳线。阶段调整后的起涨大阳线，具有极高的短线操作价值，但是需要具备两个先决条件：第一个是，股价的中期趋势必须是向上的；第二个是，起涨前的成交水平是萎缩的。具备上述两个条件的大阳线，大多数都是短线买入的信号（如图 1 –6 所示）。

图 1 –6

图 1 –6 是 600105 永鼎股份的日 K 线走势图，时间是 2010 年 8 月 11 日至 2011 年 4 月 20 日。

2. 突破新高或阶段新高的大阳线。当报收大阳线当日，股价收盘在新高之上，或者是阶段性新高之上时，这样的大阳线不但具有短线操作价值，还具有波段操作价值（注：巨幅放量除外）（如图 1－7 所示）。

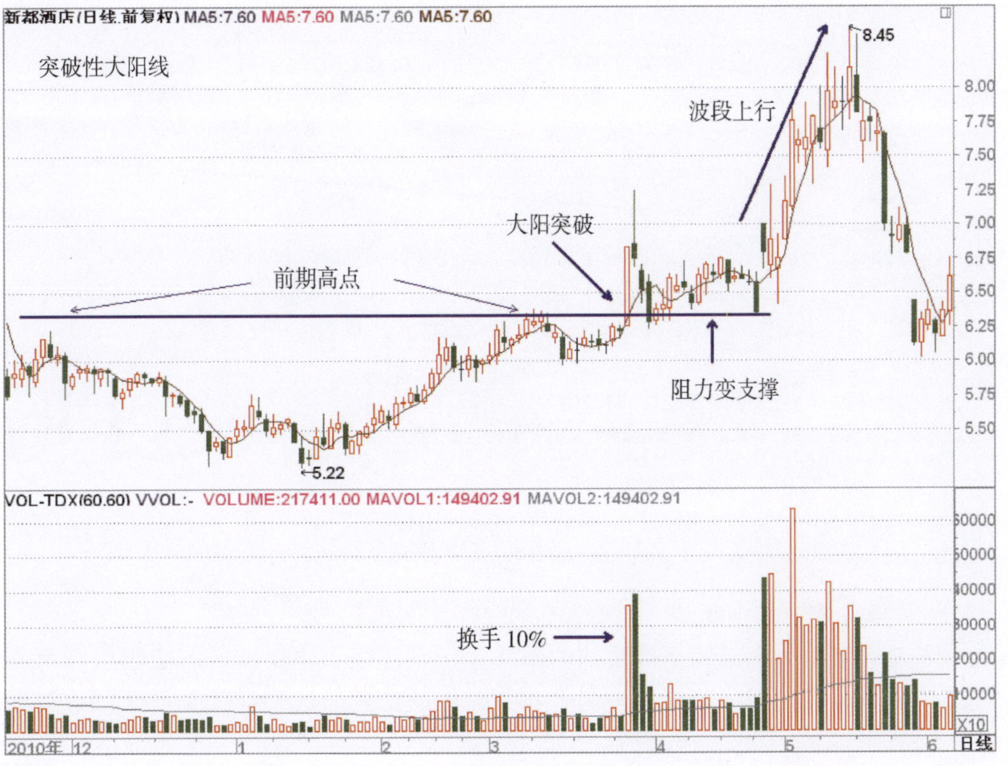

图 1－7

图 1－7 是 000033 新都酒店的日 K 线走势图，时间是 2010 年 11 月 17 日至 2011 年 6 月 7 日。

二、中 阳 线

股市中，很少见到专门针对中阳线的技术解释，通常都是把中阳线归类到大阳线之列，其实这是错误的。虽然中阳线和大阳线有相同之处，但是本质上，中阳线与大阳线是有区别的。对于短线而言，中阳线的实战价值要大于大阳线的实战价值，这一点是被大多数技术人士所忽略的。

（一）上升趋势中的中阳线

在上升趋势中出现中阳线时，几乎可以肯定股价还将上涨。但是，如果出现中阳线的前一日是大阳线，则需要小心转日可能回落。如果中阳线之前一直是小阴小阳，或者是已经连续几日出现了中阳线，那么，则预示着短线股价将会加速上涨。如果是回调后出现的中阳线，则完全可以确定短线股价还将上行。也就是说，在上升趋势中，除了大阳线之后出现的中阳线具有短线风险外，其他任何时候出现中阳线，短线大多数还将上涨（如图 1－8 所示）。

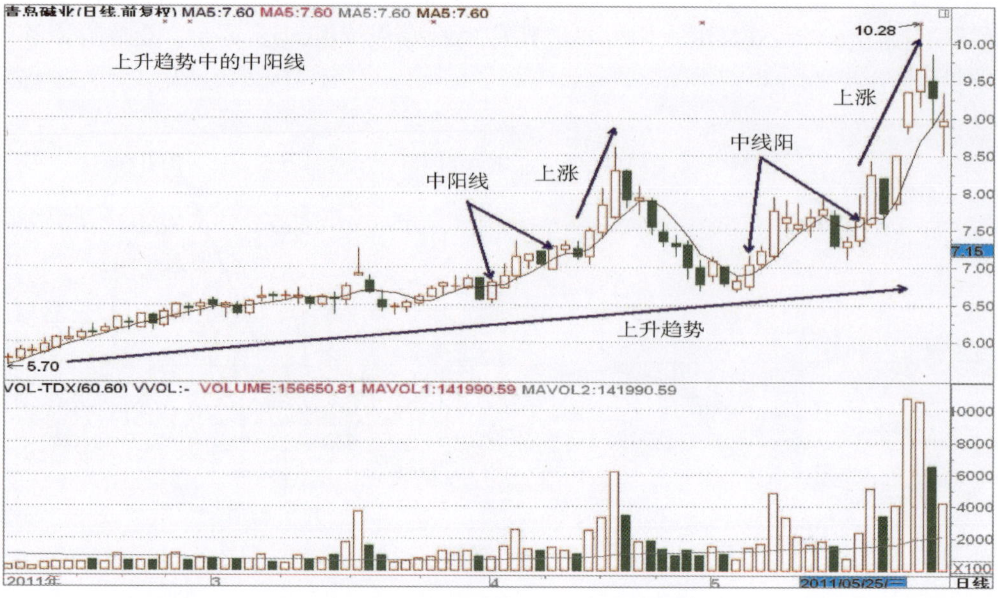

图 1－8

图 1－8 是 600229 青岛碱业的日 K 线走势图，时间是 2011 年 1 月 28 日至 2011 年 5 月 30 日。

（二）下降趋势中的中阳线

在下降趋势中，无论是创新低后的中阳线，还是连续小幅反弹后的中阳线，都不具有实战价值。下跌趋势中的中阳线，只是多方暂时性的抵抗而已（如图 1－9 所示）。

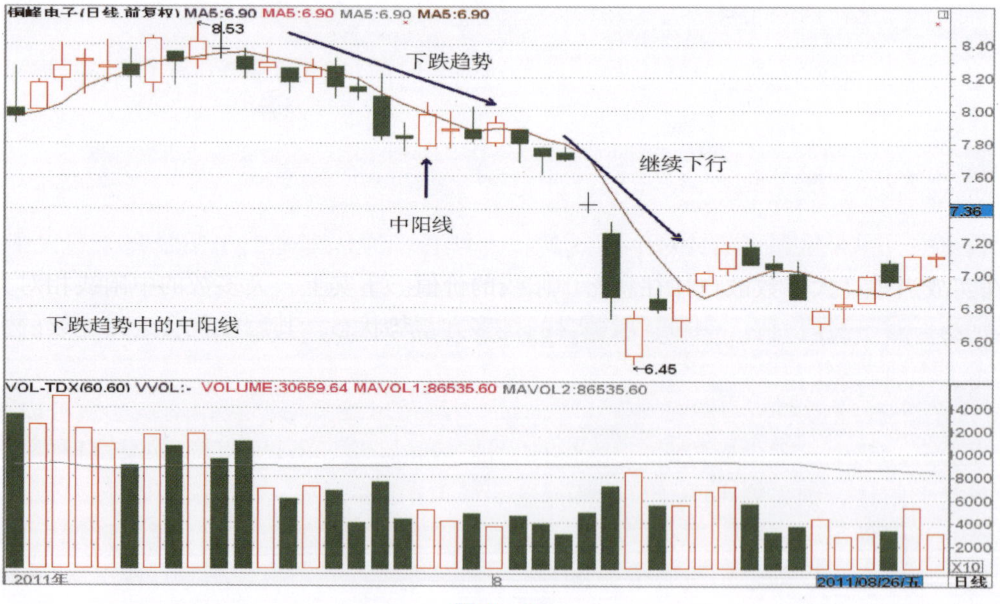

图 1－9

图 1－9 是 600237 铜峰电子的日 K 线走势图，时间是 2011 年 7 月 1 日至 2011 年 8 月 26 日。

（三）横盘趋势中的中阳线

所谓横盘趋势，指的是股价在一个上有阻力下有支撑的箱体内运行。当股价回落到箱体底部时出现中阳线，基本上可以认定股价将会反弹。相反，当股价回升到箱体顶部时出现中阳线，则是力竭的表现。也就是说，箱体底部的中阳线基本排除了破位的可能性，而箱体顶部的中阳线也不是向上突破的信号（如图 1－10 所示）。

图 1－10

图 1－10 是 600258 首旅股份的日 K 线走势图，时间是 2010 年 8 月 12 日至 2011 年 2 月 1 日。

（四）中阳线的实战价值

在实战当中，大多数散户往往忽略中阳线的价值。事实上，大多数的中阳线相对大阳线来说更具短线操作价值。中阳线所蕴含的是多方蓄势状态，其后往往会走出连续的上涨态势。

1. 回调后的缩量中阳线。股价回调之后，一旦拉出缩量中阳线，基本上就可以认定回调已经到位，新的上攻即将展开。所以，无论是短线还是波段，回调后的缩量中阳线都是买进的信号（如图 1－11 所示）。

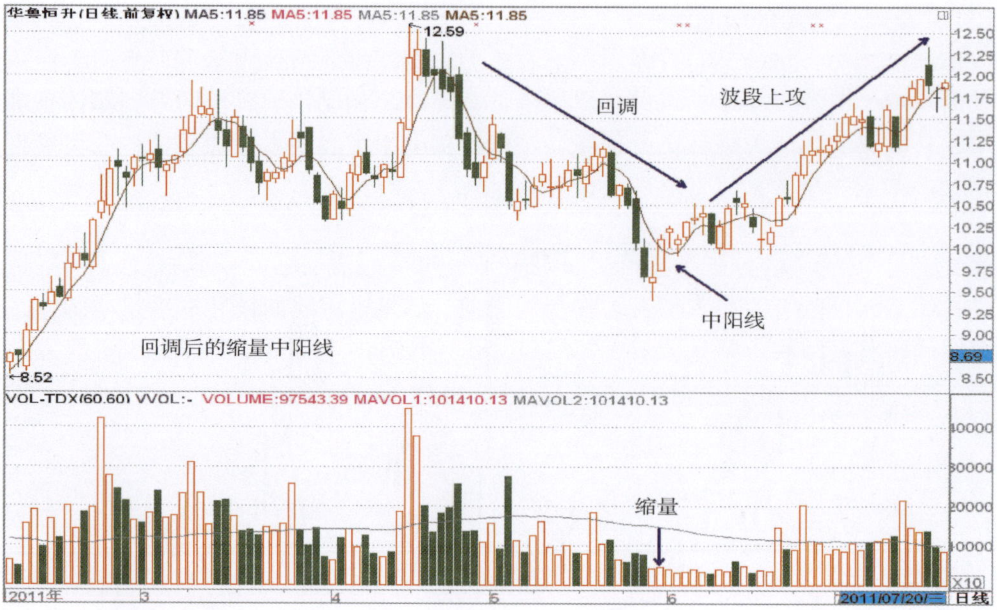

图 1－11

图 1－11 是 600426 华鲁恒升的日 K 线走势图，时间是 2011 年 1 月 31 日至 2011 年 7 月 20 日。

2. 连续的中阳线。股价在上涨过程中，一旦出现连续的中阳线，往往是股价短线加速上涨的征兆，特别是中阳线伴随着成交量温和放大时，短线更具攻击力（如图 1－12 所示）。

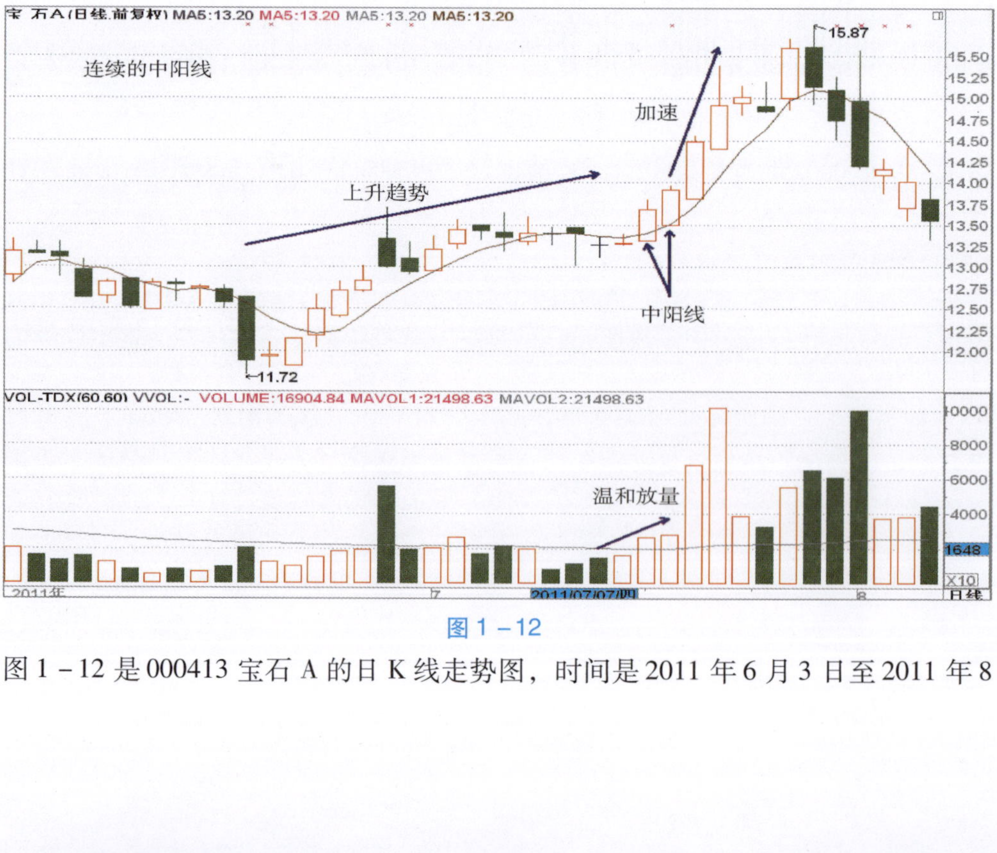

图 1－12

图 1－12 是 000413 宝石 A 的日 K 线走势图，时间是 2011 年 6 月 3 日至 2011 年 8 月 8 日。

三、小 阳 线

当市场处于上升趋势或者是阶段性反弹波段中时，小阳线是出现频率最多的 K 线之一。由于其出现的频率很高，使得大部分投资者对小阳线的价值不够重视。因为对小阳线不够重视，大多数投资者反而与大阳线无缘。

（一）上升趋势中的小阳线

1. 缩量小阳线。在上升趋势中，如果小阳线对应的成交量与前期成交水平没有太大变化或有缩减时，则需注意单日大幅震荡的出现。如果是短线回调后的缩量小阳线，则预示着短线调整已经结束，并且会引发短线股价快速拉升的走势（如图 1－13 所示）。

图 1－13

图 1－13 是 000626 如意集团的日 K 线走势图，时间是 2011 年 1 月 12 日至 2011 年 7 月 11 日。

2. 增量小阳线。股价在上行过程中，如果小阳线伴随着成交量持续放大，说明做多动力在增强。但是，如果股价已经处于上方阻力位，或者是于前期高点附近出现增量小阳线，则需注意股价随时可能进入暂时性的调整。如果是股价经过连续的上涨，或者是大阳线之后出现增量小阳线，则需注意短线股价已经见顶（如图 1－14 所示）。

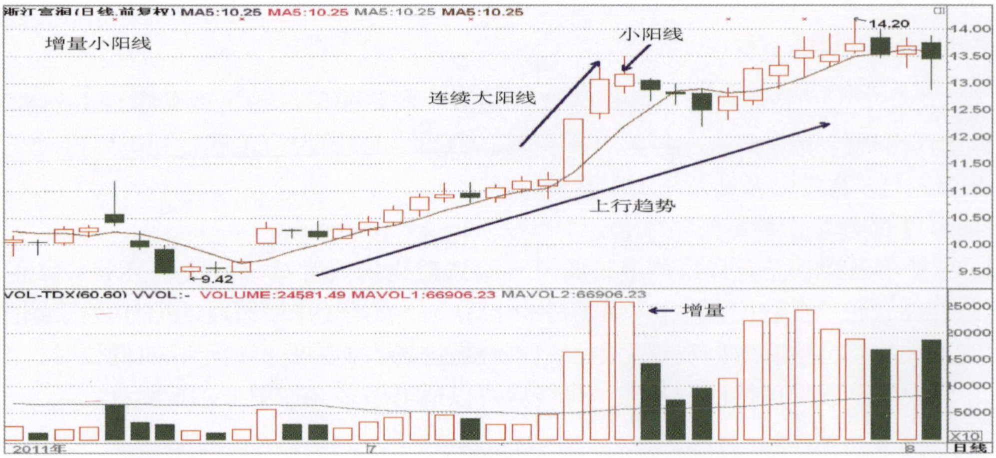

图 1－14

图 1－14 是 600070 浙江富润的日 K 线走势图，时间是 2011 年 6 月 10 日至 2011 年 8 月 2 日。

（二）下降趋势中的小阳线

在下降趋势中，无论是缩量小阳线还是增量小阳线都没有实际意义，下降趋势中的小阳线只是多方暂时性的抵抗，所以并无实战价值。

（三）小阳线的实战价值

在下降趋势中，小阳线基本上没有实战价值，而在上涨趋势中，大多数小阳线也不具有实战价值。真正具备实战价值的只有上涨过程中，出现回调后的企稳小阳线，及突破后的快速缩量的小阳线。在实战中，具有止跌作用的小阳线，需要具备两个要点：第一个要点是阶段性回调后的小阳线；第二个要点是成交量必须是大幅度缩减的。而突破后快速缩量的小阳线，则预示着市场浮动筹码较少，其后股价大多数都会走出持续上涨的走势（如图 1－15 所示）。

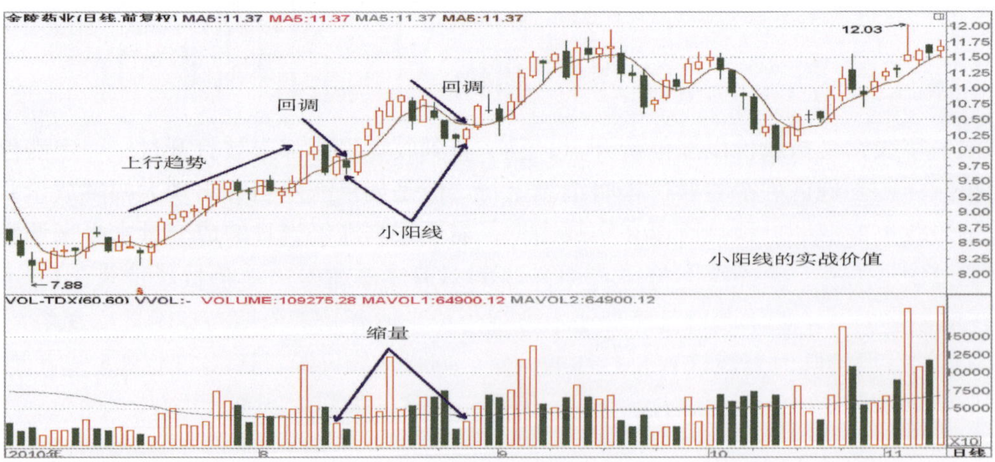

图 1－15

图 1－15 是 000919 金陵药业的日 K 线走势图，时间是 2010 年 6 月 30 日至 2010 年 11 月 8 日。

四、伪 阳 线

伪阳线，是指某一日股价跳空低开，随后股价震荡回升，且收盘时股价报收在开盘价之上，但没能收在前一日收盘价之上。这时虽然K线形成的是阳线，但是价格却较前一日是下跌的。

伪阳线的形成是多方力图扭转颓势的表现，虽然价格最终以下跌报收，但是伪阳线的出现，大多都是短线止跌或即将见底的征兆。虽然伪阳线意味着止跌，但是在实战当中，需要注意出现伪阳线的位置。如果股价处于高位，且出现伪阳线时，股价是处于刚刚开始回调或下跌状态，这时应以观望为主，不可轻易进场。如果股价处于相对低位时，出现伪阳线，只要转日股价保持回升状态，短线就可以适当做多（如图1－16所示）。

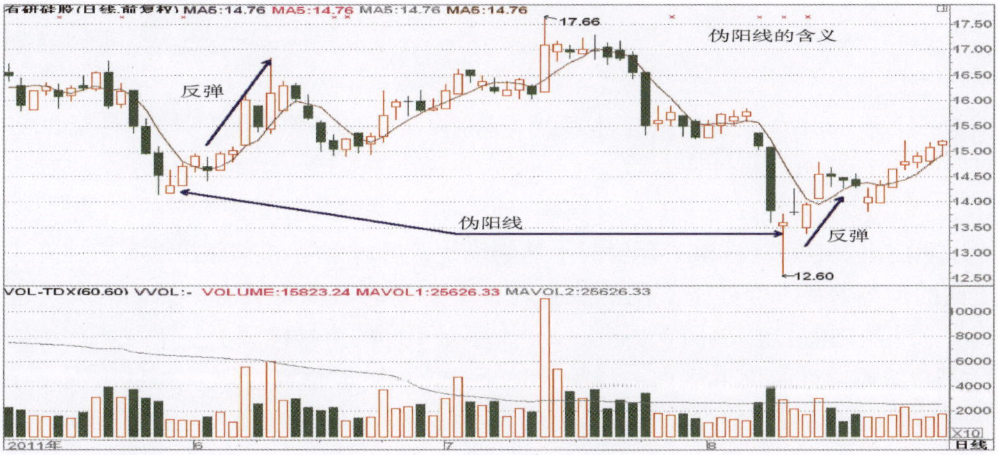

图1－16

图1－16是600206有研硅股的日K线走势图，时间是2011年5月11日至2011年8月29日。

五、阳一字线和阳十字星

（一）阳 一 字 线

阳一字线，是指股价以涨停价开盘，且一直到收盘涨停都未被打开过。一字涨停是股价走势极强的表现，预示着股价还将继续上行。但是如果涨停当日出现大幅度放量，则说明股价短线可能已经见顶。所以在实战当中，需要根据涨停当日的成交量水平来调整短线的操作（更多解释读者可参照笔者所著的《操盘赢家系列②——图解量价关系》）（如图1－17所示）。

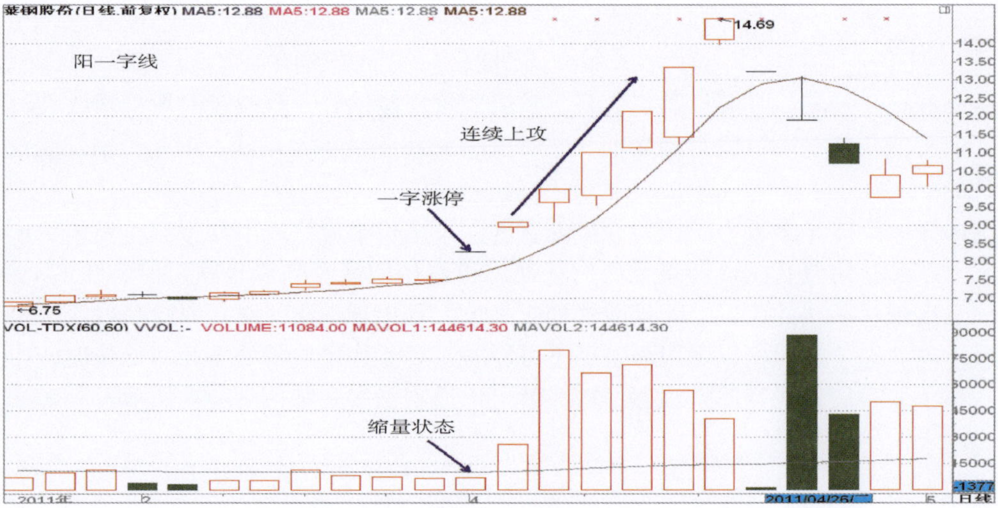

图 1－17

图 1－17 是 600102 莱钢股份的日 K 线走势图，时间是 2011 年 1 月 27 日至 2011 年 5 月 3 日。

（二）阳十字星

十字星的出现是市场多空力量暂时平衡的表现，所以十字星本身并无实质性意义。但是在不同的趋势中及股价处于不同的位置时，十字星的出现则具有不同的意义。也就是说，出现十字星之前的走势不同，则会赋予十字星不同的市场内涵。

1. 高位或阶段性高位十字星。当股价处于高位或阶段性高位时，一旦出现十字星 K 线，则预示着市场短线可能已经见顶。因为十字星本身只代表当日多空力量均衡，但同时也起着缓冲的作用，所以股价上行到高位或阶段性高位时，十字星阻止了惯性上行的步伐（如图 1－18 所示）。

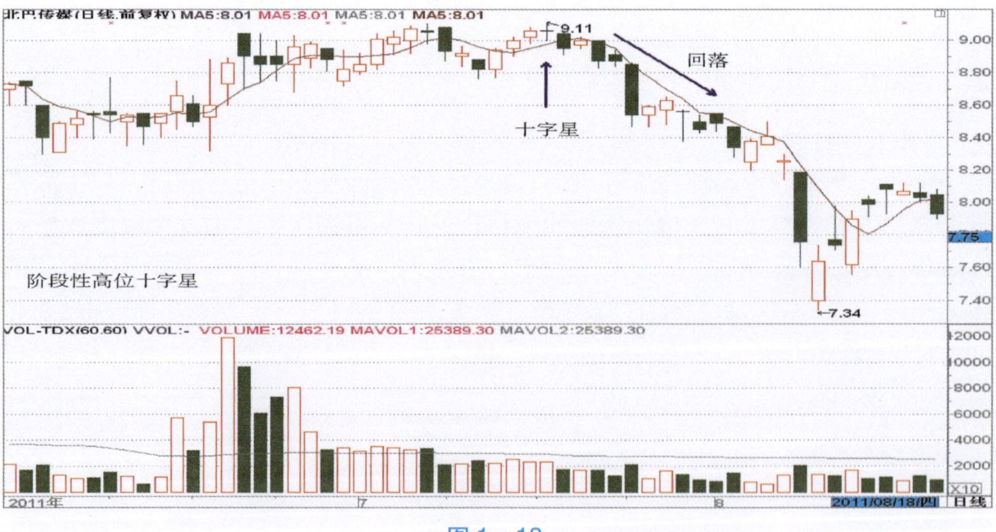

图 1－18

图 1－18 是 600386 北巴传媒的日 K 线走势图，时间是 2011 年 5 月 31 日至 2011 年 8 月 18 日。

2. 低位或阶段性低位十字星。当股价处于低位或阶段性低位时，十字星K线的出现，预示着短线可能已经见底。这个时候的十字星同样也是起着缓冲作用，具有阻止股价继续惯性回落的意义（如图1－19所示）。

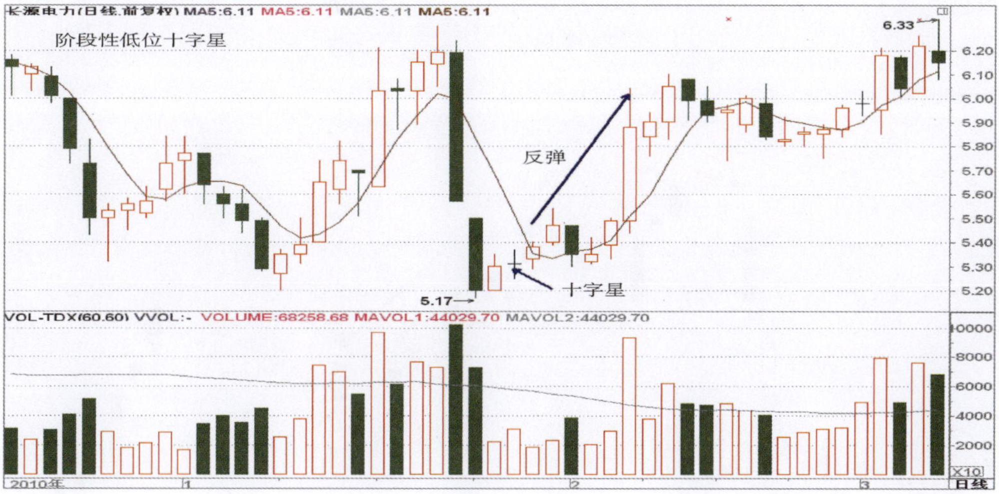

图1－19

图1－19是000966长源电力的日K线走势图，时间是2010年12月21日至2011年3月8日。

3. 上涨途中的十字星。当股价处于低位刚刚起涨时，或者是股价刚刚突破上方重要关口时，出现十字星K线，则喻意惯性上涨中继。因为起涨之初，市场具有很强的做多动力，这个时候的十字星虽然也有缓冲作用，但只是空方极力反扑的结果。在多方强劲上攻之时，空方的反扑只是保持了暂时的平衡，却无法越过多方的防线。特别是缩量的十字星更是明确的进场信号（如图1－20所示）。

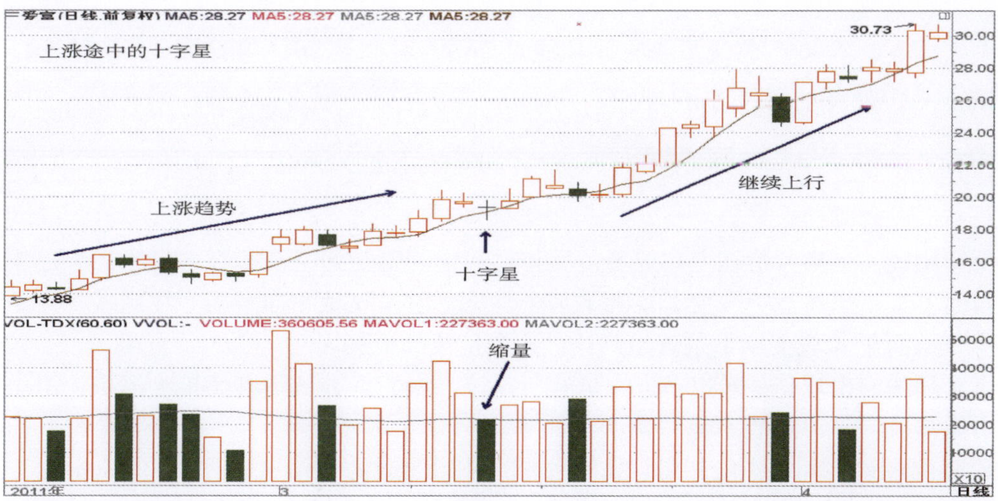

图1－20

图1－20是600636三爱富的日K线走势图，时间是2011年2月11日至2011年4月13日。

4. 下跌途中的十字星。当股价处于高位刚刚下跌时，或者是股价刚刚突破下方重要支撑时，出现十字星K线，则喻意惯性下跌中继。因为下跌之初，市场具有很强的做空动力，这个时候的十字星虽然也有缓冲作用，但只是多方极力反扑的结果。在空方猛烈向下攻击之时，多方的反扑只是保持了暂时的平衡，却无法越过空方的防线。所以，这个时候的十字星是离场信号，特别是下跌初期的放量十字星更具杀伤力（如图1－21所示）。

图1－21

图1－21是000667名流置业的日K线走势图，时间是2011年3月11日至2011年5月26日。

六、上影阳线和下影阳线

（一）上影阳线

上影阳线，是指股价在上攻或者是反弹过程中，遭受到空头的强力打压，曾经攻克的价位得而复失，虽然盘中一度上攻到了某个价位，但是收盘时却未能守住成果，而是以回落报收，从而在K线上留下了曾经到达过某个价位的痕迹。

上影阳线的出现，显示出多方力量有所不济，虽然多方试图继续扩大战果，但是在遇到空方阻击时，显得有些不堪一击，说明多方力量在逐步衰退。阳K线带有的上影线越长，说明所遇到的阻力越大，其后股价回调的可能性也就越大（如图1－22所示）。

图 1－22

图 1－22 是 000667 名流置业的日 K 线走势图，时间是 2011 年 6 月 21 日至 2011 年 9 月 1 日。

（二）下影阳线

股价在上涨或者是反弹过程中，多方的攻击遭到了空方的奋力反抗，虽然空方在盘中一度占据了较大的优势，但是没能抵挡住多方的攻击，最终空方攻克的城池还是被多方收复了大半，K 线上留下了空方曾经到达过的价位痕迹。

下影阳线的出现，暗含多方攻势曾经受阻，但是空方的力量还不足以与多方抗衡。阳 K 线带有的下影线越长，说明空方曾经的反抗越激烈，但同时也说明多方的力量更强大，其后股价继续回升的可能性也就越大（如图 1－23 所示）。

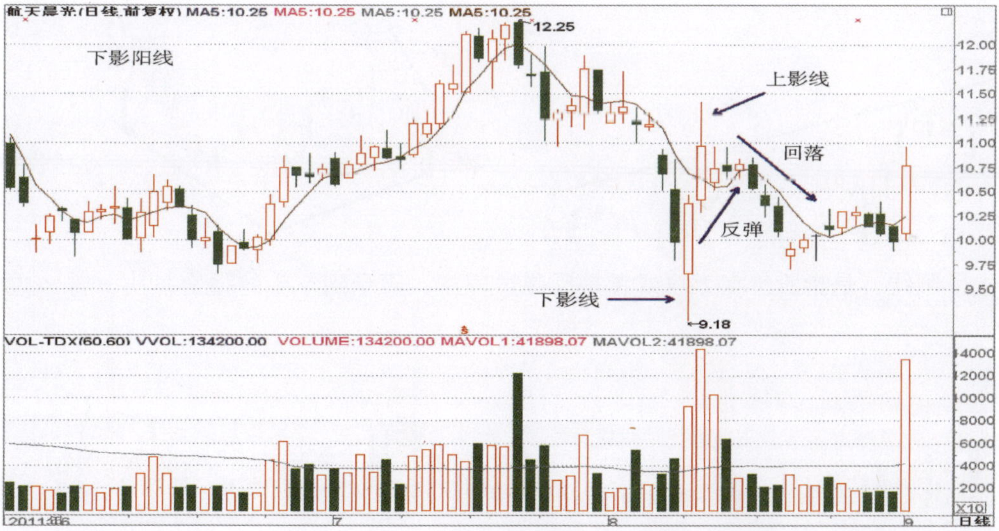

图 1－23

图 1－23 是 600501 航天晨光的日 K 线走势图，时间是 2011 年 5 月 25 日至 2011 年 9 月 1 日。

第二节　各种阴线的技术含义新解

一、大　阴　线

（一）传统的技术解释

大阴线的传统解释认为，第一，空方力量远大于多方，多方在空方的打击之下毫无还手之力；第二，大阴线的做空力度与阴线实体成正比，阴线实体越大做空力度越强；第三，大阴线出现在较大涨幅之后，表示股价将要回调或正在做头；第四，较大跌幅之后出现大阴线，表示做空力量已被消化释放，应考虑适当买进。

上述观点是市场中对大阴线的传统解释，虽然上述解释并无原则性错误，但是同样缺少实战特性。当市场处于不同的趋势方向时，大阴线的出现有着完全不同的市场含义。特别是大阴线出现在某些重要或特定的关口时，其预示的市场意义更为复杂。

（二）实战技术新解

1. 上升趋势中的大阴线。上升趋势中出现大阴线也有多种情况，每一种情况都需根据当时的市场变化区别对待。

第一种，当市场刚刚形成向上趋势，或者是刚刚突破阻力区时出现大阴线，大多数都是主力在洗盘，所以这个时候的大阴线之后可以逐步做多买进（如图 1－24 所示）。

图 1－24

图 1－24 是 600035 楚天高速的日 K 线走势图，时间是 2009 年 7 月 24 日至 2010 年 2 月 9 日。

第二种，如果上升趋势已经持续了很长一段时间，这个时候如果出现放量的大阴线，那么基本上可以判定股价进入到了阶段性调整状态，或者是股价已经见顶了，这个时候应以观望或卖出为主（如图1－25所示）。

图1－25

图1－25是600872中炬高新的日K线走势图，时间是2010年7月2日至2011年1月19日。

第三种，虽然向上趋势已经形成很久，但是股价已经出现过大幅度调整，或者是出现了时间较长的整理，这期间，大的向上趋势并未改变。随后股价突破了整理区域，但是突破之后立即出现了大阴线。这时的大阴线就需要斟酌对待了，如果大阴线并未回到原调整或整理区域，同时成交量并未巨幅放大，这个时候的阴线基本上可以判定为洗盘，只要转日没有出现低开低走即可介入。如果股价出现了巨幅放量，同时还跌回到原整理或调整区域，那么，这个时候的大阴线基本上可以判定是主力出货，应观望或卖出（如图1－26所示）。

图 1－26

图 1－26 是 002192 路翔股份的日 K 线走势图，时间是 2010 年 4 月 30 日至 2010 年 9 月 17 日。

第四种，股价已经过一段时间的调整，其间向上的大趋势并未改变，但是股价以大阴线的形式跌破了之前的整理或调整区域，这个时候的大阴线也可以判定是主力最后的出货，应保持观望或卖出（如图 1－27 所示）。

图 1－27

图 1－27 是 002133 广宇集团的日 K 线走势图，时间是 2009 年 10 月 19 日至 2010 年 4 月 22 日。

2. 下降趋势中的大阴线。下降趋势中的大阴线也有多种情况，不同情况下出现的大阴线也有着不同的市场含义。

第一种，当市场刚刚形成下降趋势时，一旦出现大阴线，则预示着股价即将加速下跌，这个时候的大阴线应坚决规避（如图 1－28 所示）。

图 1－28

图 1－28 是 000938 紫光股份的日 K 线走势图，时间是 2009 年 12 月 28 日至 2010 年 7 月 16 日。

第二种，股价经过一段较长时间的下跌后，已经远离上方套牢区（或者称为抵抗区）时，某一日突然拉出一根大阴线，这个时候的大阴线基本上属于衰竭性下跌，所以，可以逢低短线或波段适当参与（如图 1－29 所示）。

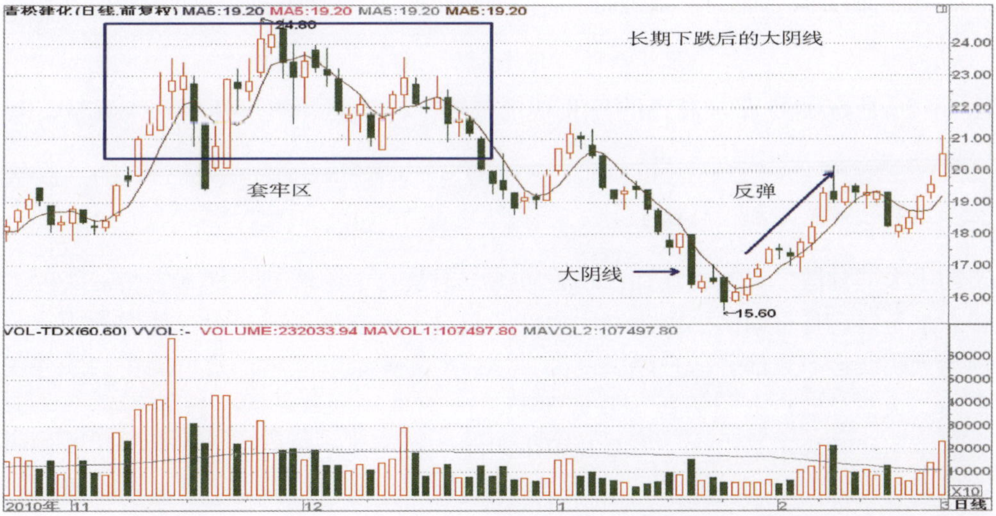

图 1－29

图 1－29 是 600425 青松建化的日 K 线走势图，时间是 2010 年 10 月 21 日至 2011 年 3 月 1 日。

第三种，股价已经下跌很长一段时间了，中期向下的趋势较为明显，这个时候股价开始加速下行，且阴线实体一天比一天大，并形成了某一日的大阴线。这种情况下的大阴线，基本上属于短线或阶段性见底征兆。因为股价已经下跌了较长时间，做空动力基本上已经衰竭，即便中期走势完全转弱，但是除非有利空因素影响，否则是不会出现新的下跌动力的。这种情况下，大多数是一些不甘寂寞的游资在搞怪，企图博取短线收益。遇到这种大阴线时，喜欢短线操作的投资者可适当短线或波段做多（如图 1－30 所示）。

图 1－30

图 1－30 是 600895 张江高科的日 K 线走势图，时间是 2009 年 12 月 24 日至 2010 年 8 月 26 日。

二、中 阴 线

市场中大部分散户对大阴线往往较为敏感，但是对中阴线却不那么害怕。实际上，抱有这样思维是错误且可怕的。因为当主力已经坚定了做空决心时，很少使用大阴线杀跌手法，因为大阴线会令大部分散户恐惧割肉，这样主力就难以顺利出货。而中阴线往往能够稳住散户，大部分散户会因为股价跌幅不是太大而选择继续持有，这正好符合主力的意图。虽然中阴线跌幅不是很大，但是几根中阴线下来，其跌幅已经远远超过了大阴线。当然，不同趋势及不同市场状态下，中阴线同样有着不同的市场含义，需区别对待。

（一）上升趋势中的中阴线

1. 新高或阶段性新高后的中阴线。当股价上行创出新高或阶段性新高时，一旦出现中阴线且伴随较大的成交量，则预示着短线股价将进入调整，短线操作者应及时卖出，避免参与调整（如图 1－31 所示）。

图 1－31

图 1－31 是 000837 秦川发展的日 K 线走势图，时间是 2010 年 7 月 28 日至 2011 年 2 月 21 日。

2. 拉升途中的中阴线。这里所讲的拉升，是指股价上升角度清晰且明显增量。通常情况下，在拉升途中出现的中阴线，大多数是主力短线洗盘行为，所以这种中阴线出现后股价转日都会止跌企稳。如果出现中阴线当日成交量有异常放大现象，则需要注意上攻走势即将结束（如图 1－32 所示）。

图 1－32

图 1－32 是 000055 方大集团的日 K 线走势图，时间是 2011 年 1 月 17 日至 2011 年 5 月 6 日。

3. 回调尾声的中阴线。股价在上升趋势中出现了一段调整，某一日股价拉出了一根中阴线，且中阴线当日的成交水平呈现缩减状态，这个时候的中阴线大多数都是调整结束或即将结束的信号（如图 1－33 所示）。

图 1－33

图 1－33 是 000707 双环科技的日 K 线走势图，时间是 2010 年 12 月 15 日至 2011 年 6 月 22 日。

（二）下降趋势中的中阴线

在下降趋势中，无论是刚刚形成的下降趋势，还是下降趋势已经形成了一段时间，也无论是下降途中抵抗性平台上沿的中阴线，还是向下突破整理平台时的中阴线，总之，在下降趋势中，任何时候出现的中阴线都是短线观望或卖出信号（如图 1－34 所示）。

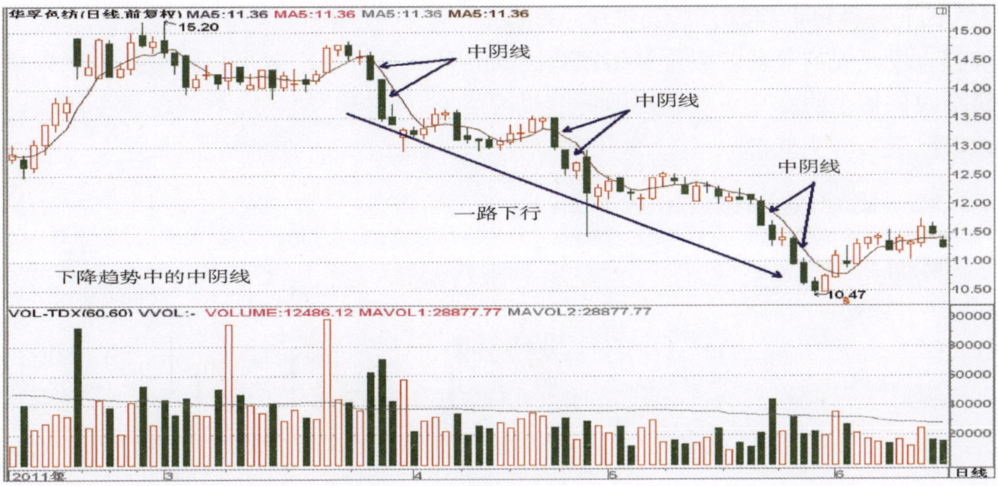

图 1－34

图 1－34 是 002042 华孚色纺的日 K 线走势图，时间是 2011 年 1 月 26 日至 2011 年 6 月 16 日。

三、小　阴　线

小阴线是出现频率较多的 K 线之一，通常情况下，无论是上涨趋势还是下跌趋势，大多数的小阴线都不具有实战意义。但是在某种特定情况下，一些小阴线也具有一定的实战价值。

（一）上升趋势中大阳线之后的缩量小阴线

股价在上涨过程中，某一日拉出了一根中阳线或大阳线，转日股价并未继续上攻，而是以缩量的小阴线报收，这个时候的小阴线，大多数是主力为了测试浮动筹码的洗盘行为。所以，大阳线之后的缩量小阴线往往是短线买入的较好时机（如图 1－35 所示）。

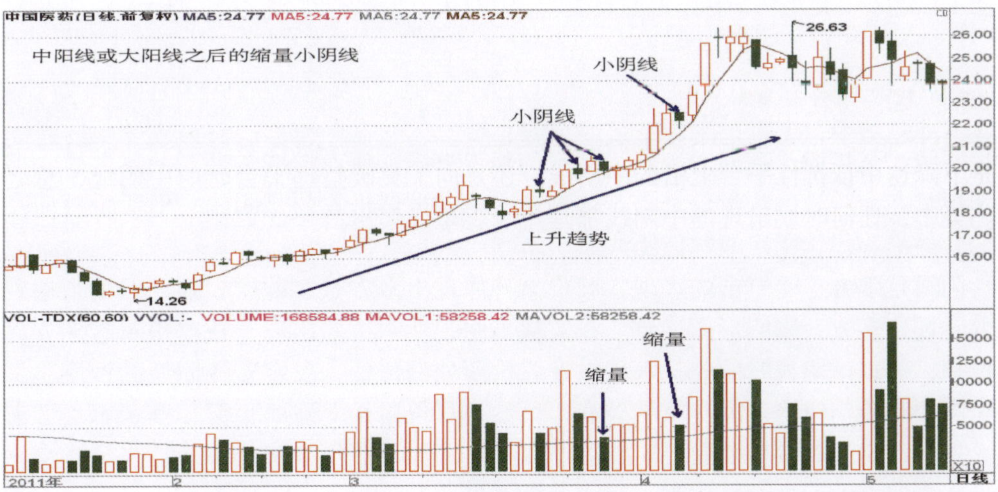

图 1－35

图 1－35 是 600056 中国医药的日 K 线走势图，时间是 2011 年 1 月 13 日至 2011 年 5 月 11 日。

（二）上升趋势中回落之后的缩量小阴线

经过一段时间的上升，股价开始回落，某一日成交量极度缩小，同时报收了一根小阴线，这个时候的小阴线往往是调整即将结束的信号。所以，回调之后的缩量小阴线，具有短线或波段进场的实战价值（如图 1－36 所示）。

图 1－36

图 1－36 是 600319 亚星化学的日 K 线走势图，时间是 2010 年 12 月 28 日至 2011 年 7 月 14 日。

四、伪 阴 线

伪阴线，是指股价高开后遭到了空方的强力打压，从而形成了冲高回落之势，但是收盘价却报收在前一日的收盘价之上。这种情况下，虽然报收的是阴线，但股价较前一日是上升的，故而称作伪阴线或称假阴线。

伪阴线是多方遭受打击的表现，股价高开体现出多方做多欲望较强，但是当遇到空方阻击的时候，多方并未能形成优势。在实战当中，伪阴线的出现，往往预示着多方后力不继。但是，出现伪阴线时的成交水平，及股价所处的位置，决定着伪阴线的性质。如果股价处于高位且伪阴线当日成交水平较高，虽然当日价格是上涨的，但却预示着空方力量逐渐强大，市场短线有调整要求，短线应予以规避。如果股价处于低位，且当日成交水平相对较低，说明多方反攻意愿较强，短线可酌情做多（如图 1－37 所示）。

图 1－37

图 1－37 是 600133 东湖高新的日 K 线走势图，时间是 2010 年 11 月 15 日至 2011 年 4 月 22 日。

五、阴一字线和阴十字星

（一）阴一字线

阴一字线，是指股价以跌停开盘，且全日都未能打开跌停板。一字跌停说明做空力量一边倒的态势已达极致，预示着股价还将继续向下。一字跌停的股票是投资者必须远离的品种，无论什么理由都不可轻易买入（如图 1－38 所示）。

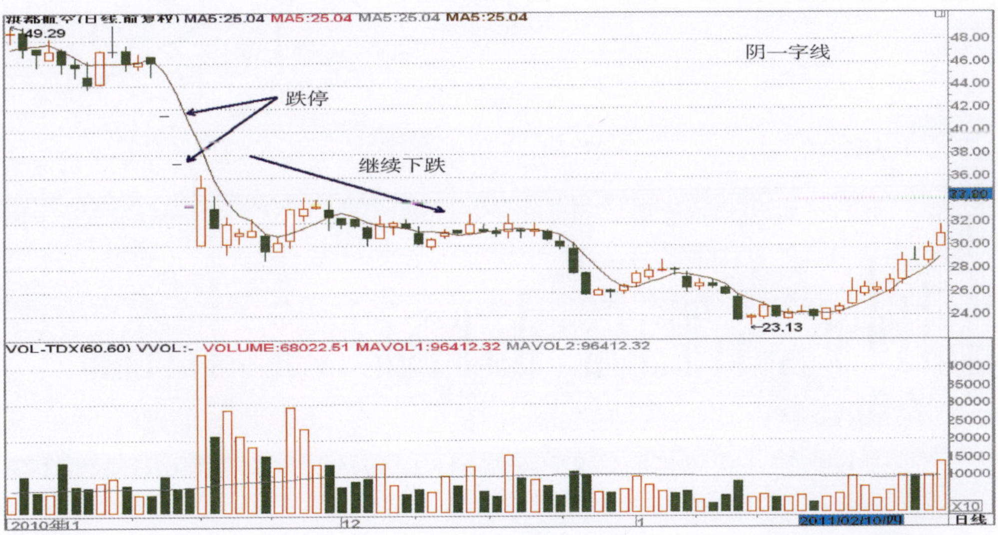

图 1－38

图 1－38 是 600316 洪都航空的日 K 线走势图，时间是 2010 年 10 月 26 日至 2011 年 2 月 15 日。

（二）阴十字星

十字星也有阴阳之分，上一节已经阐述了阳十字星的市场意义，虽然阳十字星偏于多方势强，阴十字星偏于空方势强，但是事实上，阴十字星和阳十字星的市场意义并无多大差异。

六、上影阴线和下影阴线

（一）上影阴线

股价在下跌或者是回落过程中，空方的打压受到了多方的奋力反抗，虽然多方在盘中一度占据了明显的优势，但是最终没能抵挡住空方的攻势，多方攻克的城池不但被空方收复，且空方趁势一举将多方完全击溃。阴K线上只是留下了多方曾经得到过的价位痕迹。

上影阴线的出现，显示出多方的反攻完全失败，空方的力量不但未被消耗，还有逐渐增强的趋势。阴K线带有的上影线越长，说明多方失败得越彻底，其后股价继续下跌或回落的概率越高。通常情况下，投资者遇到上影阴线时，应采取出局观望的策略（如图1－39所示）。

图1－39

图1－39是600732上海新梅的日K线走势图，时间是2011年5月6日至2011年9月1日。

（二）下影阴线

股价在下跌或者是回落过程中，空方想趁势扩大战果，盘中试图一举将多头消灭，但却遭到了多方的强劲抵抗，虽然空方在盘中一度占据了绝对优势，但最终还是被多方收回了部分失地。

下影阴线的出现，暗含空方攻势受阻，多方力量逐步增强。阴 K 线带有的下影线越长，说明多方抵抗的力度和积蓄的力量越大，其后股价见底回升的可能性也越大。实战中，如果出现下影线较长的阴线时，虽然股价未必立即转强，但是只要接下来股价不再创出新低，或其后一直收盘在影线上方，那么，基本上可以判定短线即将反弹走强（如图 1－40 所示）。

图 1－40

图 1－40 是 000639 西王食品的日 K 线走势图，时间是 2011 年 6 月 3 日至 2011 年 9 月 1 日。

第三节　相似 K 线的识别及使用

一、吊颈线与锤头线

很多投资者可能会认为吊颈线和锤头线是两种 K 线，实际上就 K 线形态来说，两者实际上属于一种形态。也就是说，吊颈线和锤头线从外观上看是完全相同的。之所以有两种称呼，完全是因为该 K 线出现的位置不同，其所代表的市场意义不同所致。它们之间最大的区别在于，吊颈线必须是以向上跳空形式出现的 K 线，而锤头线可以是以向下跳空形式出现的K线，也可以是以向上跳空形式出现的K线，还可以是非跳空形式的K线。

无论是吊颈线还是锤头线，其K线形态都是：K线实体较小，无上影线或上影线很小，但下影线较长，通常情况下，下影线至少要比K线的实体长两到三倍以上，K线的实体部分可以是阴线也可以是阳线，也就是说，吊颈线或锤头线无论是以阴线的形式，还是以阳线的形式出现，都不影响其所具有的市场意义。

（一）吊 颈 线

当市场处于上升趋势中时，股价出现了向上跳空，且当日收盘时K线实体很小，同时，上影线较短，下影线很长。这个时候，我们称之为吊颈线，也叫上吊线。（注：吊颈线不但是向上跳空，还必须是反弹新高，至少是一轮反弹的新高）比如，连续两天回落，第三天出现这样的K线就不能称作吊颈线，应称作锤头线。除非向上跳空时，收盘价超过前两日的收盘价才算 。之所以称为吊颈线，是因为就像上吊一样，必须是悬空的，反之则是锤头线。但是，市场中，几乎大部分人都混淆这两个概念。

在上升趋势中出现吊颈线，暗含着市场即将向下变盘逆转。跳空开盘，说明多方明确发力上攻，但是却遭到空方的顽强抵抗，虽然最终以上涨收盘，但是跳空开盘本身是一种极强的做多形式，这种情况下空方却能够轻易攻破多方的防线，且盘中能够反扑到多方的腹地，说明多方已经后继乏力，一旦空方展开攻势，那么多方将会无力抵抗。

虽然吊颈线具有见顶或者是逆转的含义，但是，很多时候主力会利用吊颈线的市场含义进行洗盘。所以，仅凭K线形态本身，并不能完全确定股价已经见顶。以下几点是确定吊颈线性质的重点：

第一，当股价出现明显快速拉升后出现了吊颈线，同时成交量处于拉升状态下的较高水平时，或者是股价震荡上涨过程中，突然某一日出现吊颈线，且当日成交量异常放大，这个时候基本上可以认定股价已经见顶了（如图1－41所示）。

图1－41

图1－41是000971ST迈亚的日K线走势图，时间是2011年1月14日至2011年5月17日。

第二，出现吊颈线的转日，股价以中阴线或大阴线报收，这个时候，无论吊颈线当日是否放量，都应视作是见顶或波段见顶信号（如图 1－42 所示）。

图 1－42

图 1－42 是 600744 华银电力的日 K 线走势图，时间是 2011 年 3 月 9 日至 2011 年 7 月 15 日。

第三，当股价在上涨过程中出现吊颈线时，成交量并未出现异常放大现象，且转日股价也没出现大幅下跌，但是股价的重心却逐步下移，这种情况也可以认定为股价见顶信号（如图 1－43 所示）。

图 1－43

图 1－43 是 600271 航天信息的日 K 线走势图，时间是 2010 年 11 月 12 日至 2011 年 2 月 25 日。

第四，股价在上升途中，但转日继续放量上攻，或重心逐步上移，则吊颈线属于主力洗盘行为，股价短线还将上行（如图1－44所示）。

图1－44

图1－44是000786北新建材的日K线走势图，时间是2011年1月13日至2011年4月1日。

（二）锤 头 线

股价在下跌趋势中，某一日大幅下挫后转而探底回升，形态上走出了形似锤子的图形。下跌趋势中出现锤头线，说明股价已经见底或即将见底。盘中的大幅下挫，显示出空方继续做空意图明显，但是由于股价已经严重超跌，做空力量几近衰竭，只要多方反戈一击，空方就会迅速被击溃。这种情况下，一旦多方趁势展开反攻，空方将会完全失去抵抗之力。

虽然在下跌趋势中锤头线预示股价已经见底或即将见底，但是投资者必须注意以下几个重要因素，不可一见到锤头线就盲目地认为股价见底了。

第一，股价处于下跌初期时，出现的锤头线不能视作见底信号。主力往往在下跌初期制造K线图形，诱骗散户进场接盘，所以，下跌初期出现的锤头线，即便有反弹出现也是短暂的。也就是说，股价下跌幅度越大，下跌的时间越长，其见底的概率也就越大，反之亦然（如图1－45所示）。

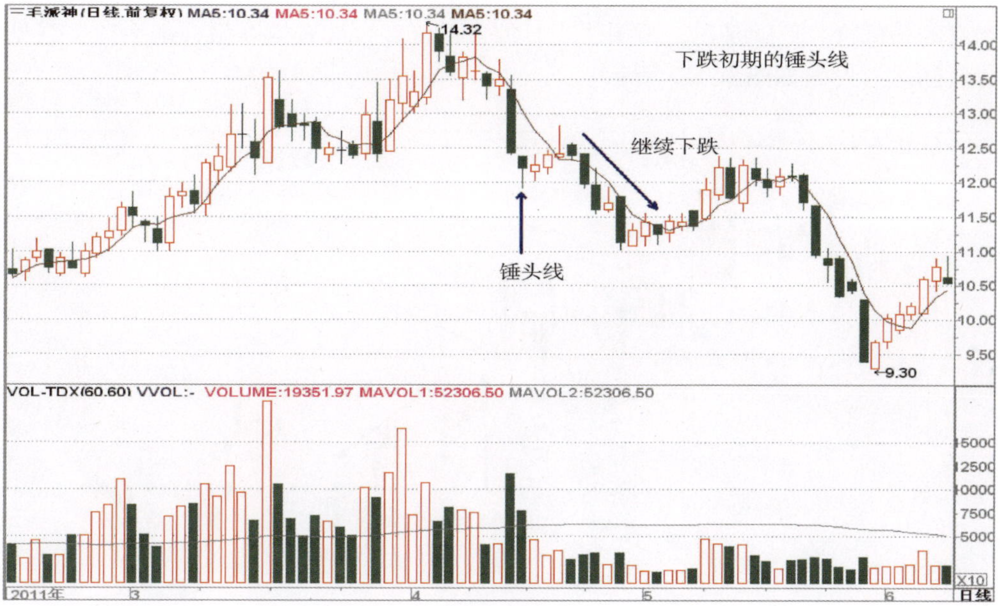

图 1－45

图 1－45 是 000779 三毛派神的日 K 线走势图，时间是 2011 年 2 月 15 日至 2011 年 6 月 9 日。

第二，下跌途中出现锤头线的当日，如果能够出现成交量缩量现象，那么短线见底的可靠性将会得到增强（如图 1－46 所示）。

图 1－46

图 1－46 是 600133 东湖高新的日 K 线走势图，时间是 2010 年 9 月 29 日至 2011 年 1 月 21 日。

第三，出现锤头线之后，股价如果没有立即反弹，其后的再次下探则不能有效跌破锤头线当日的最低价。也就是说，锤头线当日的最低价一旦被有效跌破，那么锤头线见底的作用也就随之消失（如图 1－47 所示）。

图 1－47

图 1－47 是 600189 吉林森工的日 K 线走势图，时间是 2011 年 2 月 18 日至 2011 年 7 月 11 日。

二、倒锤头与射击之星

倒锤头和射击之星在形态上很相似，它们都有一根长长的上影线，不同之处是，倒锤头有实体，也就是说，开盘价和收盘价不在同一价位上。而射击之星则是开盘价与收盘价是同一价位。另外，射击之星只有在上升趋势中出现才具有指导意义；而倒锤头刚好相反，只有在下跌趋势中出现才具有指导意义（注：实战当中射击之星也可稍有实体，但不能过大，如果实体部分过大则不能称为射击之星）。

（一）倒　锤　头

倒锤头和锤头线虽然形态上相反，但却具有相同的市场含义，它们都是在下跌趋势中才具有指导意义，也都具有止跌见底的市场含义。倒锤头与锤头线具有完全相同的技术解释，操作注意事项也完全相同（如图 1－48 所示）。

图 1－48

图 1－48 是 600230 沧州大化的日 K 线走势图，时间是 2011 年 5 月 6 日至 2011 年 7 月 20 日。

（二）射击之星

射击之星与倒锤头刚好相反，是出现在上升趋势中的。射击之星的出现，大多数是股价已经见顶的信号。

股价在上升趋势中，某一日大幅上攻，但随后却遭到了空方的强劲阻击，最终只能是无功而返，从而留下一根很长的上影线。上攻受阻回落说明多方已经后继乏力，由于多方已经没有援兵，甚至部分多头开始倒戈加入到空方的队伍，这种情况下，股价见顶回落也就顺理成章了。

虽然射击之星预示股价已经见顶或即将见顶，但是在实战中，主力往往利用射击之星进行洗盘，所以投资者必须注意以下几点，以免被主力欺骗而遭受损失。

第一，射击之星出现时，必须是股价已经经过了大幅度的上涨。之前涨幅越大，其见顶信号越强烈；之前的涨幅越小，其见顶信号越不可信。也就是说，在上涨初期出现射击之星时，大多数是主力的洗盘行为，特别是上涨初期，或是突破初期出现射击之星后，转日如果能够放量强攻，更加说明是主力的洗盘行为（如图 1－49 所示）。

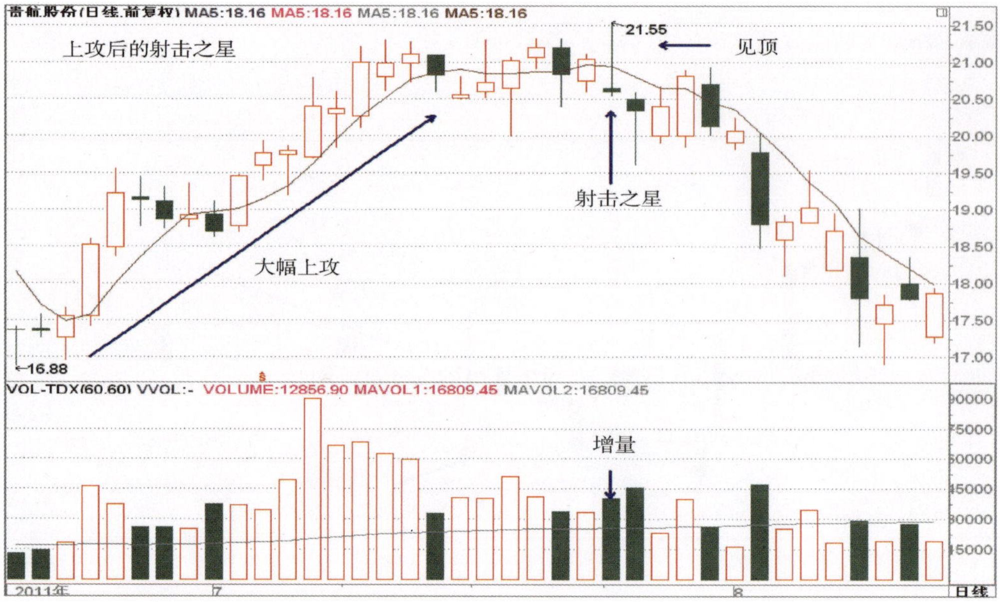

图 1－49

图 1－49 是 600523 贵航股份的日 K 线走势图，时间是 2011 年 6 月 21 日至 2011 年 8 月 11 日。

第二，出现射击之星后，股价没有立即回落，而是小幅度震荡，这个时候需要注意，如果股价短时间内不能创出新高上行，那么射击之星的见顶信号依旧有效（如图 1－50 所示）。

图 1－50

图 1－50 是 600518 康美药业的日 K 线走势图，时间是 2011 年 5 月 19 日至 2011 年 9 月 2 日。

三、十字架与螺旋桨

所谓十字架，实际上就是一根十字星K线，只不过十字架的上影线较短，下影线很长，形似一个十字架，故得名。而螺旋桨与十字架很相似，唯一不同的地方是，十字架没有实体部分，螺旋桨有实体部分。这两种K线都属于转向性K线，也就是说，在上升趋势中出现十字架或螺旋桨时，预示市场已经见顶即将回落。而在下跌趋势中出现十字架或螺旋桨时，预示股价已经见底或即将见底。需要注意的是，涨势初期或跌势初期，出现这两种K线时都不能视作转向（如图1－51、图1－52所示）。

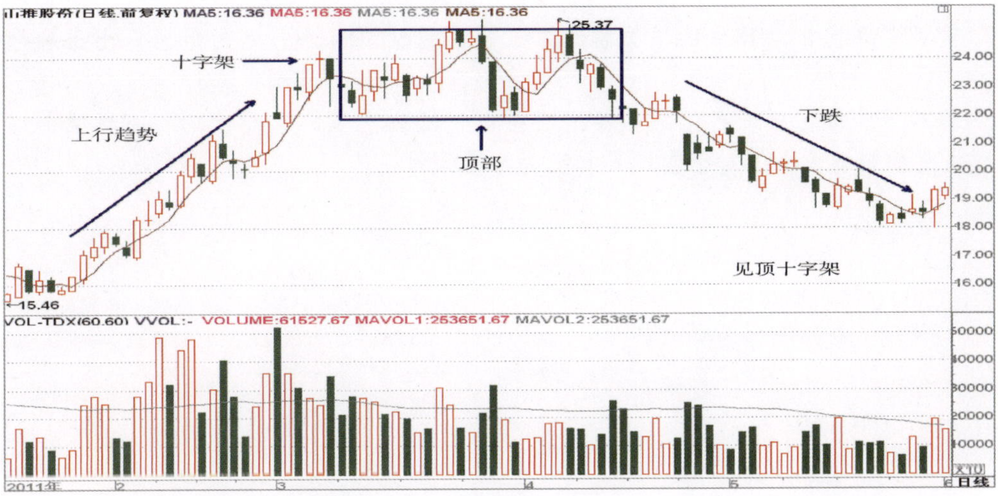

图1－51

图1－51是000680山推股份的日K线走势图，时间是2011年1月18日至2011年6月1日。

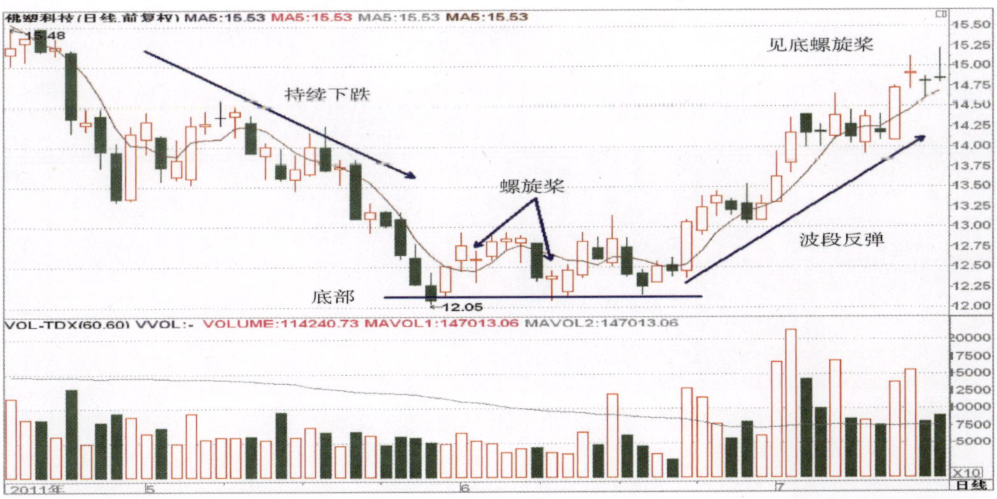

图1－52

图1－52是000973佛塑科技的日K线走势图，时间是2011年4月19日至2011年7月18日。

本章要点

1. 正确理解K线在实战中的意义，摒弃偏见更新理念，是使用K线操盘的关键所在。

2. K线实体是界定K线称呼及意义的唯一标准，界定错误会直接影响分析的准确性。

3. 掌握K线传统解释与新解的区别之处，分清不同环境下相同K线的不同市场含义。

4. 区分大阳线与中阳线的不同之处，深刻理解中阳线在实战中的意义。

5. 充分理解上影线与下影线的技术含义，弄清上、下影线形成的内在原因，对短线或超级短线具有至关重要的指导意义。

6. 掌握中阴线、大阴线在实战中的意义，懂得中阴线、大阴线对后期走势的影响。

7. 理解并掌握相似K线的不同解释。正确区别相似K线，是对市场作出正确分析的前提。

8. 重视十字架在市场高位，及螺旋桨在市场低位出现的重要性，掌握高位十字架及低位螺旋桨的转向意义，对于实战具有至关重要的作用。

第二章 K线组合及实战要点

第一节 K线组合在实战中的作用

第二节 买入组合及操作要点

第三节 卖出组合及操作要点

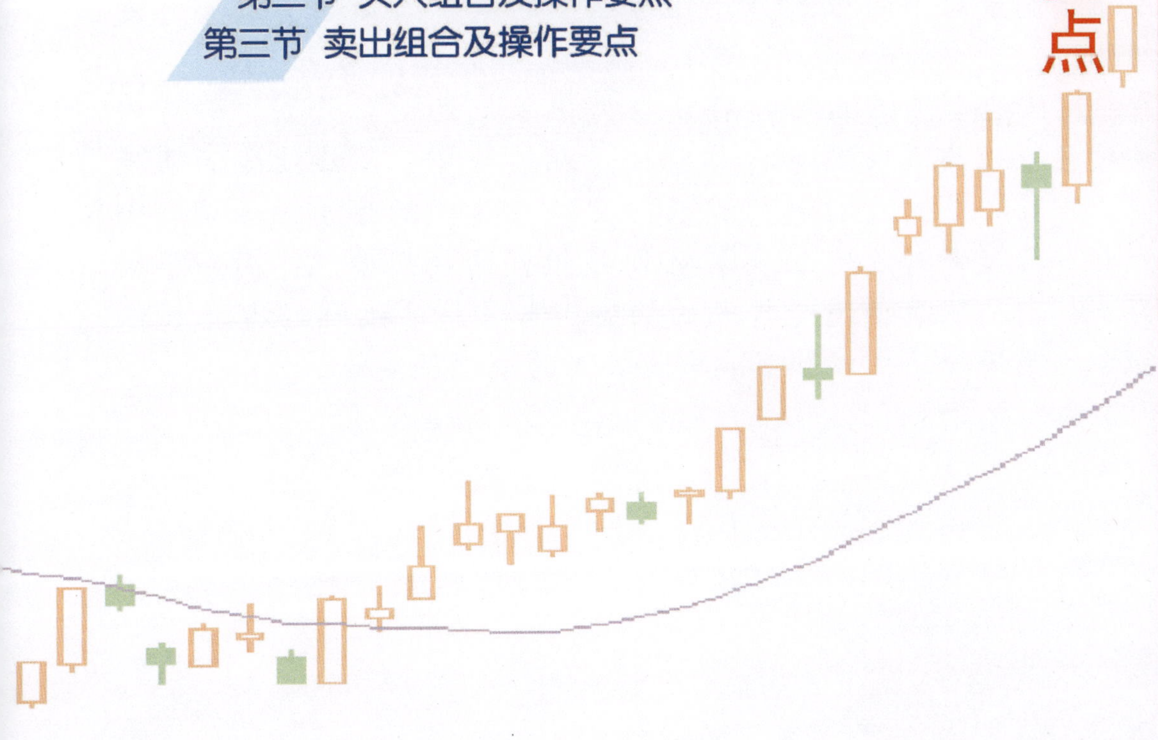

单根K线往往容易被主力利用，当主力握有大量筹码，或者是主力已经控盘个股时，制造出某种K线是很轻松的事情，所以单根K线的可信度不高。但是，当几根K线形成一个组合时，往往会泄露主力的意图。

我们知道，主力运作时会千方百计地诱骗散户，诱多、诱空、震荡洗盘，但是无论主力如何欺骗，也不可能每一天的操作都是假的，不管如何诱多震荡，也不管如何诱空洗盘，最终还是要按照既定的目标运作。通过K线组合之所以能够识破主力的意图，关键有两点：第一是组合的前一两根K线。前面的K线大多是主力的虚晃一枪，是主力迷惑散户的烟雾弹。第二是组合的最后一两根K线。组合后面的K线才是主力真实意图的体现。整个组合是一个整体，前面是因后面是果。

K线组合虽然未必能揭示主力中长期的运作计划，却可以识破主力短线或波段的操作意图。在实战中，K线组合的正确使用，往往是快速获利的利器，及终止亏损的法宝。但是，由于大多数投资者没有正确掌握K线组合的使用要点，因而不但无法获利，还屡屡遭受较大的损失。本章将详细解释各种K线组合的市场含义，以及实战中应注意的事项及要点。

第一节　K 线组合在实战中的作用

一、具有很强的短线或波段实战价值

K 线组合具有很强的短线或波段实战价值。主力运作一只股票，会制订详细的操作计划，运作周期及波段目标，都是提前计划好的，但是由于市场不可能完全按照主力的计划运行，所以，主力会采用微调方式对计划进行调整。虽然计划会随着市场节奏进行微调，但是大方向不会改变。

例如，当市场状况极差时，主力也不敢逆势而为，因为逆势操作不但会增加运作成本，更有运作失败的危险。所以这个时候，主力会跟随市场趋势波动。但由于市场调整幅度过大，而主力运作的个股也出现较大的回落，为了能够完成既定的操作计划，主力会在市场阶段性好转时，趁抛盘减弱的时机大幅拉升，以期完成既定的操作计划。为了抓住时机，主力已经顾不得是否暴露短线或波段意图了。这个时候的 K 线组合，也就显现出其固有的实战价值了。

再如，市场行情牛气十足，但是由于主力运作的股票已经达到了预期目标，这种情况下，主力需要进行调整洗盘，可是由于市场过于坚挺，其运作的股票无法进行必要的调整，如果主力强行洗盘，不但会增加成本，还可能丢失相对廉价的筹码。所以，这个时候主力就会任由价格随市场波动。但是，一旦市场进入调整，主力就会抓住市场短期转弱的时机狠狠砸盘，顺利完成既定的洗盘任务。

很多投资者都可能遇到过这种情况，手中的个股明明走势很好，但是大盘刚刚进入调整，手中的股票就出现了大幅度向下调整的走势。而有的时候，某只股的走势明明较弱，但是当大盘稍有反弹时，就会出现大幅度拉升走势。所以，K 线组合透露出主力短线或波段操作意图的同时，也给我们提供了短线或波段的盈利或卖出时机。

二、提示起涨点或起跌点

经典的 K 线组合往往是一段行情的起点，这里所讲的起点，包括上涨的起点，也包括下跌的起点。上面已经讲过，主力运作一只股票是有计划的，整个计划包括建仓、蛰伏、启动、洗盘、拉高、出货。主力建仓完毕后，会有很多次阶段性起涨点。同样，在运作目标完成后的出货阶段，一样会有数次阶段性起跌点。K 线组合技术，揭示了主力各个阶段的起涨或起跌意图，为我们的操作提供了有利的帮助。

一只股票在涨跌过程中不可能经常出现具有实战价值的 K 线组合。具备实战价值的 K 线组合，几乎全部出现在阶段性起涨点或起跌点。所以，运用 K 线组合技术，需要投资者有等待的耐心，而不能天天满仓操作，回调或下跌过程中，恨不得抓住每一次反弹。或者是，手中个股还未出现明显的卖出信号，就急急忙忙地逃之夭夭，错过后面大幅的利润。

三、具有趋势预警作用

我们判断市场趋势方向时，大多数会参照均线的运行方向，也就是说，均线的运行方向等同于趋势方向。但是由于均线具有滞后性，所以当市场趋势发生逆转时，均线往往不能立即发出信号。一旦市场出现爆发性上涨，或快速急跌走势时，我们仅依靠均线系统是很难在趋势逆转之初作出判断的。短线客或者是波段操作者，如果不能及时判断出市场即将出现的趋势变化，那么，往往会遭受巨大的损失，或者是错过最佳的进场时机。正确使用K线组合，可以弥补均线滞后这一缺陷。

当股价已经见顶时，单根K线或许还能使人抱有侥幸心理，而K线组合的出现，则警示我们行情可能已经发生逆转，从而提示我们提前做好中期保护准备，避免遭受巨大的损失。同理，当股价已经见底或形成向上突破时，单根K线往往会令人怀疑，并且在实战中，单根K线的假突破或假见底非常普遍。而K线组合则不同，组合具有价格连贯性，以因果关系揭示价格即将选择的趋势方向。所以，组合虽然对中长线趋势无法进行有效的预警，但是对短线或波段的趋势变化，则有及时预警的作用。

第二节　买入组合及操作要点

一、四小天鹅

（一）名词解释

低开走高四连阳：上升途中，股价报收小阳线，随后出现连续的低开走高的小阳线，形成小幅上涨的四连阳。连续四根小阳线，预示着多方力量逐步增强。如果成交量是温和放大态势，一旦四小天鹅形成后快速放量，则股价将会出现急速拉升的走势。如果成交量呈现不规则形态，那么股价将会以持续震荡方式上行（如图2－1所示）。

图2－1

图2－1是000517荣安地产的日K线走势图，时间是2011年2月15日至2011年5月19日。

（二）要点及注意事项

四根手拉手的小阳线，通常是起涨信号；每日低开高走，实际上是主力盘中洗盘的动作。本组合有两点需要注意：第一，股价需在低位或相对低位时出现四小天鹅；第二，四小天鹅形成后，最后一根阳线的开盘价，是不能有效跌破的强力支撑。如果其后的调整有效跌破了最后一根阳线的开盘价，则本组合宣布失败。

本组合的介入时机，原则上是第四天低开后，股价突破第三日的收盘价之时。介入当日的开盘价则是止损的界线，也就是说介入后，股价一旦有效跌破第四日的开盘价，就要立即止损出局，避免被套（注：本组合从第二日起，必须是连续低开高走的阳线，如果其中某一日不是低开的，即便报收阳线，本组合也不能成立）。

二、举案齐眉

（一）名词解释

并肩两连阳：股价在上升途中，某一日报收中阳线或大阳线，多方本该乘胜追击，但是，转日一开盘多方即遭到打击，股价直接在前一日的阳线实体内低开，随后多方发起反攻，股价一路震荡回升，最终报收在前一日的收盘价附近，形成了两根几乎并行的阳线组合。

该组合预示多方遭到意外打击，如果第一根阳线带有较长的上影线，更说明上方阻力较大，但多方能够收复失地，也说明做多信心并未动摇，所以，股价还将上行。如果该组合有较长的上影线，那么第三日必须要完全吃掉影线的部分，否则短线将会调整（如图2－2所示）。

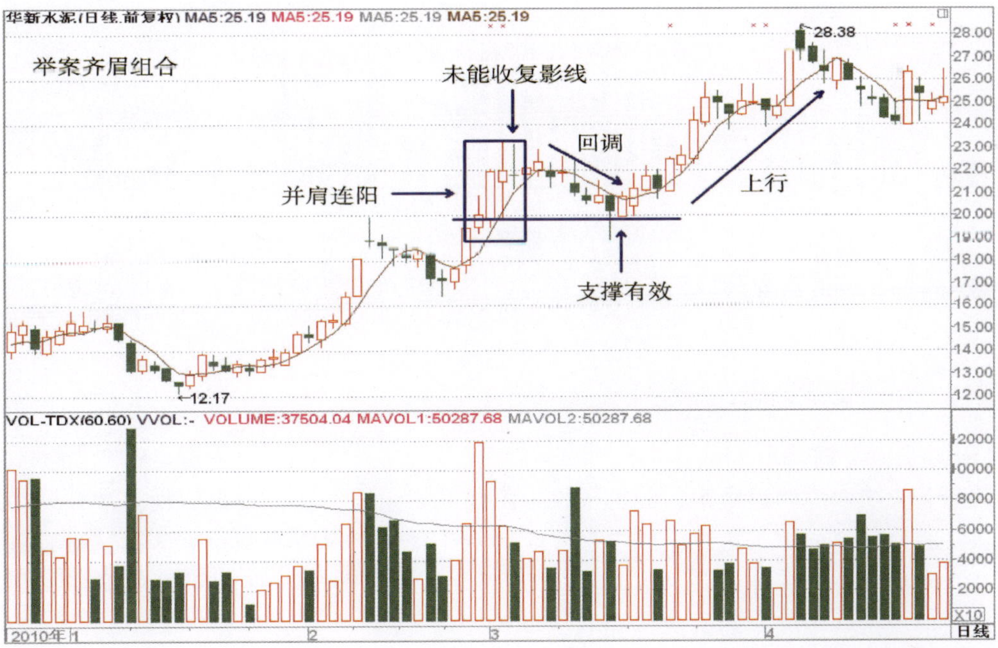

图2－2

图2－2是600801华新水泥的日K线走势图，时间是2010年12月27日至2011年4月27日。

（二）要点及注意事项

本组合的要点在于介入时机，如果第一日的阳线没有上影线，那么第二日收盘前形成并肩阳线时可及时介入。但须注意，如果第二根阳线形成了较长的上影线，介入后要注意第三日是否能收复影线部分，不能收复则需退出观望，等待调整结束后再次上行时买进。需要说明的是，调整过程中，股价不能收盘在第一根阳线实体之下，一旦回调时，股价收盘在第一根阳线的实体之下，则宣告该组合失败（注：如果短期内股价涨幅过大，出现该组合需注意短线见顶）（如图2－3所示）。

图2－3

图2－3是600853龙建股份的日K线走势图，时间是2011年1月18日至2011年7月6日。

三、两面夹击

（一）名词解释

两阳夹一阴：反弹过程中，股价报收中阳线或大阳线，转日开盘后稍作冲高即快速回落，随后股价反复向下，最终又以中阴线或大阴线收盘，多方遭到重创。第三日，股价直接低开，随后多方发起绝地反击，空头全线溃败，最终将前一日的阴线从下到上一口吃掉，从而形成了两阳夹一阴的K线组合。

该组合显现出多方以退为进的战术思想。第一日的中阳线或大阳线，多方大获全胜，但是空方不甘束手就擒，奋力反扑，多方顺势诱敌深入，随后阳线或将其一口吃掉，彻底击败了空头的进攻（如图2－4所示）。

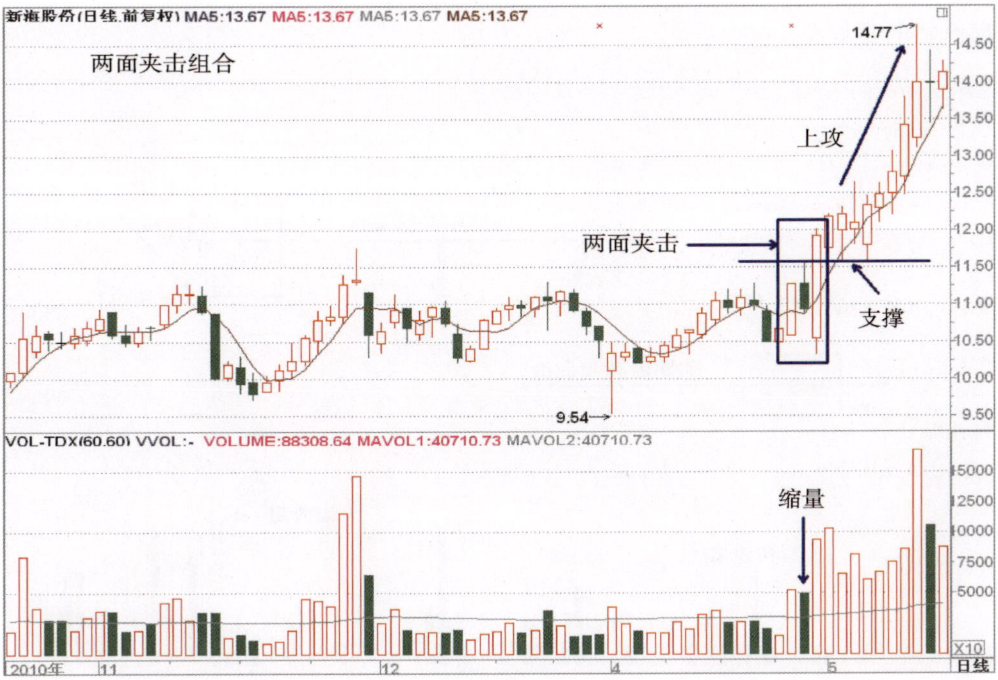

图 2－4

图 2－4 是 002120 新海股份的日 K 线走势图，时间是 2010 年 10 月 21 日至 2011 年 5 月 16 日。

（二）要点及注意事项

本组合需要注意的是：第一，阴线当天不能大幅低开，因为主力的本意是清洗获利盘，如果大幅度低开，必然会使得一下子被套的散户不愿意割肉，而震荡回落会让散户承受极大的心理压力，忍不住逃离；第二，阴线的下跌幅度越大，其后震荡的幅度也会越大，上涨力度也越猛烈；第三，两根阳线的成交量应大于阴线的成交水平，因为阴线的性质是洗盘，如果成交量超过上涨时的量能，说明空头的力量要大于多方，不利于其后的上涨；第四，第三日的阳线必须要完全吃掉阴线。

本组合通常是在两个位置出现，一个是低位起涨时；另一个是平台突破时。如果是在连续上涨后出现本组合，则需注意短线可能已经见顶。另外，阴线当日的最高价，将是其后的强力支撑位，不可以被有效跌破，一旦跌破，就应立即退出观望。本组合的介入时机，原则上应该是第三日完全收复阴线实体之时，或者是收盘前进场。

四、一网打尽

（一）名 词 解 释

一根阳线包多根 K 线：股价在反弹途中，开始连续向下调整，但是调整幅度不是很大，连续的小阴小阳线，形成了一个较小的下降通道。突然某一日一根大阳线拔地而起，将调整时的所有小阴小阳线一举吃掉，形成了一根阳线包容多根 K 线的组合。

该组合中的小阴小阳线数量是不固定的，三根、四根或五根均可，但最后一根必须是阴线。股价连续向下调整，多方似乎已无还手之力，空方势头正强，正当空头得意之时，多方发起了绝地反击，不但收复了之前的所有失地，还一举创出了新高，且收盘在前期所有收盘价之上（如图2－5所示）。

图2－5

图2－5是000976春晖股份的日K线走势图，时间是2011年1月14日至2011年5月16日。

（二）要点及注意事项

本组合需要注意两点：第一，大阳线必须要完全吃掉之前的所有K线，不但要创出新高，且必须是站在前期所有收盘价之上。第二，如果大阳线当日的成交量是温和放大的，那么其后股价会走出快速上涨的走势；如果大阳线当日快速放量，其后将有可能出现剧烈震荡，但是只要震荡时股价能够收盘在前期最高收盘价之上，就还会继续上行。

本组合的买入时机，原则上应该是当日收盘之前，或者是盘中创出新高之后，能够确定收盘价一定能站上前期的收盘高点之上时。需要提醒投资者的是，在没有完全确定收盘价能站稳前期收盘高点之前，千万不可盲目进场，以免遭受不必要的损失。

五、拨云见日

（一）名词解释

阳包跳空阴线：股价大幅度向上跳空开盘创出新高，但当日却放量高开低走，形成了一根高开的伪阴线，但收盘价依旧是新高，且留有一个跳空缺口，就像天空中的一片乌云，给人以压抑窒息之感。第二日稍稍低开后，多方再次发力上攻，成交量也继续放大，并且阳K线完全吃掉了前一日的阴线实体，再创新高，乌云散尽阳光普照（如图2－6所示）。

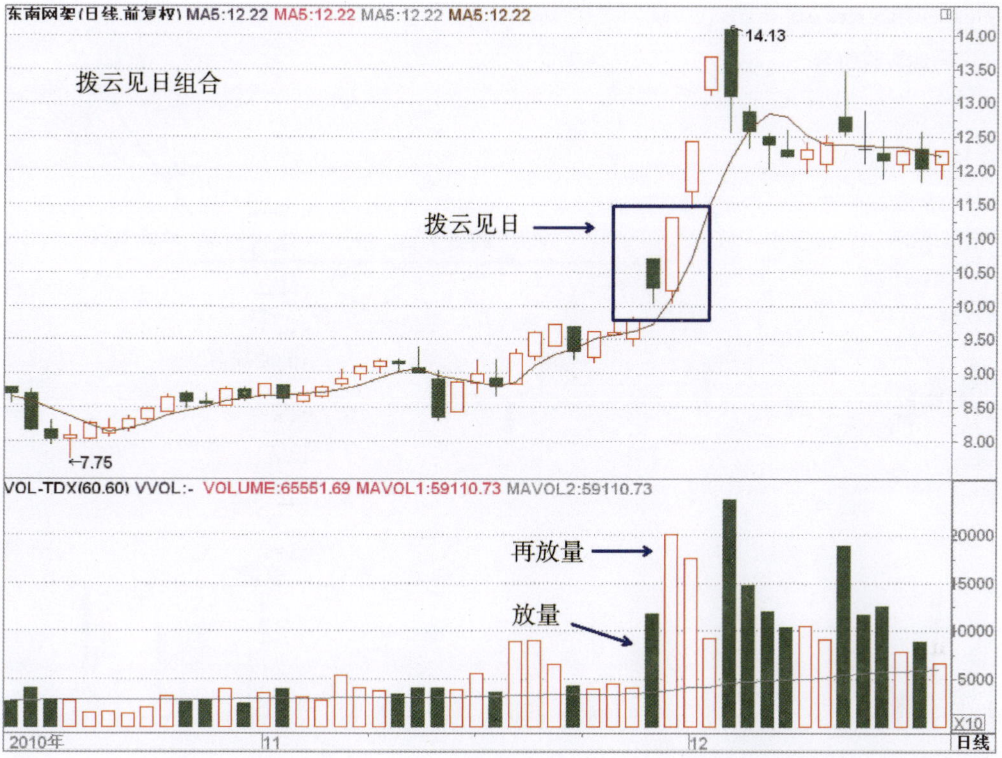

图2-6

图2-6是002135东南网架的日K线走势图，时间是2010年10月13日至2010年12月21日。

（二）要点及注意事项

本组合的实战要点在于：跳高伪阴线当日不可贸然进场，因为这种高开放量的伪阴线杀伤力极大，如果只是主力的一次骗线行为，贸然进场会遭受很大的损失。而第二日也必须要等到创出新高后才能进场，因为如果主力只是盘中作出上攻的样子，却不肯创出新高，或者说，不肯解放前一日的套牢盘，那么骗线的可能依旧存在。

本组合属超短战法，持有时间应在三日之内，一旦买入后股价未出现连续上涨，就应该立即退出，不可恋战。

六、旱地拔葱

（一）名词解释

突破平台的跳空中阳线、大阳线：股价经过连续的整理后，逐渐向上摸至前期高点附近。此时，股价突然以跳空形式向上突破平台创出新高，随后盘中反复震荡向上，最终报收了一根中阳线或大阳线，并留下了一个跳空缺口（如图2-7所示）。

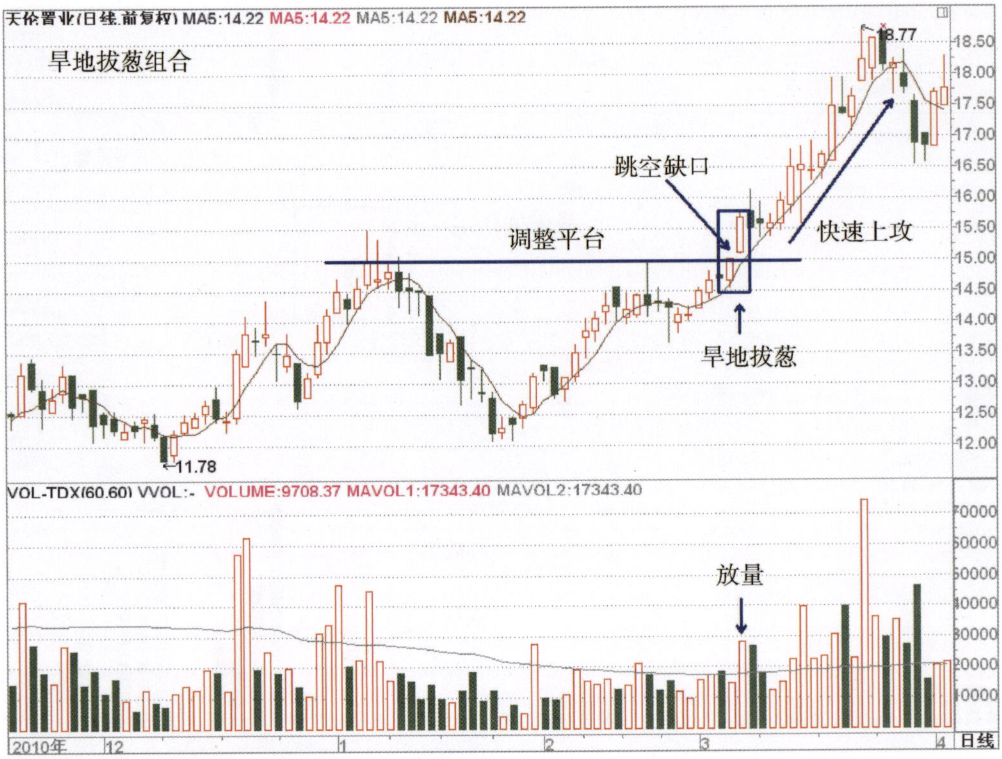

图2－7

图2－7是000711天伦置业的日K线走势图，时间是2010年11月18日至2011年4月6日。

（二）要点及注意事项

本组合突破当日的量能大小很重要，如果当日的成交量不是很大，其后的上涨速度就不会太快，且会有较大的震荡出现。如果当日快速放量，那么其后会出现快速上攻的走势。另外，组合中的第一根K线，可以是阳线，也可以是阴线。介入时机原则上是跳空突破的当日，盘中第一波上冲回调后，股价不予回补缺口的第二次拉升时。

七、定海神针

（一）名词解释

探底回升下影线：股价连续下挫创出新低，下跌速度越来越快，随后股价以向下跳空形式开盘，并在盘中大幅度下挫，空方势头越发猛烈，但随后多头开始反击。经过多空激烈的争夺，最终多方收复了当日的大部分失地，形成了一根长长的下影线，但股价依旧处于下跌态势。但是，转日股价并未继续下行，而是直接高开高走，以中阳线或大阳线报收，形成了逆转之势。

股价持续下跌，空方能量已经被消耗殆尽，向下跳空大幅下挫后已成强弓之末，多方稍作反击即全线溃败。转日的多方反攻，使得空方失去了招架之力（如图2－8、图2－9所示）。

图 2-8

图 2-8 是 600613 永生投资的日 K 线走势图，时间是 2010 年 3 月 2 日至 2010 年 8 月 4 日。

图 2-9

图 2-9 是 600613 永生投资的日 K 线走势图，时间是 2011 年 4 月 7 日至 2011 年 9 月 5 日。

（二）要点及注意事项

本组合由三根K线组成，第一根K线必须是阴线，第二根带下影线的K线必须是跳空的，第三根阳线也必须是跳空的。如果第一根K线是小阴线，那么第三根阳线必须要完全吃掉第一根阴线；如果第一根阴线是中阴线或大阴线，那么第三根阳线至少要吃掉第一根阴线实体的一半以上。

本组合属于短线超跌反弹性质，所以必须要以短线思维进行操作。介入时机应选择在第三根K线吃掉第一根K线的阴线实体后，或者是吃掉第一日中阴线或大阴线的一半以上时。需要说明的是，如果第二日的成交量呈现放大态势，那么其后的反弹速度和幅度都将大打折扣；如果第二日的成交呈现缩量或平量态势，那么其后的反弹速度和幅度将会大一些。

八、比翼双飞

（一）名词解释

跳空两连阳：股价反弹途中，突然向上跳空，回补缺口后报收小阳线，转日再次报收小阳线，形成了跳空后的连续两根阳线，好似两只小鸟在快乐地飞翔一样。

反弹途中的跳空显示多方做多信心很大，虽然缺口被回补，且只是一根小阳线，但足以显示出多方上攻的欲望。转日再次的阳线，更显示出了多头的信心（如图2－10所示）。

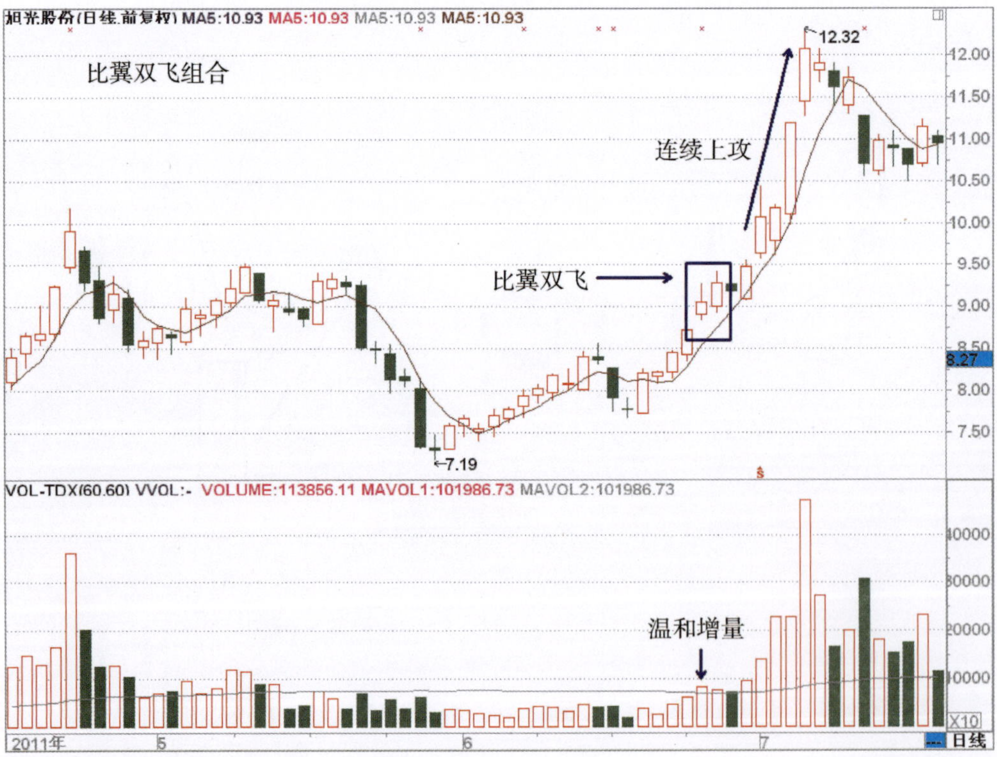

图2－10

图2－10是600353旭光股份的日K线走势图，时间是2011年4月18日至2011年7月19日。

（二）要点及注意事项

本组合并无太多条件要求，因为不是突破性质的跳空（盘中被回补了），也没有过大的成交量，所以只需注意买入后，股价不能收盘在第二根阳线开盘价之下即可。买入时机则可以是第二日的任意时间。唯一需要说明的是，一旦买入后，股价回落到第二根阳线开盘价附近时，应立即退出以策安全。

九、阴阳双锤

（一）名词解释

并肩倒锤头：反弹途中，股价报收了一根带有上影线的小阴线，似乎上方的压力较大，调整意味很浓，但是转日股价并未出现调整，而是再一次向上试探，虽然冲高回落，但还是收出了上影线的小阳线，与前一日的小阴线形成了几乎并肩的组合排列（如图 2－11 所示）。

图 2－11

图 2－11 是 000928 中钢吉炭的日 K 线走势图，时间是 2010 年 12 月 15 日至 2011 年 3 月 11 日。

（二）要点及注意事项

本组合必须出现在反弹途中，且第二根阳线不能是放量的。如果第二根倒锤头的影线部分高于第一根阴线的影线部分，效果更佳。买入时机原则上是第二日收盘前。实战中，根据计算发现成交量明显缩小时，也可提前进场，但须做好止损保护措施。

需要说明的是，本组合出现在平台突破时，如果成交量是放大的，很可能会是一波急拉的上攻走势；如果成交量比较温和，那么该股票很可能是一匹中线黑马。

十、指天指地

（一）名词解释

倒、正锤头线：股价在上行途中，某一日大幅上攻，但最终却冲高回落，报收了一根带较长上影线的倒锤头小阳线。转日股价顺势下探，但随后又被拉了起来，报收了一根下影线较长的锤头线。

大幅上攻后的冲高回落，上方似乎压力巨大。但是，转日的下探并未形成下杀，而是探底回升，暴露出做多资金的洗盘意图（如图 2－12、图 2－13 所示）。

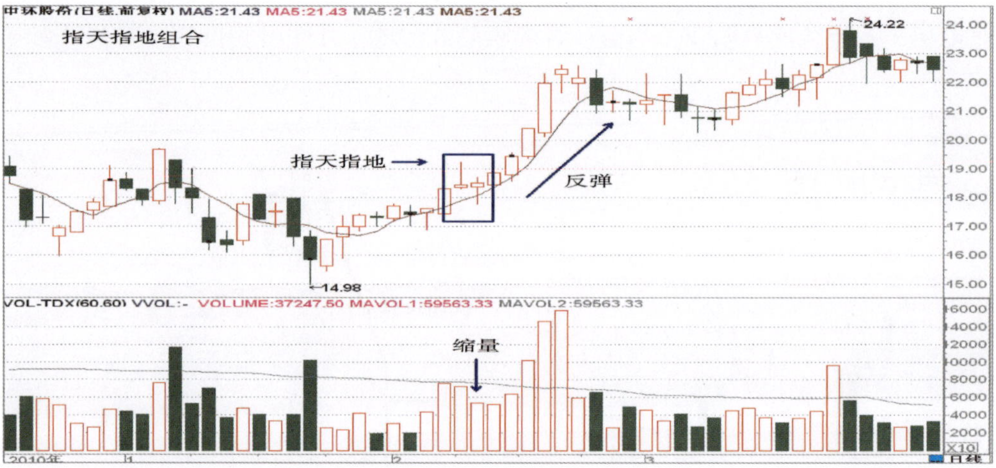

图 2－12

图 2－12 是 002129 中环股份的日 K 线走势图，时间是 2010 年 12 月 22 日至 2011 年 3 月 24 日。

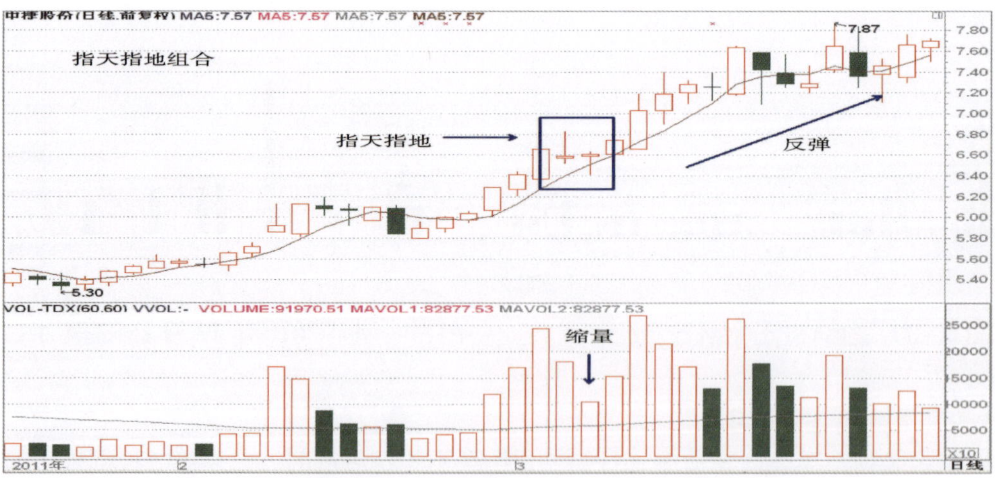

图 2－13

图 2－13 是 002021 中捷股份的日 K 线走势图，时间是 2011 年 1 月 21 日至 2011 年 3 月 24 日。

（二）要点及注意事项

本组合的重点是成交量的变化，第一日的上影线可以是温和放量或大幅放量的，但第二日的下影线，必须是缩量的。另外，上影线的倒锤头也可以是射击之星，下影线的锤头线也可以是十字星。介入时机原则上是第二日的收盘前。需要注意的是，一旦介入后，转日必须要以中阳线或大阳线的形式上涨，否则应立即退出以策安全。

十一、幻影移形

（一）名词解释

三根以上下影线的小阴线和小阳线：股价在低位接连报收带有下影线的小阴线和小阳线，同时成交量有明显的缩减。随着一根带下影线的小阴线或小阳线的出现，其后接连报收带有下影线的小阴线或小阳线。虽然小阴线、小阳线飘忽不定，但价格的重心并未下移。

股价连续大幅下跌，使空方动能得到了有效释放。股价经过短暂整理后再次向下，但并未创出新低，且连续报收带有下影线的小阴线和小阳线，预示着空方已经接近力竭，一旦多方发起反击，空方将会失去抵抗之力（如图 2－14 所示）。

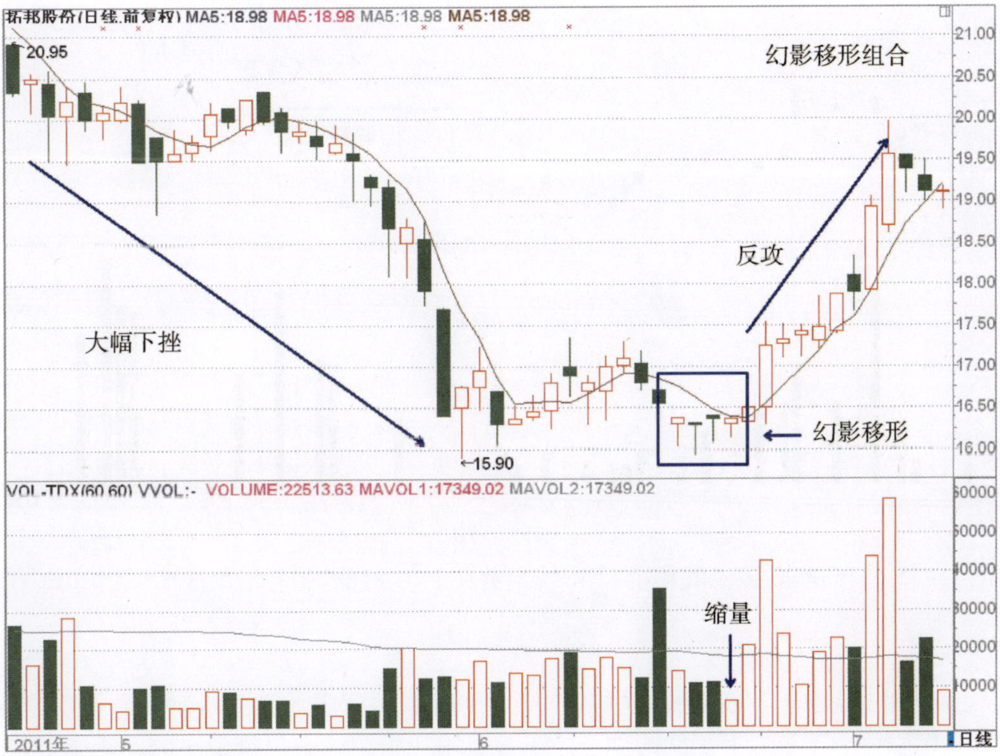

图 2－14

图 2－14 是 002139 拓邦股份的日 K 线走势图，时间是 2011 年 4 月 22 日至 2011 年 7 月 8 日。

（二）要点及注意事项

本组合是下跌途中的阶段性见底信号，由 3～4 根带下影线的小阴线和小阳线组成，阴线和阳线可以任意排列，其中也可以有十字星，但上影线不能过长。无论最后一根K线是阴线还是阳线，必须明显较之前几根是缩量的。本组合的介入时机，原则上应该是见到明显缩量的下影线之时。

十二、三阳开泰

（一）名词解释

渐大三连阳：上涨过程中，股价报收了一根中阳线或小阳线。转日，多方再接再厉又拉出了一根中阳线，多方士气大振。第三日，多方并未给空头任何机会，又一举拉出了一根中阳线或大阳线，从而形成了一根比一根实体大的三连阳（如图2－15所示）。

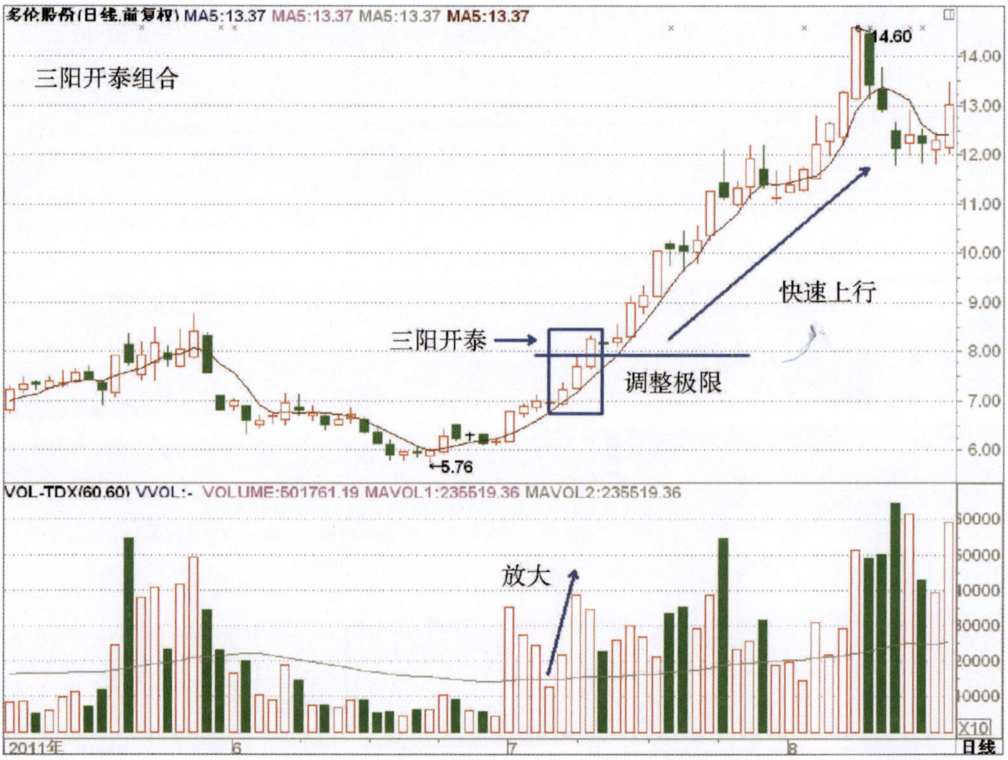

图2－15

图2－15是600696多伦股份的日K线走势图，时间是2011年5月6日至2011年8月17日。

（二）要点及注意事项

本组合的要点在于三根阳线的排列，原则上排列顺序应该是由小到大，但实战当中，也有第三根阳线小于第二根阳线的例子，不过，第一根阳线必须是最小的，否则效果会相差很大。另外，成交量也应该是逐步放大的。

本组合的介入时机，原则上应该是第三日确立中阳线或大阳线之时，不过，在实战当中，连拉三根阳线后，大都会有一个短暂的调整过程出现，但调整极限不能低于第二日的最高价，否则应注意行情有变。

十三、以退为进

（一）名词解释

旗形组合：股价在上升途中，某一日报收了一根大阳线，随后股价并未出现加速上涨，而是连续向下调整，但是调整幅度并不猛烈，而是以小阴小阳的形式逐步下行，随着股价的再次启动，宣布组合成立。

一根大阳线让很多短线客一头撞了进去，但随后的走势却大跌眼镜，虽然连续回落的幅度和速度并不大，但是重心的逐步下移，让大部分跟进的散户大失所望。这是主力常用的一种心理战术。为了清洗获利盘及不坚定的短线客，主力采用了压迫式的心理战术，迫使跟风者交出手中的筹码（如图 2－16 所示）。

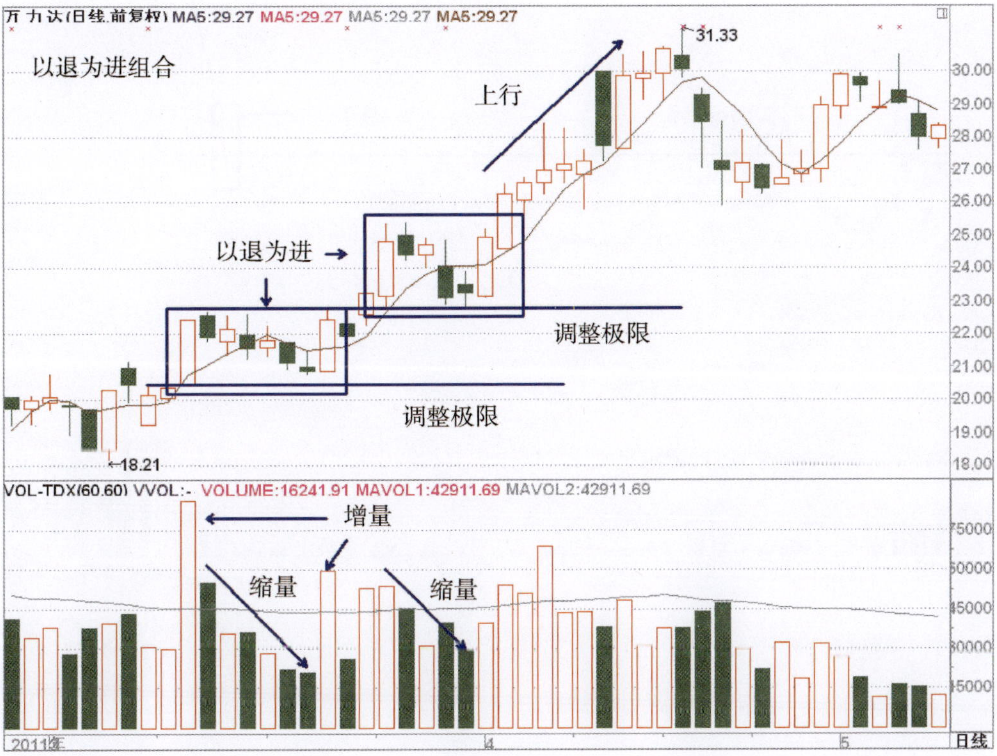

图 2－16

图 2－16 是 002180 万力达的日 K 线走势图，时间是 2011 年 2 月 25 日至 2011 年 5 月 10 日。

（二）要点及注意事项

本组合形似一面旗帜，大阳线是旗杆，调整的小阴线和小阳线是旗面。组合的要点有三个：第一，组织中的第一根 K 线必须是大阳线，调整的小阴线和小阳线至少需要三根以上；第二，向下调整的极限不能低于第一根大阳线的最低价；第三，旗杆及启动时的阳线，必须是增量的，而调整时的成交量必须是逐步缩减的。

本组合的介入时机，原则上应该是整理结束后拉出大阳线当日，且当日的收盘价必须站上旗杆的收盘价，否则买入会有风险。

十四、一柱擎天

（一）名词解释

突破平台的大阳线：股价经过连续的整理后，逐渐向上摸至前期高点附近，随后股价以中阳线或大阳线的形式向上突破平台创出新高。本组合与旱地拔葱组合有相似之处，只不过前者是跳空突破，本组合是大阳突破（如图 2－17 所示）。

图 2－17

图 2－17 是 000975 科学城的日 K 线走势图，时间是 2010 年 10 月 28 日至 2011 年 8 月 10 日。

（二）要点及注意事项

本组合的要点也与旱地拔葱一样，量能是关键。根据笔者的实战经验，突破当日的成交量最好超过前一日成交量的一倍以上，否则上升速度会受到影响。介入时机应选择在盘中创出新高后的第二次拉升时。

十五、众星捧月

（一）名词解释

连续十字星加阳线：股价在上升途中，如果出现了高开，但并未上攻，而是震荡报收了一根十字星。转日，股价依旧保持小幅震荡态势，再次报收十字星。第三日，股价结束了调整，形成了上攻之势，且刷新了反弹新高，收盘在十字星的上方。

连续的十字星暗含多空力量处于平衡状态，但是由于重心并未下移，所以，多方稍占优势。当股价超越了前面十字星的高点时，多方的优势完全得到了体现（如图 2－18 所示）。

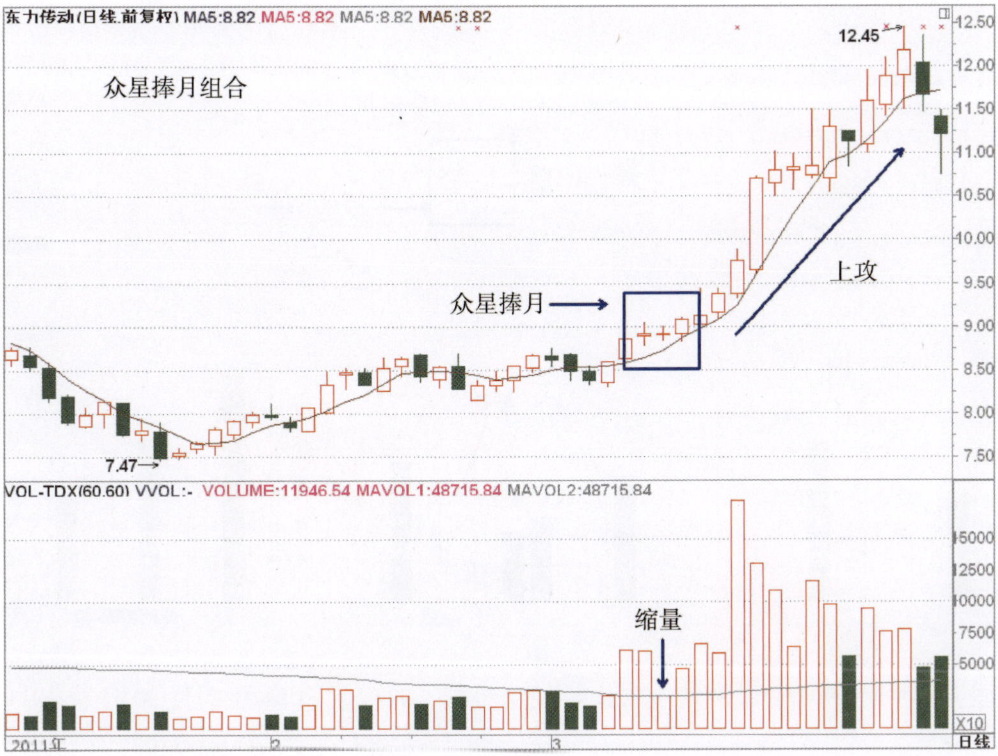

图 2－18

图 2－18 是 002164 东力传动的日 K 线走势图，时间是 2011 年 1 月 12 日至 2011 年 3 月 31 日。

（二）要点及注意事项

本组合的要点是：十字星的成交量必须是缩减的，十字星后的阳线必须是放量的。实战当中，十字星可以是阴星也可以是阳星，而十字星的数量并不局限于两个，有时候也可以是三个，甚至四个，但无论有多少个十字星，最后一个的成交量必须较前面的成交量缩小。另外，突破十字星的阳线最好是中阳线或大阳线。

本组合的介入时机，应选择在股价站上所有十字星的高点之后。需要说明的是，本组合可以在上涨途中出现，也可以在整理结束突破时出现。

十六、虚晃一枪

（一）名词解释

阳孕阳：上升途中，某一日报收了一根大阳线，新一轮升势呼之欲出。但是，转日却大幅度低开在前一日阳线的实体之内，随后股价反复震荡回升，最终报收了一根被前一日大阳线包含在实体之内的伪中阳线（如图 2－19 所示）。

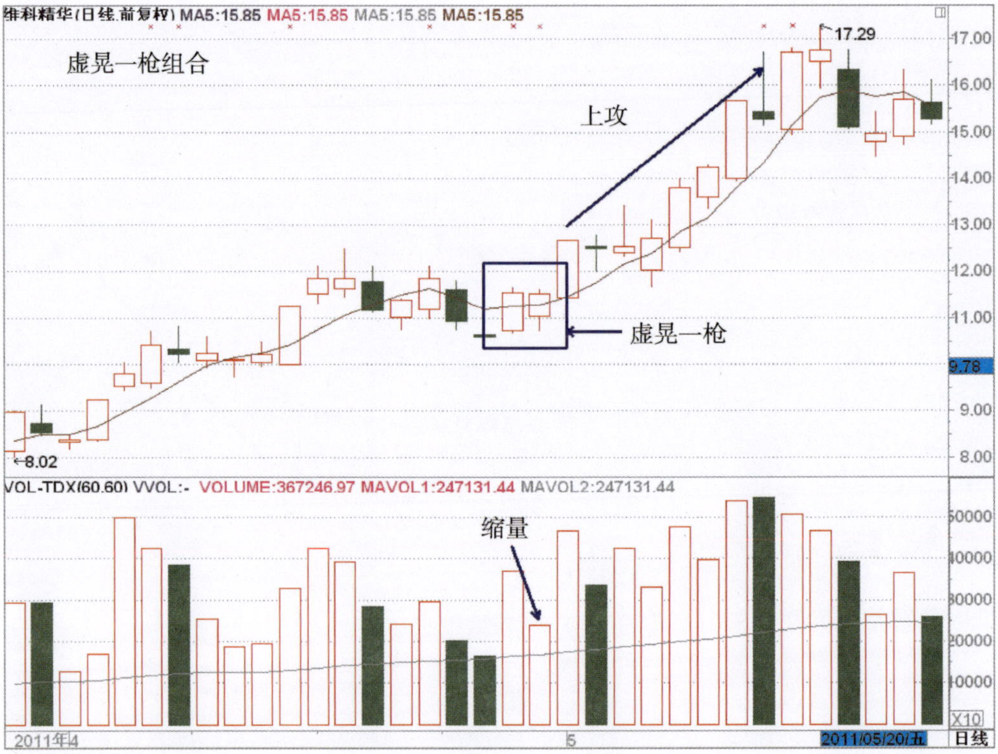

图2－19

图2－19是600152维科精华的日K线走势图，时间是2011年3月30日至2011年5月20日。

（二）要点及注意事项

本组合的第一根阳线必须是大阳线，第二根伪阳线可以是中阳线，也可以是小阳线，但收盘价必须接近大阳线的收盘价。另外，伪阳线的成交量必须是明显缩减的。本组合的介入时机，应选择在第三日站稳两根阳线的最高价之上时。

十七、出水芙蓉

（一）名词解释

低位跳空阳线：股价连续下挫并创出新低再收阴线，空方肆虐，一片萧杀。但是，转日股价却向上跳空开盘，且一路高歌猛进，完全吃掉了前一日的阴线实体，最终以阳线报收，一举扭转了短线颓势。

连续的下挫使得空头力量得到了较大的宣泄，这个时候，一旦多方乘虚反击，空头就会很难招架。跳空高开，显示出做多欲望的强烈，高开高走则说明多方完全占据了主动权，随后的继续反弹也就顺理成章了（如图2－20所示）。

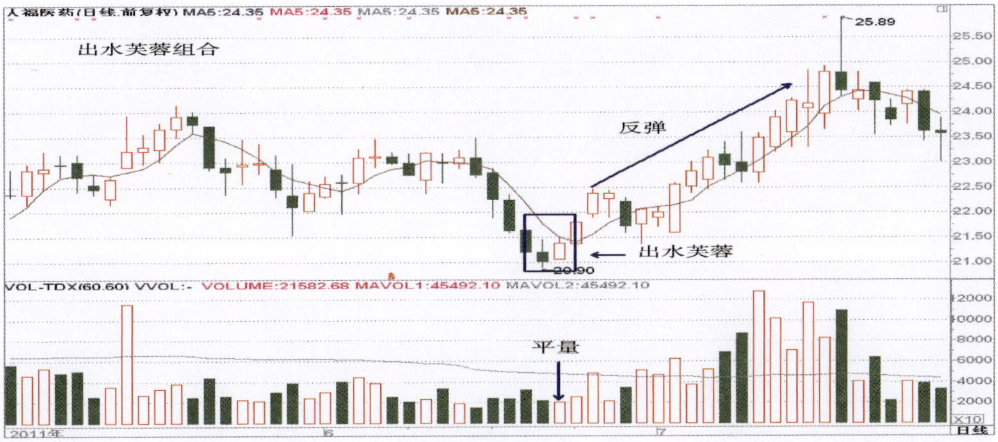

图 2-20

图 2-20 是 600079 人福医药的日 K 线走势图，时间是 2011 年 5 月 4 日至 2011 年 7 月 26 日。

（二）要点及注意事项

本组合是低点或阶段低点的反弹信号。需要注意的是，无论前一日的阴线实体是大还是小，第二日的跳空阳线，必须要完全吃掉阴线的实体。第二日的跳空阳线实体越大，其后的反弹力度就越大。跳空阳线当日可以增量，但放大幅度不能过大。介入时机应选择在第二日收盘前。

十八、前仆后继

（一）名词解释

阳包阴：股价触底后持续反弹，突然股价大幅下挫，并报收一根中阴线或大阴线，短线形势逆转直下。转日再次低开，经过下探后多方展开了反攻，并形成了一边倒之势，一举吃掉了前一日的中阴线或大阴线，且创出了反弹新高（如图 2-21 所示）。

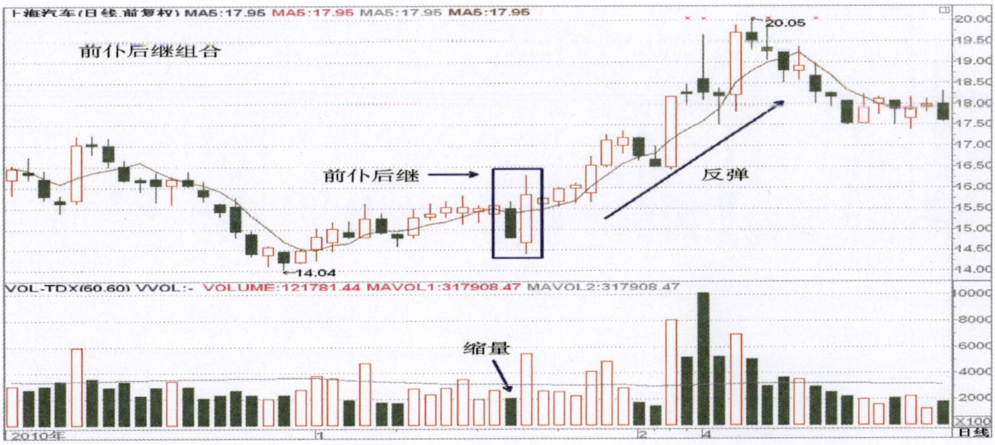

图 2-21

图 2-21 是 600104 上海汽车的日 K 线走势图，时间是 2010 年 12 月 7 日至 2011 年 4 月 27 日。

（二）要点及注意事项

本组合的重点在于阴线的量能，无论阴线是中阴线还是大阴线，其成交量都必须是缩减的。转日大阳线的成交量则可以是稍微增量，也可以是放量，但阳线必须创出反弹新高，且收盘要完全吃掉前一日的阴线实体。

十九、遥相呼应

（一）名词解释

两次阳包阴：股价经过较长时间的下跌后，在相对低位形成了阳包阴的组合，随后股价反弹。经过连续小幅度的反弹后，股价再一次回落到前期低点附近，随后又一次形成了阳包阴的组合。

第一次低点的阳包阴形成了小幅反弹，随后股价再一次回到低点附近形成二次阳包阴，暗示这个位置是多方重要的防守区域。所以二次阳包阴组合之后，会有一个较长时间的反弹（如图 2－22 所示）。

图 2－22

图 2－22 是 600184 光电股份的日 K 线走势图，时间是 2011 年 3 月 17 日至 2011 年 8 月 17 日。

（二）要点及注意事项

本组合的两个阳包阴的成交量，都要阳大于阴，因为多方需要更多的力量保住这一区域。本组合属于阶段性双底形态，其后的反弹几乎没有多大疑问，所以介入时间应该是第二个阳包阴的当日。

二十、双针探底

（一）名词解释

股价经过连续的下跌后，再一次大幅度下挫，接着多方发起反击，并成功收复了大部分失地，报收了一根带有长下影线的小阴线或小阳线。随后，股价开始横向震荡，但震荡期间重心不再下移。经过一段时间的整理后，某一日股价再一次大幅下挫，但最终多方还是收复了大部分失地，又一次报收了带有长下影线的小阴线或小阳线，随后，股价开始了真正的反弹（如图 2－23 所示）。

图 2－23

图 2－23 是 000050 深天马 A 的日 K 线走势图，时间是 2011 年 3 月 28 日至 2011 年 7 月 21 日。

（二）要点及注意事项

本组合中的两根带有下影线的 K 线，前一根和后一根可以是阴线，也可以是阳线。两根下影线之间的 K 线以小阴线和小阳线为主，但重心不能下移。第二根下影线的转日，必须是阳线，且涨幅越大其后的反弹力度也就越大。介入时机也是第二根下影线之后的阳线当日。

第三节　卖出组合及操作要点

一、乌云盖顶

（一）名词解释

下跌途中的覆盖线：股价在下跌途中出现了连续的反弹，某一日报收中阳线或大阳线，多方大获全胜。转日直接大幅度高开，但却未能保持强势，而是高开低走一路回落。缺口不但被封闭，股价也被打至前一日阳线的实体之内，形成了高开低走的覆盖线。

跳空高开本是强势特征，但是高开的当日不但缺口被封闭，还顺势被打压到前一日的阳线实体之内收盘，这通常说明多方已经力竭（如图 2 – 24 所示）。

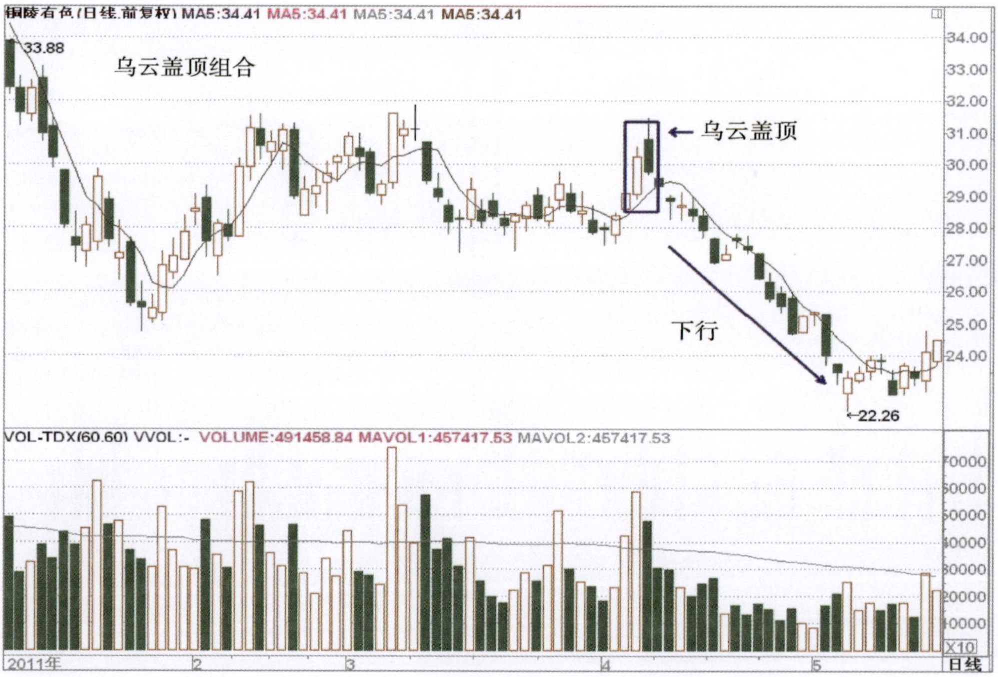

图 2 – 24

图 2 – 24 是 000630 铜陵有色的日 K 线走势图，时间是 2011 年 1 月 7 日至 2011 年 5 月 18 日。

（二）要点及注意事项

本组合如果出现在下跌途中的反弹阶段，基本上可以认定阶段反弹已经结束。如果出现在上升趋势中，且组合创出新高，则需注意量能的变化及转日的走势。如果组合创出新高，阴线也放出天量或巨量，那么转日如果不能高开高走，持有者就应该果断退出以策安全。

二、孤塔独影

（一）名词解释

高位长上影小阴小阳或十字星：股价连续创出新高报收中阳线或大阳线，转日再次大幅度拉高，但随即快速回落，且震荡回落之势一直持续到收盘，最终报收的是一根带有很长上影线的小阳线或小阴线。第三日开盘后稍作上冲即再次下挫，且最终以中阴线或大阴线收盘。

长长的上影线，预示着市场多方遭到强力阻击，而转日的中阴线或大阴线，更加显示出空方占据了绝对优势，这通常说明多方已经放弃了抵抗，股价将进入空方市场（如图2－25所示）。

图2－25

图2－25是600017日照港的日K线走势图，时间是2011年2月24日至2011年7月21日。

（二）要点及注意事项

长长的上影线已经显露出多方的疲态，如果上影线当日是大幅放量的，那么更加说明多方已经失去了主动。实战中，当遇到这种高位放量上影线时，投资者当日就应该进行减仓，转日的中阴线或大阴线更是发出了见顶信号，应立即清仓出局。

三、狂风暴雨

（一）名词解释

渐大三连阴：股价在高位，或者是阶段性反弹过程中报收小阴线，转日再次拉出一根中阴线，第三日股价又一次拉出了一根中阴线或大阴线，形成了阴线实体一天比一天大的三连阴。接连两根渐大的阴线，已经暗示着多方开始溃败，第三日的中阴线或大阴线则完全确立了多方已无还手之力（如图2－26所示）。

图 2－26

图 2－26 是 000400 许继电气的日 K 线走势图，时间是 2011 年 2 月 9 日至 2011 年 6 月 22 日。

（二）要点及注意事项

本组合经常出现在见顶后期，以及阶段性反弹末期。实战中，持有者应该在第二根中阴线形成时开始减仓，一旦第三根中阴线或大阴线拉出，就应该立即退出。本组合在实战中，三根阴线未必是一根比一根大，有时候会是连续三根相差不大的中阴线，但成交量通常是逐渐增量的。

四、隔海相望

（一）名词解释

两次阴包阳：股价持续上行，某一日报收阳线，转日风云突变，一根中阴线或大阴线将前一日的阳线实体完全吃掉，随后股价开始连续下跌。经过一段时间的向下调整后，股价开始重拾升势，当股价上行到前期高点附近时，再一次形成了一个阴包阳的组合，这个时候隔海相望组合宣布成立。

第二次的阴包阳是第一次阴包阳的确认，实际上，本组合就是我们常讲的双头形态，也称 M 头形态（如图 2－27 所示）。

图 2－27

图 2－27 是 600132 重庆啤酒的日 K 线走势图，时间是 2010 年 12 月 30 日至 2011 年 6 月 7 日。

（二）要点及注意事项

如果说第一次的阴包阳组合还不能确立顶部，那么，第二次的阴包阳的出现，就完全可以确认顶部已经形成。持有者应该在第二次阴包阳组合出现时果断离场。本组合对成交量没有太大的要求，但整体上应该是两个组合之间的量能呈缩减态势。

五、天雨灭火

（一）名词解释

一阴吞数阳：下跌途中，股价连续反弹，但是接连数根阳线，都未能形成向上突破的走势，虽然连续的阳线红红火火煞是好看，但是随后的一根中阴线或大阴线，则彻底将火焰熄灭。

连续的小阳线夹杂着伪阳线，显示出多方比较心虚；数根阳线都未能使得重心上移，也暴露出多方并无大举上攻的决心。其后的中阴线或大阴线，则彻底击碎了多方脆弱的防线（如图 2－28 所示）。

图 2－28

图 2－28 是 002270 法因数控的日 K 线走势图，时间是 2011 年 2 月 21 日至 2011 年 6 月 27 日。

（二）要点及注意事项

本组合中的小阳线数量并不固定，其中也可以夹杂小阴线或十字星。最后的一根中阴线或大阴线，则是组合的确立，也是向持有者发出的卖出信号。

六、顺流而下

（一）名词解释

重心逐步下移后的中阴线或大阴线：下跌途中，股价出现了反弹，经过几天的反弹后，股价开始逐步下滑，虽然每日跌幅不大，但是随后的一根向下跳空的中阴线或大阴线，彻底击碎了多方反转的梦想。

反弹之后的重心逐步下移，已经体现出多方力量的逐渐衰竭。随后的跳空中阴线或大阴线，实际上是做多者反手做空行为，也就是我们常讲的多杀多（如图 2－29 所示）。

图 2－29

图 2－29 是 600166 福田汽车的日 K 线走势图，时间是 2011 年 4 月 12 日至 2011 年 6 月 22 日。

（二）要点及注意事项

本组合中，重心逐步下移的小阴线和小阳线数量并无限制，重要的是后面向下跳空的中阴线或大阴线。向下跳空已经表露出空方的强盛，跳空且报收中阴线或大阴线，则说明空方已经掌控了市场的方向，所以，持有者遇到本组合时，应立即清仓以策安全。

七、天狗食日

（一）名词解释

阴包阳组合：股价连续下跌后，做空动力开始衰竭，随即出现了一波力度较大的反弹。随着反弹的持续，某一日再次报收中阳线，多方作出了再次拉升的态势。转日，股价高开后，却未能形成上攻之势，稍稍冲高即快速回落，且回落态势一直持续到收盘，最终报收了一根中阴线或大阴线，将前一日的中阳线从头到脚一口吃掉（如图 2－30 所示）。

图 2－30

图 2－30 是 000597 东北制药的日 K 线走势图，时间是 2011 年 5 月 30 日至 2011 年 9 月 5 日。

（二）要点及注意事项

本组合中，投资者关注的重点是成交量。由于反弹力度较大，股价确有反转的态势，但是成交量暴露了多方假反转的意图，股价创出反弹新高，但成交量却较之前大幅缩减，量价背离一览无遗。成交量是股价的原动力，动力不足的情况下，反转只是空谈。而转日放量的中阴线或大阴线，更加佐证了主力假多真空的操作意图，所以，持有者应在放量跌破前一日开盘价时立即退出。

八、日落西山

（一）名词解释

阳孕阳后中阴线：股价持续反弹并创出反弹新高报收中阳线或大阳线后，转日却直接低开，多空经过反复争夺，最终虽然报收阳线，但价格却未能超越前一日阳线的收盘价。第三日，开盘后，稍作上冲即掉头向下，最终报收了一根中阴线或大阴线（如图 2－31 所示）。

图 2－31

图 2－31 是 600166 福田汽车的日 K 线走势图，时间是 2010 年 9 月 8 日至 2011 年 1 月 28 日。

（二）要点及注意事项

本组合大多出现在阶段性反弹末期，如果在上升趋势中出现，则需要注意成交量的变化。如果其后经过回调再次上攻时，成交量能超越前一次高点时的量能，那么本组合不成立；反之则成立。第二日的伪阳线，已经显露出多方的疲态，紧接着第三日的中阴线或大阴线，说明空方已经占据了主动，如果股价处于下跌趋势中的反弹阶段，持有者应在第三日退出观望。

九、断崖销魂

（一）名词解释

跳空中阴线或大阴线：下跌途中，股价出现了小幅度反弹，但是好景不长，某日突然大幅低开，随即低开低走不再回头，最终报收一根留有跳空缺口的中阴线或大阴线（如图 2－32 所示）。

图 2－32

图 2－32 是 000837 秦川发展的日 K 线走势图，时间是 2011 年 1 月 31 日至 2011 年 6 月 15 日。

（二）要点及注意事项

本组合的重点是中阴线或大阴线所留下的跳空缺口。特别是在下跌趋势刚刚形成的初期，一旦出现伴随缺口的中阴线或大阴线，持有者就应抛弃一切幻想立即清仓出局，场外者更不可贸然抄底。

十、倾盆大雨

（一）名词解释

高开低走的大阴线：下跌途中，股价出现了连续的小幅反弹，某日股价跳空高开，但却一路下行，且一口将之前的反弹成果全部吞噬（如图 2－33 所示）。

图 2－33

图 2－33 是 600498 烽火通信的日 K 线走势图，时间是 2011 年 1 月 6 日至 2011 年 4 月 28 日。

（二）要点及注意事项

本组合中反弹时的K线数量不限，重点是大阴线将之前的反弹全部覆盖。一根阴线吃掉数日的反弹成果，其杀伤力非常之大，持有者应放弃一切幻想退出观望，场外的投资者更不可轻易进场。

十一、拾级而下

（一）名词解释

双阴孕双阳：股价持续下行报收中阴线或大阴线，转日却高开，但只是报收了一根孕育在前日阴线里的小阳线。第三日股价再次下挫报收中阴线或大阴线，第四日又一次高开，但报收的依旧是一根孕育在前一日阴线实体内的小阳线（如图2-34所示）。

图2-34

图2-34是600261阳光照明的日K线走势图，时间是2011年2月17日至2011年6月20日。

（二）要点及注意事项

连续两根中阴线或大阴线孕育的小阳线，预示着多方的反扑苍白无力，一步一个台阶的稳步下行，显示出空方完全掌握着主动权，投资者应放弃幻想及时出局，更不可轻言抄底。

十二、笑里藏刀

（一）名词解释

阳盖阴：股价逐步下行，某一日突然大幅反弹报收中阳线或大阳线，多方似乎开始反击了。但是，转日多方非但没能延续反弹之势，反而被空方迎头痛击，一根大阴线完全吃掉了前一日的阳线实体（如图 2－35 所示）。

图 2－35

图 2－35 是 000629 攀钢钒钛的日 K 线走势图，时间是 2011 年 2 月 24 日至 2011 年 6 月 30 日。

（二）要点及注意事项

下行趋势中的单日大阳线，往往是空方的诱多行为，投资者千万不可在下行趋势中见到大阳线就认为反弹开始了。本组合一旦形成，其后的下杀幅度会非常大，所以持有者应及时退出。

十三、雨打浮萍

（一）名词解释

反弹锤头线：股价一路下滑，某日反弹报收中阳线或大阳线。转日出现了大幅震荡，最终报收了一根锤头线。第三日未能延续升势，股价一路下挫，报收中阴线或大阴线，组合宣告成立（如图 2－36 所示）。

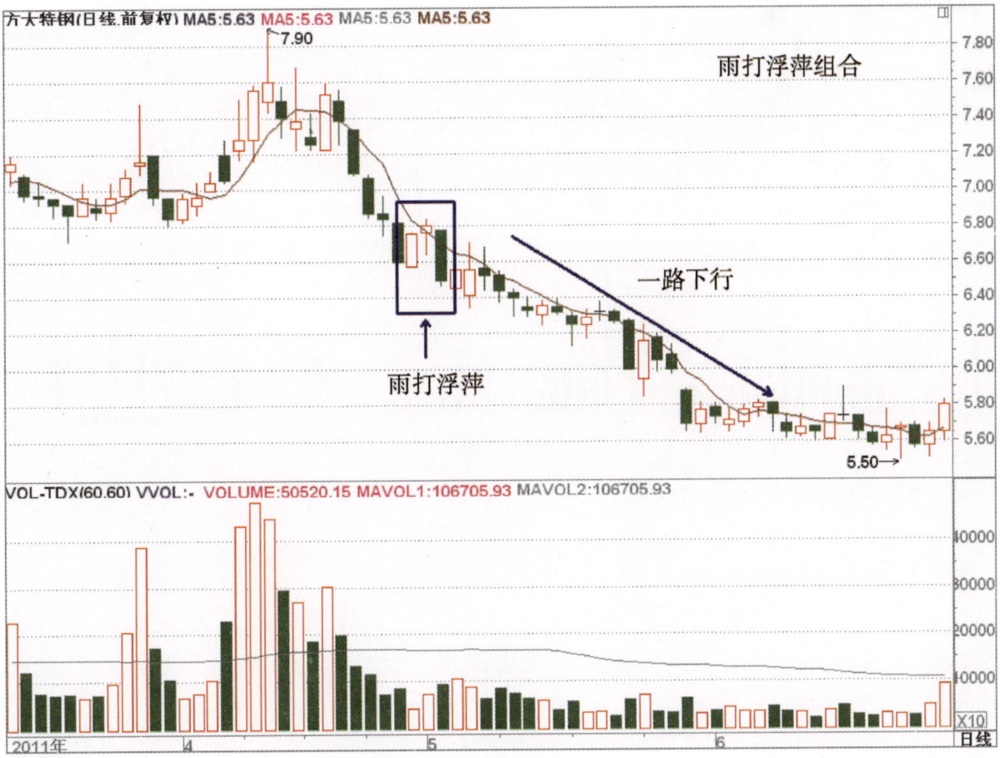

图 2－36

图 2－36 是 600507 方大特钢的日 K 线走势图，时间是 2011 年 3 月 16 日至 2011 年 6 月 24 日。

（二）要点及注意事项

虽然锤头线有止跌作用，但是在下跌初期出现锤头线，并不具有止跌意义。而锤头线之后的中阴线或大阴线，则否定了锤头线的止跌作用。所以，投资者遇到此种组合时，应抛弃幻想及时卖出，场外者也不能贸然抄底。

十四、对唱双鸦

（一）名词解释

两根高开低走的中阴线或大阴线：受某种利好刺激，股价大幅度高开，但未能形成大幅反弹，而是放量高开低走，最终报收了一根冲高回落的伪阴线。转日，虽然再次大幅高开，但依旧是高开低走报收伪阴线。连续两根高开低走的伪阴线，充分显示出利好的苍白，更暴露出主力不愿做多的意图（如图 2－37 所示）。

图 2－37

图 2－37 是 600551 时代出版的日 K 线走势图，时间是 2011 年 5 月 3 日至 2011 年 8 月 8 日。

（二）要点及注意事项

本组合的要点在于投资者对所谓利好的识别。如果说第一根高开低走的伪阴线是洗盘，那么第二日的高开低走则完全揭穿了所有谎言。持有者应在第二日高开后，发现股价不能迅速上攻时，就果断离场。

十五、棒打鸳鸯

（一）名词解释

一阴吞双阳：下跌途中，股价出现反弹，并报收了一根中阳线或大阳线。转日大幅低开，随后震荡回升再收阳线。第三日小幅高开，但未能形成上攻之势，而是高开低走报收大阴线，形成了一阴吞双阳的 K 线组合（如图 2－38 所示）。

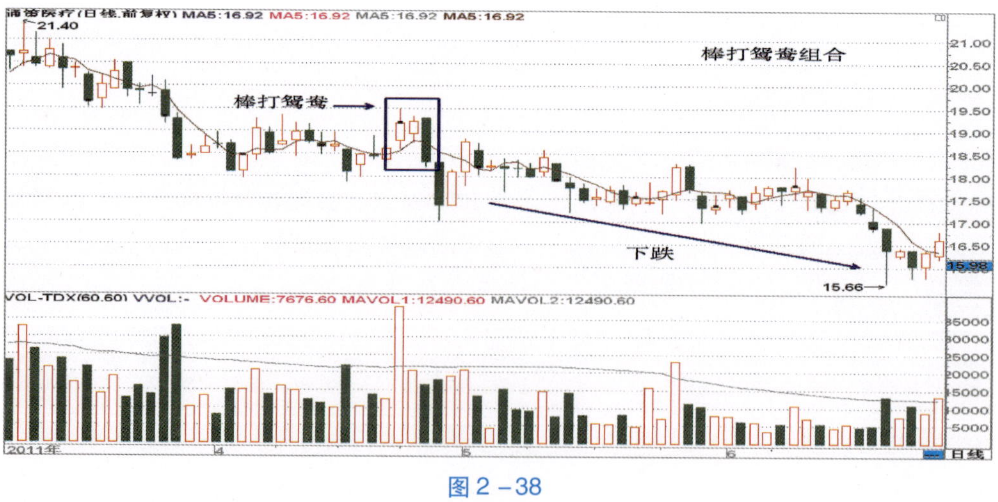

图 2－38

图 2－38 是 600763 通策医疗的日 K 线走势图，时间是 2011 年 3 月 9 日至 2011 年 6 月 24 日。

（二）要点及注意事项

连收两根阳线，似乎多方掌握了主动，但是一根巨大的阴线，一举将多头击溃。持有者应在大阴线跌破第一日的开盘价时果断离场。

十六、幼鸦三跳

（一）名词解释

跳空三连阴：下跌趋势中，某一日股价向下跳空并报收小阴线。转日再次向下跳空，依旧报收一根小阴线。第三日开盘，股价又一次向下跳空，而且还是报收小阴线，从而形成了跳空三连阴组合（如图 2－39 所示）。

图 2－39

图 2－39 是 000597 东北制药的日 K 线走势图，时间是 2011 年 4 月 29 日至 2011 年 8 月 16 日。

（二）要点及注意事项

连续向下跳空的小阴线，虽然跌幅不大，却孕育着极大的风险。本组合的出现，是加速下跌的征兆，持有者应及时退出观望，避免遭受更大的损失。

十七、凄然一笑

（一）名词解释

跳空小阳线：股价在上升途中，突然出现了跳空，但当日只是报收了一根小阳线，股价似乎有加速上攻的态势。但是，转日却低开低走大幅下挫，最终报收了一根中阴线或大阴线，且封闭了跳空缺口（如图 2－40 所示）。

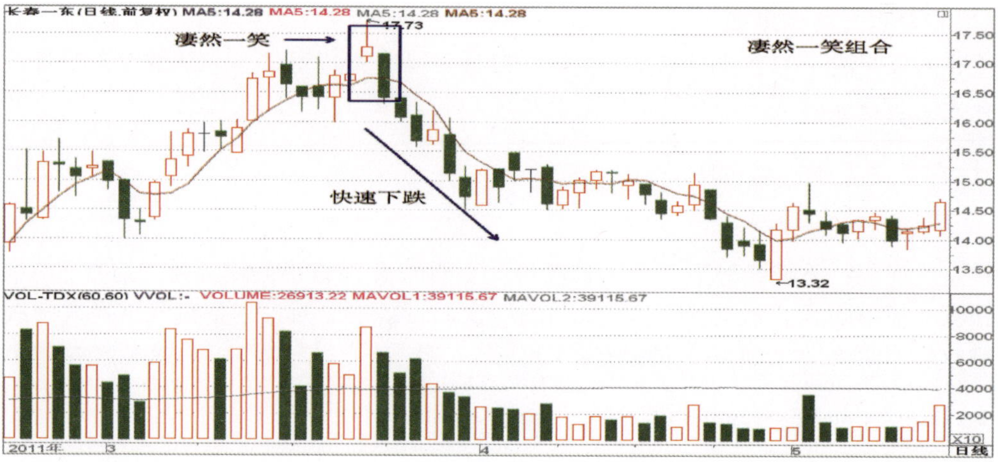

图 2－40

图 2－40 是 600148 长春一东的日 K 线走势图，时间是 2011 年 2 月 21 日至 2011 年 5 月 17 日。

（二）要点及注意事项

本组合的重点在于缺口的封闭，向上跳空本是强势突破，而缺口一旦被封闭，则说明强势不再，即便其后股价未必见顶，但至少也会出现阶段性调整，所以持有者应在缺口被封闭时暂时离场观察，避免因大幅调整或见顶而遭受损失。

十八、回光返照

（一）名词解释

一阳吃数阴：股价连续下挫，接连报收小阴线，随后一根大阳线拔地而起，一举将之前的数根小阴线统统吃掉。这种下跌途中出现的单日大阳线，会快速消耗多方的能量，所以，通常情况下，大阳线之后股价还将继续下行（如图 2－41 所示）。

图 2－41

图 2－41 是 002046 轴研科技的日 K 线走势图，时间是 2011 年 2 月 1 日至 2011 年 6 月 7 日。

（二）要点及注意事项

本组合的重点在于大阳线之后股价是否还能走高。实战中，这种下跌途中单日的大阳线，无论是否放量，都是不适宜追高买入的。持有者可以在大阳线的转日，股价不能继续上行时退出观望。

十九、胎死腹中

（一）名词解释

阳孕阴：股价在下跌途中，出现了止跌迹象，随后报收了一根中阳线或大阳线。但是，转日却未能延续反弹，而是直接低开震荡，报收了一根孕育在阳线实体内的小阴线（如图 2－42 所示）。

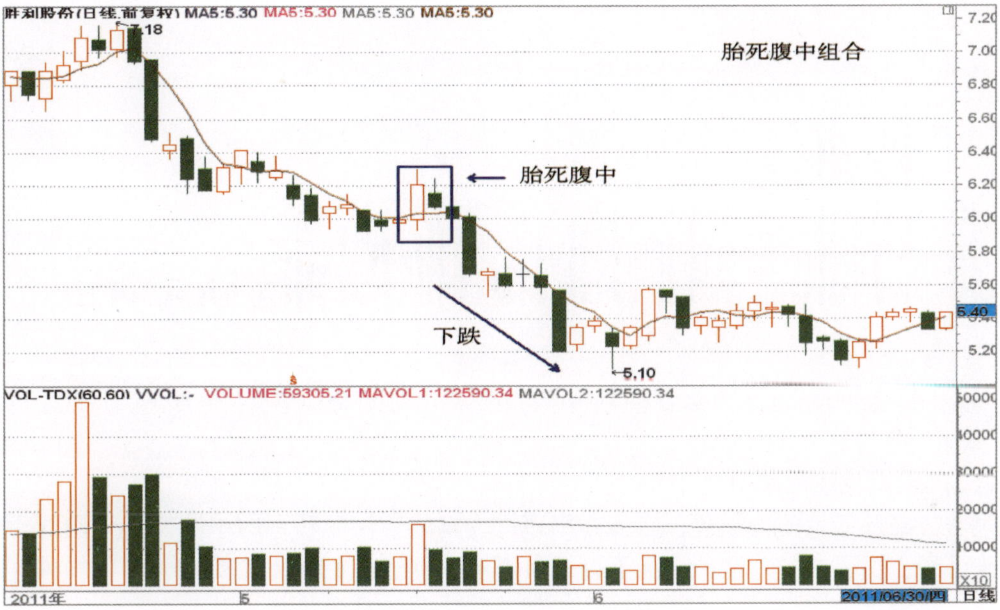

图 2－42

图 2－42 是 000407 胜利股份的日 K 线走势图，时间是 2011 年 4 月 13 日至 2011 年 6 月 30 日。

（二）要点及注意事项

本组合与回光返照有相似之处，应注意的地方及实战策略也完全相同。

二十、秃峰双鸦

（一）名词解释

高开伪阴线：上升趋势中，股价连续大幅上攻，随后大幅高开创出新高，但当日剧烈震荡，不但封闭了跳空缺口，最终报收的也只是一根高开低走的伪阴线。转日，股价大幅低开后再一次大幅度震荡，且尾盘形成了下杀走势，报收了一根中阴线或大阴线（如图 2－43 所示）。

图 2 -43

图 2 -43 是 600086 东方金钰的日 K 线走势图，时间是 2010 年 9 月 13 日至 2011 年 1 月 27 日。

（二）要点及注意事项

第一日高开低走的伪阴线，已显露出多方力竭之势，而转日的中阴线或大阴线，则表明空头已经占据了主动，这种情况下，持有者应立即退出，避免遭受进一步的损失。通常情况下，本组合的卖出时机，应选择在跌破伪阴线前一日的收盘价时。

本章要点

1. 理解并掌握单根 K 线与 K 线组合的不同之处。弄清 K 线组合的前因后果，是正确并成功使用 K 线组合的关键所在。

2. 正确看待 K 线组合在实战中的作用，深刻理解 K 线组合的内在价值。弄清 K 线组合与操作风格的关系，是 K 线组合使用者必须要上的一堂课。

3. 深刻理解 K 线组合与主力运作计划的内在联系。

4. 熟悉并理解 K 线组合与趋势的关系。

5. 熟记各种 K 线组合的解释，以及每一种 K 线组合的成立条件。

6. 重点了解各种 K 线组合的注意事项，以及各种 K 线组合的操作原则。

7. 任何一种 K 线组合，都只是价格的形体，操作条件及要点才是 K 线组合的神髓，形体是会变化的，而神髓才是永恒的。

第二章 K线形态的形成及实战意义

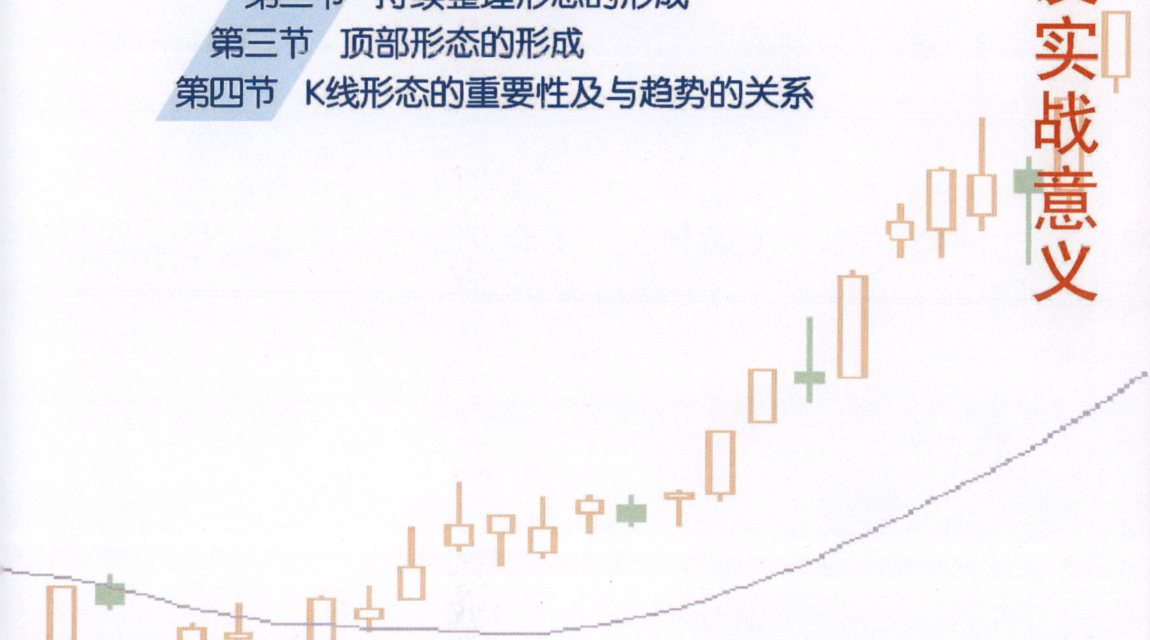

形态本身是多空力量的对比图，根据对比结果，我们可以研判市场将要运行的方向。在所有的技术分析体系中，形态技术是最具实战价值的技术之一，它具有易于识别、简单易懂、可靠性强、进出依据清晰等优点。

主力运作股票时，会千方百计地遮掩自己的行踪。但是，无论主力如何作假，采用怎么样的手段迷惑散户，最终都会在K线形态上露出破绽。因为形态是价格运行的轨迹，不管价格如何波动，只要价格处于波动之中，就无法超出各种形态的范围。

在实战中，形态不但可以指导短线操作，更是中线操作的重要参考技术之一。但是由于人性中的某些弱点，大多数投资者即便发现了某一种形态，也还是无法控制自己采取行动。其中有几个重要原因：第一，对形态技术认识得不够，了解不深刻；第二，由于主力的欺骗行为，造成大多数人对形态产生怀疑；第三，操作心理不成熟所致。本章将会深入浅出地解释形态的形成机理，以及形态与趋势的关系。

第一节　底部形态的形成

一、自然性筑底

股价经过长时间的下跌后，由于严重超跌，造成抛盘进入到枯竭状态，这个时候，场外资金开始小心翼翼地进场。由于市场处于空头状态，所以，场外的资金并不敢大举进场。虽然如此，但因为抛盘已经枯竭，因此很少的做多资金就可以抬高股价。同时，短线赚钱效应又吸引了更多的短线客进场，使得股价进一步上涨。当股价触及上方最近的套牢区时，短线客迅速离场，并带动套牢盘纷纷割肉，从而使得股价进一步回落。

股价回落到前期低点附近时，抛盘再次进入枯竭状态，这个时候，由于股价明显失去了下跌动力，场外的资金又开始小心翼翼地进场了。就这样，股价到达上方套牢区即回落，回到前期低点附近又回升，多次反复后形成了底部形态。自然性筑底大多会形成三重底或多重底等等，期间反弹时的高度较窄，筑底时间也相对较长。自然性筑底的股票，大多数都是筑底后期才有大资金建仓（如图 3－1、图 3－2 所示）。

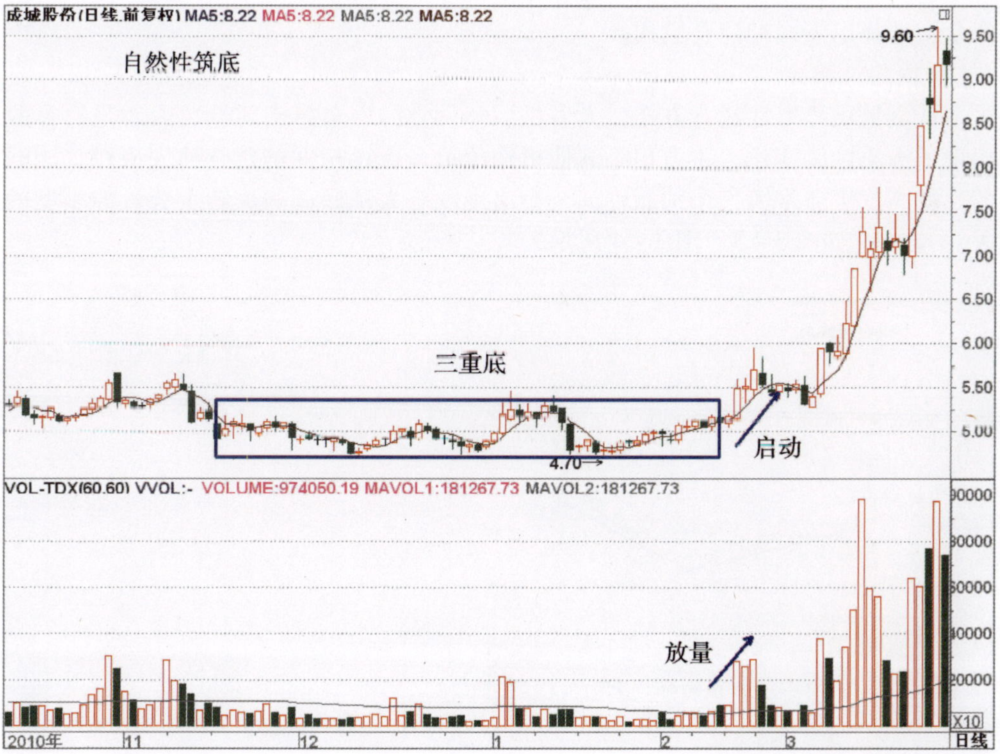

图 3－1

图 3－1 是 600247 成城股份的日 K 线走势图，时间是 2010 年 10 月 12 日至 2011 年 3 月 28 日。

图 3-2

图 3-2 是 000039 中集集团的日 K 线走势图，时间是 2009 年 8 月 5 日至 2010 年 1 月 20 日。

二、控制性筑底

控制性筑底，是指主力资金主动控制股价的走势。控制性筑底是先知先觉的主力资金主动性建仓所形成的一种底部形态。根据建仓目标的基本面，以及上市公司的配合情况，主力资金会选择以下两种建仓模式。

（一）抢筹性建仓

主力资金采用抢筹性建仓方式，大多是后知后觉的资金急于建仓，或者是目标股的基本面出现了本质性的变化，主力担心其他机构争抢，所以初期的建仓速度极快。同时，第一波的反弹高度也非常大，个别品种甚至会出现没有大幅回调的反转走势。如小型的头肩底或 V 形反转（如图 3-3、图 3-4 所示）。

图 3-3

图 3-3 是 000546 光华控股的日 K 线走势图，时间是 2008 年 7 月 30 日至 2009 年 6 月 5 日。

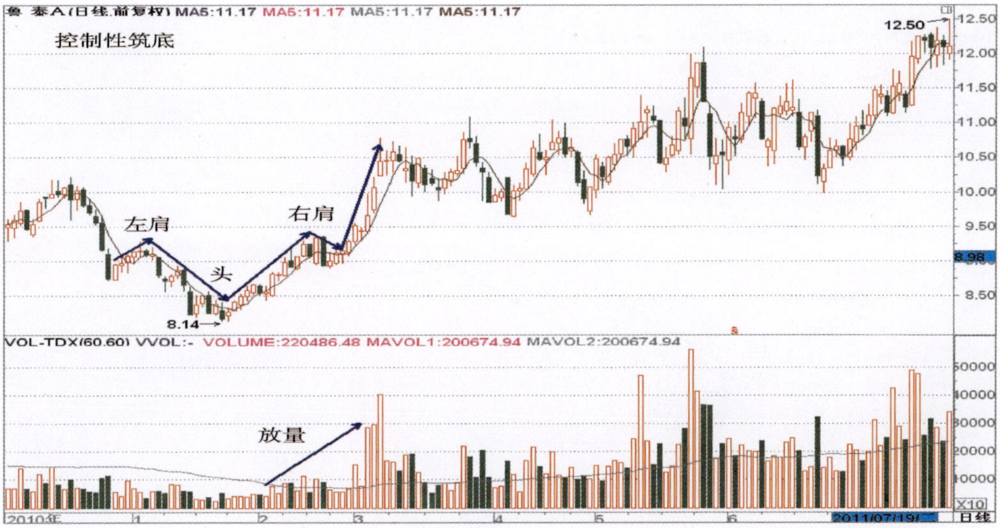

图 3-4

图 3-4 是 000726 鲁泰 A 的日 K 线走势图，时间是 2010 年 12 月 6 日至 2011 年 7 月 21 日。

（二）隐蔽性筑底

主力采用隐蔽性筑底方式，大多数是因为其目标基本面较差（当时表面上较差），所以主力资金不担心其他机构争抢。主力为了能够拿到更多的廉价筹码，会很有耐心地慢慢吸筹，从而使得股价反弹高度很有限，且在筑底过程中很少见到较大的阳线，大多数都是很有规律的小阴线、小阳线。即便某一日由于市场走势较强，造成涨幅过大，其后也会连续回落。如圆弧底或大型的头肩底（如图 3-5、图 3-6 所示）。

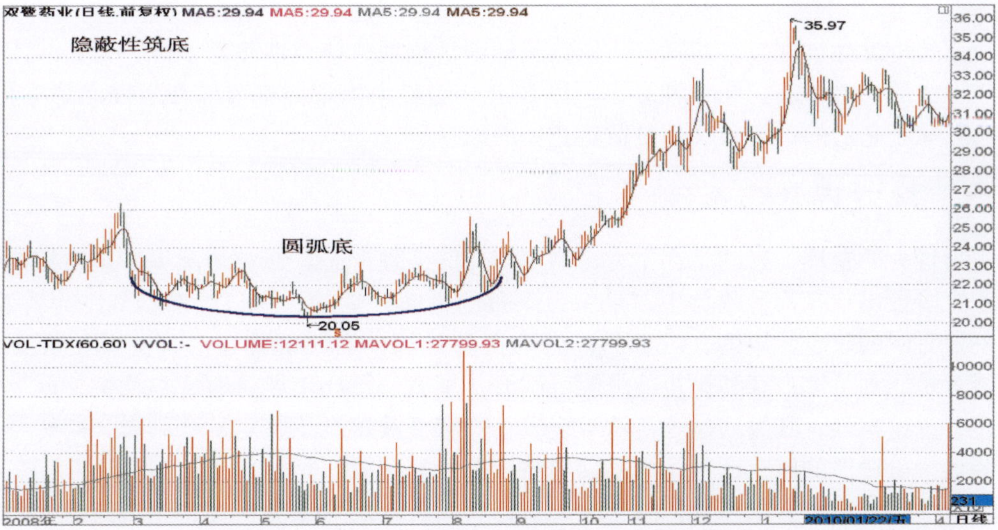

图 3-5

图 3-5 是 002038 双鹭药业的日 K 线走势图，时间是 2008 年 12 月 19 日至 2010 年 4 月 8 日。

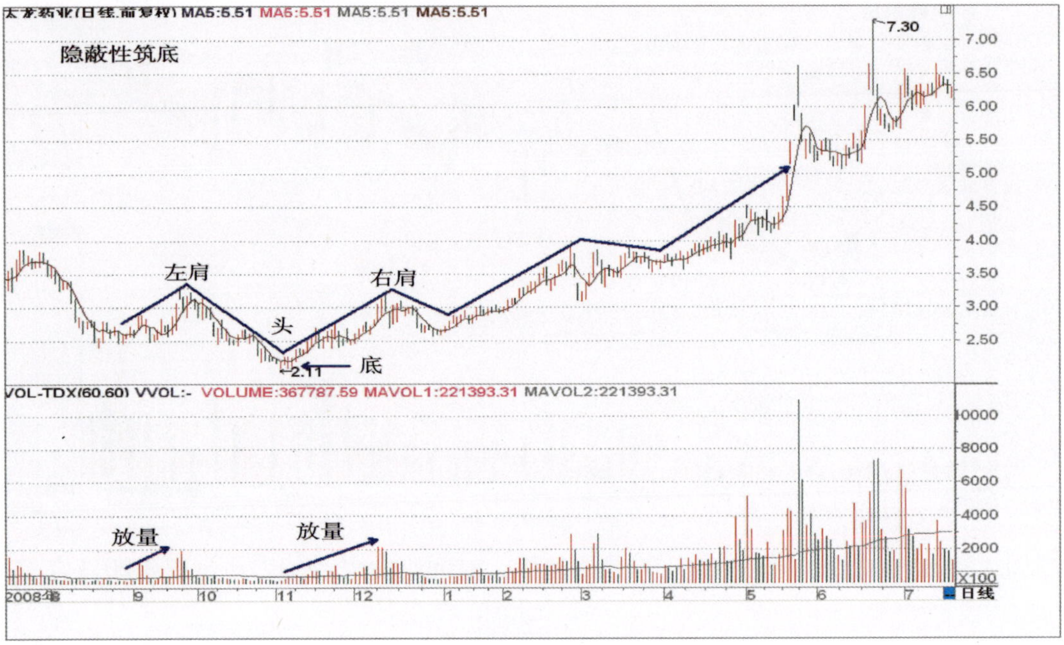

图 3－6

图 3－6 是 600222 太龙药业的日 K 线走势图，时间是 2008 年 7 月 16 日至 2009 年 7 月 17 日。

第二节　持续整理形态的形成

所谓的持续性整理形态，就是我们熟悉的横盘整理。持续性整理形态，是上涨或下跌趋势中形成的中继形态。同一种形态可以在上升趋势中出现，也可以在下跌趋势中出现，但是市场赋予它们的市场含义却是截然相反的。

一、主力行为的整理

主力行为的整理，指的是在主力控制下形成的整理形态。通常情况下，主力控制的整理形态大多数出现在上升趋势中，是主力刻意洗盘而产生的。一只股票得到主力青睐后，经过一段时间的建仓、震荡、启动后，进入上升趋势，当股价到达上方重要的套牢区附近，或者是达到了散户获利抛售的涨幅范围时，主力为了让市场持有成本均衡，就会开始控制价格进行整理，其目的是为了清洗上方的套牢盘及短线不坚定的获利者，同时也是为了抬高股价阶段性的持有成本，为后面的继续上涨打基础。

持续性整理形态有很多种，每一种形态都有其各自的优点和不足，主力选择哪一种是我们无法提前预知的，这完全取决于当时的市场环境，以及股票的质地（市场形象）和该股的市场持有结构。持续性整理形态的整理时间从两周到三个月不等，整理时间的长短取决于市场环境及资金对流的大小（换手率）。通常情况下，资金对流越大整理时间越短。

相反，资金对流越小整理时间就越长。主力行为的整理形态，出现频率最多的有矩形和三角形，其次是旗形和楔形（如图 3－7 至图 3－10 所示）。

图 3－7

图 3－7 是 000157 中联重科的日 K 线走势图，时间是 2010 年 6 月 7 日至 2010 年 10 月 29 日。

图 3－8

图 3－8 是 600343 航天动力的日 K 线走势图，时间是 2010 年 6 月 17 日至 2010 年 12 月 17 日。

图 3－9

图 3－9 是 000635 英力特的日 K 线走势图，时间是 2010 年 10 月 28 日至 2011 年 5 月 20 日。

图 3－10

图 3－10 是 600251 冠农股份的日 K 线走势图，时间是 2010 年 6 月 18 日至 2010 年 11 月 4 日。

二、市场行为的整理

市场行为的整理，指的是没有主力控制的市场自然性的整理行为。没有主力控制的自然性整理走势，基本上都是在下跌趋势中才有的，这种整理是因暂时性下跌动力枯竭引起的。当市场或某只股票经过一段时间的大幅下跌，或者是连续长时间的下跌后，价格或指数已经远离上方的套牢区域，抛盘逐步减弱，超跌及技术背离引发短线客进场抄底。由于短线抛盘枯竭，进场的短线资金很容易就推高了股价，但是因上方存在大量的套牢盘，一旦价格回升至前期套牢盘附近时，就会引来解套盘的抛售，这种情况下的反弹，只能维持一种短期内上有阻力下有支撑的过渡走势。当短线客看不到向上突破的希望时，就会反手做空，暂时性的做多力量一旦减弱或消失，平衡就会快速被打破，市场或股价也就重新进入到原下降趋势之中。

市场行为的整理形态，大多数都是短线资金的抵抗产生的。下跌趋势中的整理形态出现频率最多的是三角形、旗形及楔形（如图 3－11 至图 3－13 所示）。

图 3－11

图 3－11 是 600481 双良节能的日 K 线走势图，时间是 2010 年 12 月 23 日至 2011 年 6 月 1 日。

图 3－12

图 3－12 是 000522 白云山 A 的日 K 线走势图，时间是 2011 年 3 月 28 日至 2011 年 9 月 9 日。

图 3－13

图 3－13 是 000546 光华控股的日 K 线走势图，时间是 2010 年 10 月 29 日至 2011 年 5 月 9 日。

第三节　顶部形态的形成

顶部形态大多数都是因市场狂热而产生的，这是因为主力想要出货时，必须要有足够大的换手才能顺利达到出货目的。很难想象在没有资金参与的情况下，主力能够顺利出货。所以，作为散户，一定要在大部分人狂热之时保持一份冷静。

一、隐蔽性顶部形态

当股价达到主力的目标价位后，主力首先考虑的是怎样能顺利出货。主力会根据市场环境的好坏、股票质地的优劣、流通盘的大小、主力持有筹码的多少，采用不同的出货方式。通常情况下，主力利用隐蔽性顶部形态出货时，大多数是其运作的股票质地较好，流通盘相对较大，持有的仓位较重。由于这类股票市场形象较好，主力介入程度很深，在上涨过程中，筹码很稳定，所以，拉升过程中主力难以大规模减仓，致使股价到达目标位时，都没有机会大量减仓。主力为了能够顺利出货，一方面要控制价格不能回落过低，一方面又要控制价格不能过分上涨，以免获利盘大量兑现，造成主力承受过大的负担。所以，只能采取隐蔽性较强的温和的方式出货。

隐蔽性顶部形态形成的时间很长，同时，形成过程中，很少出现较大的激烈波动，大多数都是连续小阴线下行，遇到支撑后快速回升，随后继续小阴小阳地震荡回落，如此反复运作，在大多数散户麻痹的状态下，悄悄地将手中的筹码转移给散户。这类形态在完全形成之前，其向上趋势不会有太大变化，同时，这类股的市场形象都很好，所以中长线的投资者会很稳定地持有。

当主力已经出掉了大部分的筹码后，由于控盘度的快速降低，市场压力开始显现，这个时候主力再想随心所欲地控制走势已不可能。由于盘面逐渐沉重，股价也就随着压力的增加逐步下行，这种情况下，主力会先发制人抢先一步砸盘，一举将上方的筹码全部套牢。当大多数人发现时，已经被深深套牢了。这类顶部形态大多数以圆弧顶或多重顶的形式出现（如图3－14、图3－15所示）。

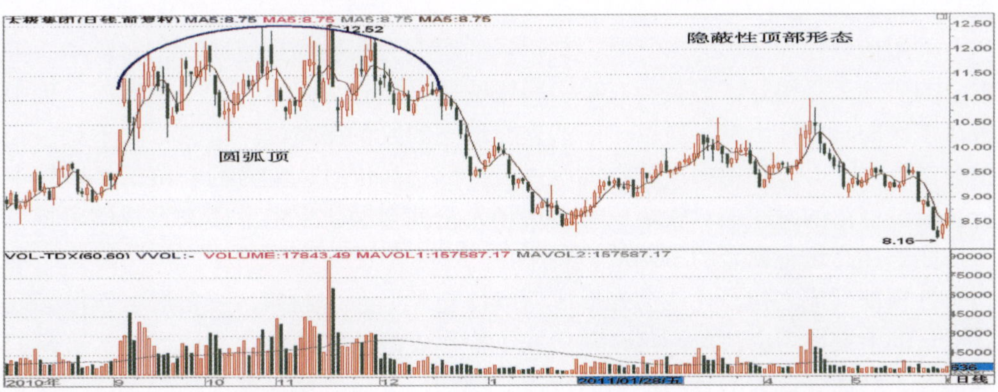

图3－14

图 3 - 14 是 600129 太极集团的日 K 线走势图，时间是 2010 年 7 月 30 日至 2011 年 6 月 1 日。

图 3 - 15

图 3 - 15 是 000996 中国中期的日 K 线走势图，时间是 2009 年 10 月 14 日至 2010 年 9 月 8 日。

二、诱导性顶部形态

诱导性顶部，指的是形态本身对散户有心理诱导作用。形态在未完全形成之前，大多数都会有多种伸延形态可以变化，主力借助形态暗示，诱导散户进入圈套。同时，主力会给跟进的散户一些甜头，让大多数人都处于盈利状态，而且为了稳定大家的持有信心，不进行剧烈的震荡，从而使得高位买进者处于一种较为安全的心理状态中。当主力达到目的后，就露出了凶狠的面目，以迅雷不及掩耳之势快速杀跌，这种情况下，反应稍慢的散户就会被套在高位。

主力采用诱导性顶部形态出货时，其运作的股票大多数都是流通盘相对较小，虽然目标股本身的质地未必很好，但是会有很多朦胧的题材配合。同时，主力在运作过程中，会提前进行多次的阶段性出货。所以，虽然这类形态的股票在高位停留的时间不是很长，但因为主力已经在上升过程中多次减仓，所以股价到达高位时，主力的仓位已经很轻了。由于股价在高位停留的时间相对较短，很多市场人士就会误认为主力还未大规模出货，从而使得主力能够在高位将剩余的筹码从容脱手。

诱导性顶部形成之初，往往会先形成持续性整理形态，例如，三角形、旗形，或者是矩形。股价向上突破后会快速回落，随后或下探形成假的底部形态，或继续构筑新的持续性整理形态，继而完成大的整体形态的构造。例如，头肩顶及双重顶都属于诱导性顶部形态（如图 3 - 16、图 3 - 17 所示）。

图 3 - 16

图 3 - 16 是 600175 美都控股的日 K 线走势图，时间是 2010 年 7 月 16 日至 2011 年 4 月 7 日。

图 3 - 17

图 3 - 17 是 002049 晶源电子的日 K 线走势图，时间是 2010 年 9 月 9 日至 2011 年 7 月 18 日。

第四节　K 线形态的重要性及与趋势的关系

K 线形态分析，是所有技术体系中最具实战价值的分析手段之一。K 线形态的形成，是指数或价格经过一段时间的波动后形成的特定图形。图形本身是价格波动的轨迹，隐含着市场价格因多空力量的转换而透露出的某种市场信息。在实战中，如果不重视整体形态，而只关注短期内的价格波动，就往往会被市场捉弄。

一、K 线形态对实战的重要性

（一）长远指导性

在与股友交流时，我发现大部分散户都不是很重视形态，或者说对于形态的了解不够深刻。虽然有一部分散户也使用形态技术，但是大多数人也只是局限于阶段性的小形态，而忽略了整体的大形态，从而造成操作上的错位。例如，一只股票的大形态提示我们股价将会向上，但是形态在运行过程中不可能是一直向上的，期间必然会有震荡调整过程，而震荡调整时的小形态往往与整体大形态相逆，这种情况下，如果只重视调整时的小形态，必然会造成错误操作。反之亦然，如果大形态提示我们股价将会向下，而在调整过程中，小的阶段性形态似乎发出了向上的信号，这种情况下，一旦贸然进场，被套的概率就远远大于盈利。所以，我们看形态不能只顾眼前利益，而应着眼于大形态给出的信号，避免因只顾眼前利益而造成重大损失（如图 3－18、图 3－19 所示）。

图 3－18

图 3－18 是 600201 金宇集团的日 K 线走势图，时间是 2010 年 3 月 25 日至 2010 年 12 月 23 日。

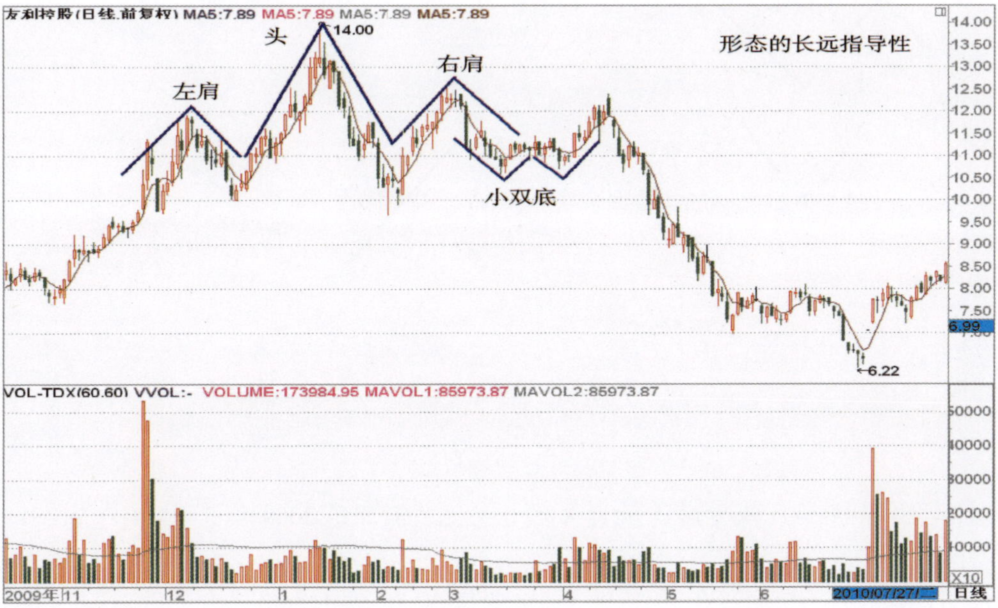

图 3－19

图 3－19 是 000584 友利控股的日 K 线走势图，时间是 2009 年 10 月 15 日至 2010 年 7 月 28 日。

（二）相对安全性

形态技术相对于其他技术而言，操作上的安全性相对要高一些。我们知道，每一种技术都具有欺骗性，主力运作一只股票，当然不会让散户舒服地坐轿子，期间必然有重重陷阱，所以，大多数敏感技术往往能够让散户产生错觉。但形态则不然，形态的产生凝聚着主力的心血，主力构筑某一种形态需要耗费大量的时间和资金，所以其真实性相对其他技术而言要高很多。当然出现不可抗拒的因素时除外。例如，市场大趋势突然逆转的系统性风险。在这种情况下，无论多么强大的主力都无法与市场的大趋势抗衡，所以主力也有被套的时候。

在实战中，形态技术可以规避巨大的风险。例如，我的一位朋友于 2009 年 10 月 9 日，在 000001 深发展 A 小双底构筑完毕后，连续建仓该股。经过 5 个交易日的买进，平均持有成本是 21.5 元，随后打算中线持有。2010 年 2 月和我交流时，这位朋友询问了我的意见。我当时分析后认为，深发展存在巨大的风险，原因是：该股已经走出了明显的双头形态，且 60 日均线明显开始向下，这是中期卖出信号。但他认为该股自 2009 年年初启动后，一直没有出现过放量，继续构筑双底后将可能展开主升行情。我当即提醒他注意，这只股票是一只中大盘股，大多数机构和基金都配置，这样的股票期望出现连续放量拉升不太现实，因为机构间会有很大的分歧，没有人愿意充当冤大头。况且自 2009 年 8 月底到 2010 年 2 月，已经有 6 个月的时间了，虽然期间成交量相对不大，但是大多数机构和基金都已有足够的出货时间，所以即便该股短线还有反弹，但 60 日均线附近应该采取减仓避险措施。听我分析后，虽然他还有不同意见，但还是采纳了我的建议，在 60 日均线附近逐步减仓。因为他还存有幻想，所以一直到 4 月 19 日才完全清仓，即便如此，也规避了其后的巨大风险（如图 3－20 所示）。

图 3－20

图 3－20 是 000001 深发展 A 的日 K 线走势图，时间是 2009 年 5 月 20 日至 2011 年 2 月 15 日。

再如，我的另一位朋友在 2010 年 3 月 8 日以 40.67 元的价格买入了 002123 荣信股份，随后在 3 月 17 日收盘后，询问我该股当日的上影线是怎么回事。我打开该股 K 线走势一看，发现这只股票已经处于巨大的风险之中，一个标准的头肩顶形态已经确立。所以，我明确告诉他立即清仓，不可犹豫，但是他说是一位证券公司的朋友让他买的，说是该股会涨到 100 元左右，我当时真是哭笑不得。因为他对技术不是太懂，所以我也没法给他过多的技术上的解释，只是告诉他风险控制是第一位的，目前该股存在巨大的风险。但是他并未采纳我的意见。随后，该股连续下跌，直至深深套牢。实际上，这只股票在他买入之时，已经走出了明显的头肩顶形态，当时的右肩已经基本构筑完毕，这样的形态出现时，无论如何都不能买进（如图 3－21 所示）。

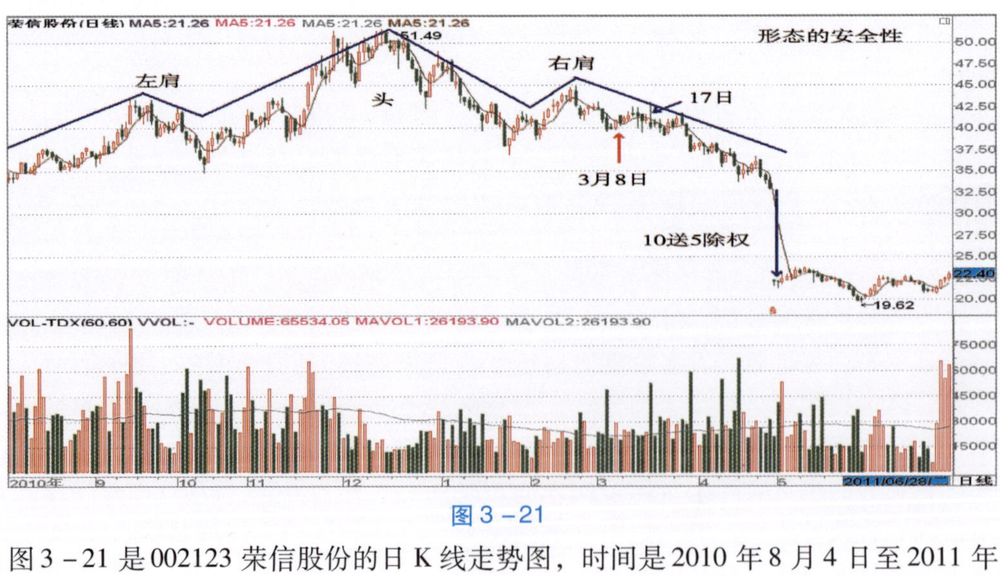

图 3－21

图 3－21 是 002123 荣信股份的日 K 线走势图，时间是 2010 年 8 月 4 日至 2011 年 6 月 28 日。

根据形态技术还可以买到相对廉价的筹码。单从买入风险的角度来说，根据形态买入的风险要远远小于根据其他技术买入的风险。我的一位多年的群友在 2010 年 9 月 21 日收盘后向我询问了 000637 茂化实华的情况。他是 2010 年 8 月 18 日追高买入该股的，已经被套，问我该怎么办。打开该股的 K 线走势后，我发现这只股票已经构筑完成了一个不太规范的头肩底形态，且当日的小阳线严重缩量，即便还有下跌，也将会形成双底，所以我告诉他可以继续持有，如果该股继续下跌，还可逢低加仓。随后，该股果然走出了上涨的走势（如图 3－22 所示）。

图 3－22

图 3－22 是 000637 茂化实华的日 K 线走势图，时间是 2010 年 2 月 2 日至 2011 年 6 月 9 日。

二、K 线形态与趋势的关系

（一）对趋势的预判

在证券市场中，顺势而为是大部分人的共识，但是对于趋势的预判，大多数人却又摸不着头脑。实际上，趋势和形态是密不可分的，趋势的形成、延续及反转，都是由形态来完成的。趋势是形态的延续，而形态则是趋势的先导。也就是说，任何趋势的变化都是先从形态开始的。

1. 顶部预判。股价经过较长时间的上涨后，大趋势一定是向上的，但是市场趋势不是永恒不变的，必然会有转折，涨多了就会下跌，跌多了就会上涨。我们大多数散户，往往因缺乏对市场的预判，不能预见即将到来的转折，从而被套在顶部。

市场中，除了某些特殊原因造成的顶部外（突发性利空或意外灾难），大多数股票的顶部都不是短时间内完成的。所以，股价构筑顶部时，必然会形成各种形态，而每一种顶部形态都有迹可循。虽然股价在构筑顶部形态过程中，大的趋势方向依旧是向上的，但是因形态的构造，我们就可以提前预判到趋势即将向下（如图 3－23、图 3－24 所示）。

图 3-23

图 3-23 是 600197 伊力特的日 K 线走势图，时间是 2010 年 7 月 20 日至 2011 年 5 月 9 日。

图 3-24

图 3-24 是 000524 东方宾馆的日 K 线走势图，时间是 2010 年 6 月 17 日至 2011 年 1 月 28 日。

2. 中继性整理预判。股价无论是在上涨过程中，还是在下跌过程中，都会形成很多中继性质的形态。在实战当中，大部分散户因对形态不够了解，往往会在上涨途中的整理过程中被清洗出局，或者是在下跌途中的中继整理时进场被套。

当个股处于上涨趋势中时，期间的整理形态，只要符合整理形态中的某一种，或底部形态中的某一种，那么，形态构筑完毕后，股价一定还会向上。也就是说，上涨趋势不会因中途的整理而改变。相反，当个股处于下跌趋势中时，一旦期间形成的整理形态符合中继性整理性质或顶部性质，那么其后股价还将下跌。也就是说，下跌趋势还将延续（如图 3－25 至图 3－28 所示）。

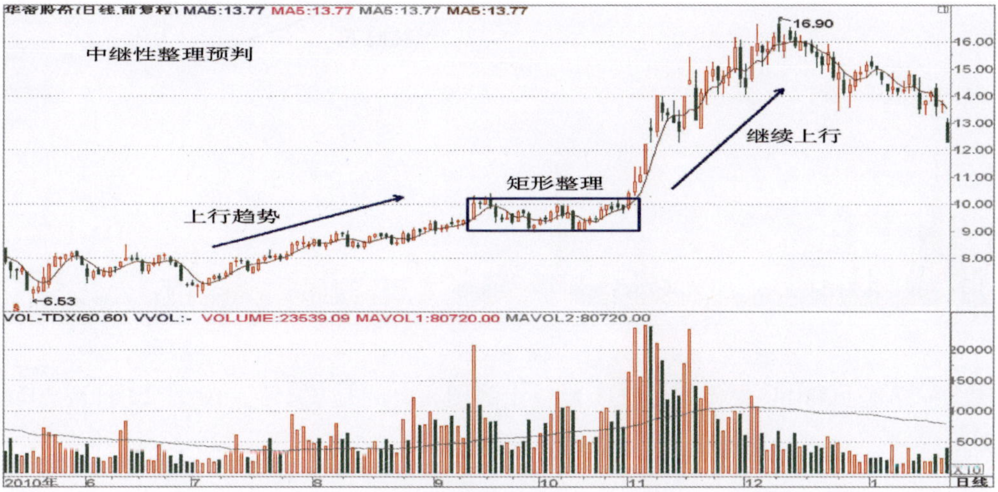

图 3－25

图 3－25 是 002035 华帝股份的日 K 线走势图，时间是 2010 年 5 月 11 日至 2011 年 1 月 25 日。

图 3－26

图 3－26 是 600315 上海家化的日 K 线走势图，时间是 2009 年 9 月 1 日至 2010 年 5 月 20 日。

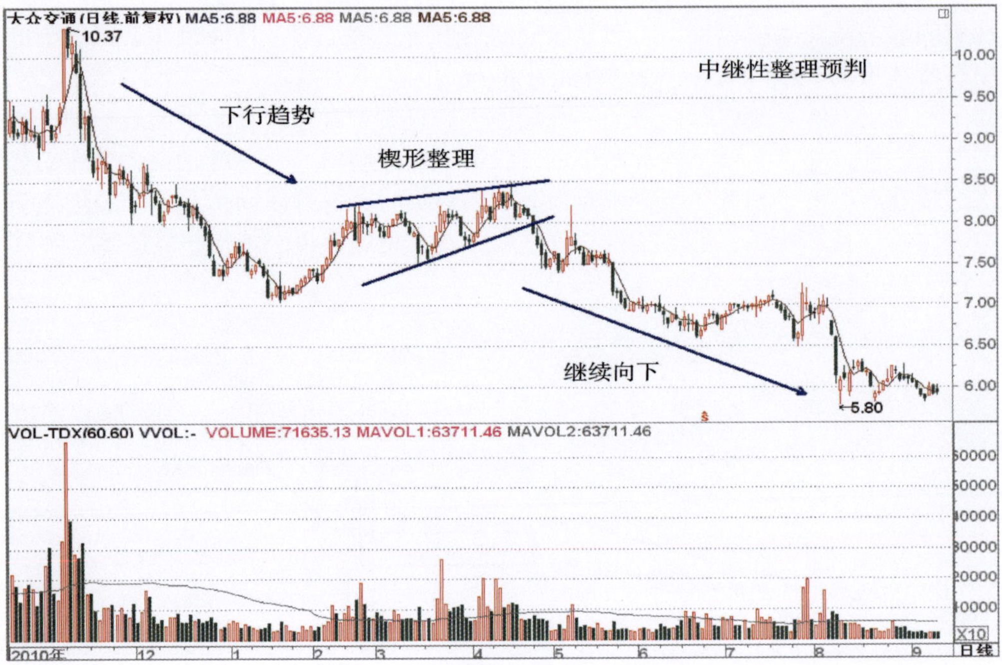

图 3 - 27

图 3 - 27 是 600611 大众交通的日 K 线走势图，时间是 2010 年 10 月 20 日至 2011 年 9 月 9 日。

图 3 - 28

图 3 - 28 是 000631 顺发恒业的日 K 线走势图，时间是 2009 年 11 月 9 日至 2010 年 6 月 28 日。

3. 对底部的预判。当股价经过较长时间的下跌后，一旦 K 线形态形成了底部形态，那么即便市场的大趋势依旧向下，我们也可以预判出趋势即将改变（如图 3－29、图 3－30 所示）。

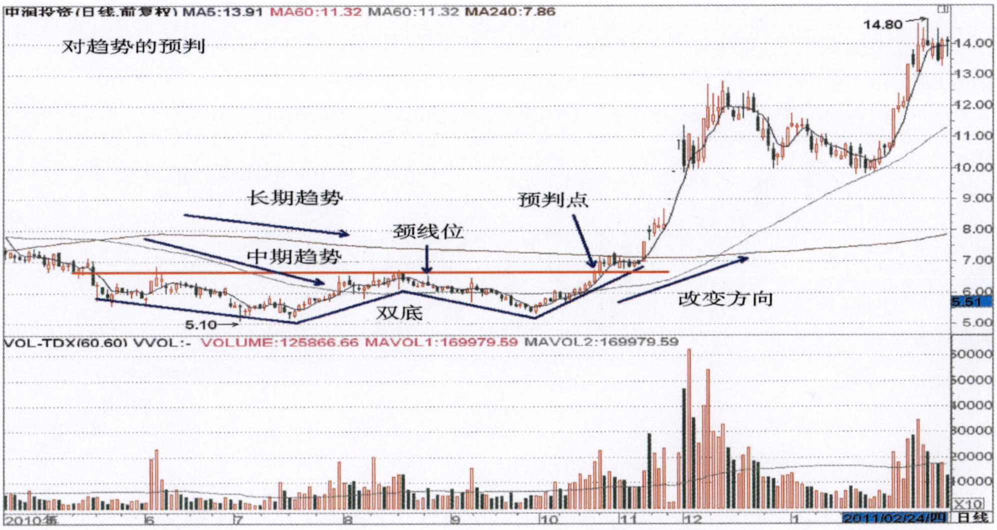

图 3－29

图 3－29 是 000506 中润投资的日 K 线走势图，时间是 2010 年 4 月 20 日至 2011 年 2 月 24 日。

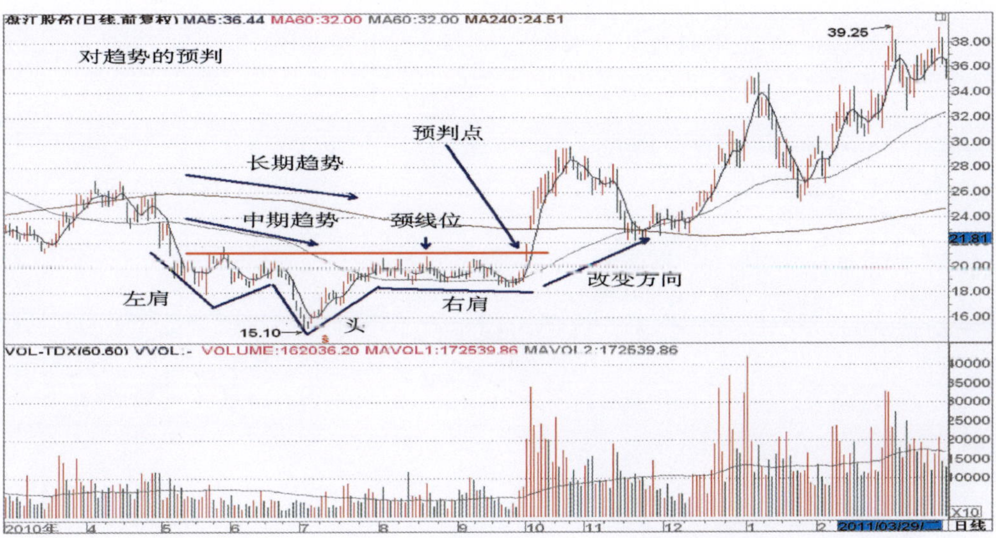

图 3－30

图 3－30 是 600395 盘江股份的日 K 线走势图，时间是 2010 年 3 月 1 日至 2011 年 3 月 30 日。

（二）对单日或短时间内反转的否定

K 线形态不但可以对趋势进行预判，还可以对短期内出现的反转走势进行否定。例如，当 K 线形态形成了顶部形态后，突然股价出现了大幅反弹，这个时候，投资者必须要保持清醒，不可因短期内的反弹就认为市场逆转了，短期内的反弹不会改变大形态给出的方向。同样，当K线形态已经形成底部形态后，如果股价突然出现大幅下跌，这个时候，投资者一定要保持镇定，已经形成的底部形态，不会因短期内的下跌而逆转向下。也就是说，当某一K线形态已经形成后，短时间内，当股价走势与K线形态给出的方向相反时，我们完全可以对其进行否定。或者说，短期内股价的走势，一定会服从大的形态给出的方向（如图3－31至图3－34所示）。

图3－31

图3－31是600584长电科技的日K线走势图，时间是2010年9月17日至2011年1月20日。

图3－32

图3－32是000552靖远煤电的日K线走势图，时间是2010年9月17日至2011年6月27日。

图 3-33

图 3-33 是 600362 江西铜业的日 K 线走势图，时间是 2010 年 2 月 12 日至 2010 年 11 月 5 日。

图 3-34

图 3-34 是 002108 沧州明珠的日 K 线走势图，时间是 2010 年 4 月 13 日至 2010 年 11 月 3 日。

本章要点

1. 正确理解 K 线形态对于实战的意义。

2. 理解并掌握底部形态的形成机理，区分底部形成时，筑底方式的不同之处。掌握各种不同筑底方式的性质，有助于正确制定操作方式。

3. 弄清持续性整理的机理，对实战是至关重要的。区分主力行为及市场行为整理的不同之处，是正确看待回落或反弹性质的关键所在。

4. 熟悉并掌握顶部形态的形成过程。熟悉不同性质的顶部形态，是正确看待顶部区域价格变化的重点所在。

5. 理性、客观地看待 K 线形态对于实战的重要性。

6. 理解并掌握形态与趋势的关系，是判断趋势变化的重要依据之一。理性看待形态已经形成后的反弹或回落，是正确把握行情脉搏的关键所在。

第四章

K线形态的种类及实战技巧

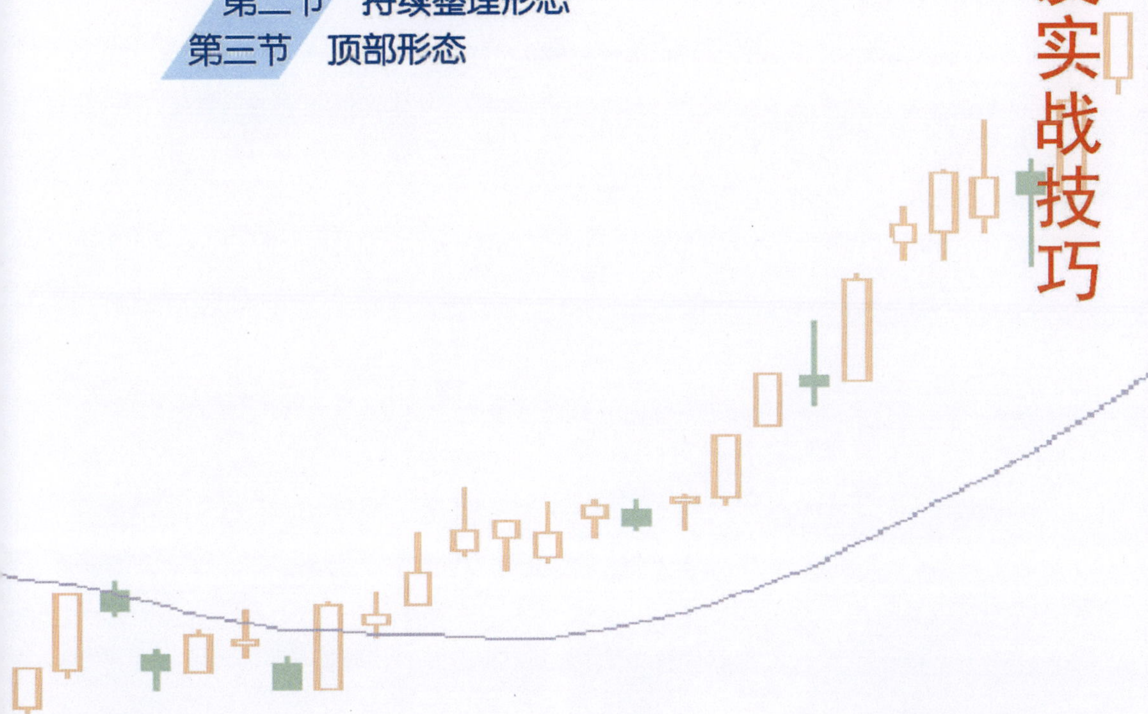

进入股市时间较短的投资者，对于K线形态或多或少都会知道一些，但是，大部分人由于不知道每一种形态属于哪一类别，所以在实战中往往不能正确把握行情。

当市场或某一只个股形成某种形态后，我们首先需要界定它属于哪一种类别的形态，知道形态的类别后，也就知道了市场或个股即将运行的方向。所以，形态类别的界定是分析和使用形态的重点所在。

总的来说，形态一共分为三大类，即底部形态、持续整理形态、顶部形态。其中，持续整理形态最为复杂多变，也是上述三大类中形态种类最多的一类。本章将会详细解释每一种形态所属的类别及其使用技巧和注意事项。

第一节　底部形态

实战中，重要的底部形态有头肩底、双重底、多重底、圆弧底及 V 形底五种，虽然上述五种形态各自不同，但是它们都有一个共同的市场含义：市场或股价已经见底即将反转，或已经反转向上了。

一、头　肩　底

（一）头肩底的形成

股价经过较长时间的下跌后，抛压快速减小，抄底盘开始介入，由于抛压已经很轻，买盘稍大即形成了反弹。经过一段时间的反弹后，抛压逐步增大，导致股价回落，形成了左肩。股价向下突破了左肩的低点后，又开始回升形成了头部。当股价反弹到左肩的高点附近时，又开始回落。但这一次回落并未创出新低，而是在左肩的低点附近转而反弹，这时右肩也形成了。当反弹到左肩和右肩的高点附近时，成交量开始大幅放大，伴随着成交量的放大，股价一举突破了颈线位，这个时候头肩底形态宣告成立（如图 4－1 所示）。

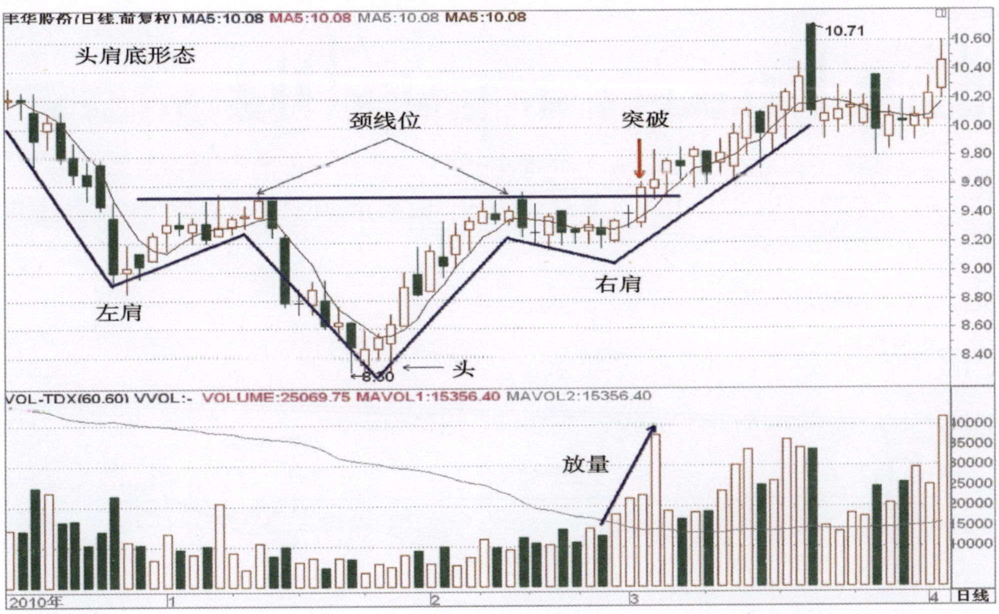

图 4－1

图 4－1 是 600615 丰华股份的日 K 线走势图，时间是 2010 年 12 月 16 日至 2011 年 4 月 6 日。

（二）头肩底的实战要点

头肩底形态是一种非常可靠的买入信号，但是在实战中，必须要注意成交量的配合。头肩底形态形成后，向上突破颈线位时，如果没有大的成交量配合，很可能是一个假的头肩底突破形态。另外，有时候虽然放量突破了颈线位，但是回踩时却跌破了颈线位的支撑，且跌破后不能被快速拉回，这时候也可以确定为假突破。通常情况下，假的头肩底构筑时间都比较短，所以，投资者千万要注意。

头肩底的买入时机非常关键，如果过于追求低成本，不等形态确立就提前买入，往往会令操作失败，甚至会造成较大的损失，所以必须要等到形态确立后才能买入。因为头肩底形态的确立，是以放量突破颈线位为准的，所以，当头肩底形态形成后，放量向上突破颈线位时是一个买入时机。通常情况下，头肩底形态确立后，股价还会有一个回踩颈线位的过程出现，这就为我们再一次提供了买入机会。需要说明的是，突破颈线位的回踩，未必会准确回到颈线位的价格，有时候会跌破颈线位，但又被快速拉起，有时候还未到颈线位就重新开始上升（如图 4－2、图 4－3 所示）。

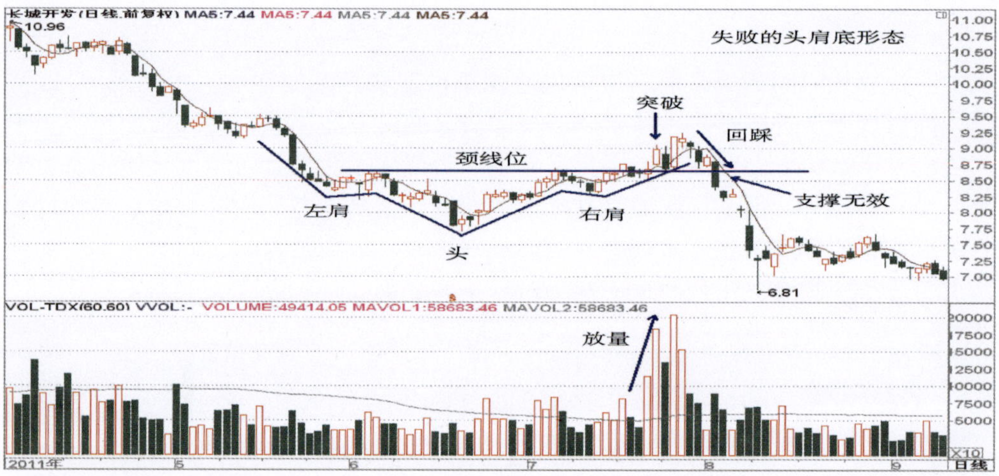

图 4－2

图 4－2 是 000021 长城开发的日 K 线走势图，时间是 2011 年 3 月 30 日至 2011 年 9 月 9 日。

图 4－3

图 4－3 是 601168 西部矿业的日 K 线走势图，时间是 2010 年 4 月 7 日至 2010 年 10 月 14 日。

（三）复合头肩底

所谓的复合头肩底，指的是形态中的左右双肩或者是形态中的头，并不是简单、标准的头肩底的双肩或头，而是形态中的肩或头是由较小的形态构成的，也就是说，大形态中还包含着小形态。这种复合头肩底形态虽然构造复杂，但是其可靠性要远远大于简单的头肩底形态，所以在实战中发现这样的目标股时，投资者千万不要错过。需要说明的是，复合头肩底形态的突破方式，是以右肩小形态为准的，这一点是与简单的头肩底形态不同的地方（如图 4 －4 所示）。

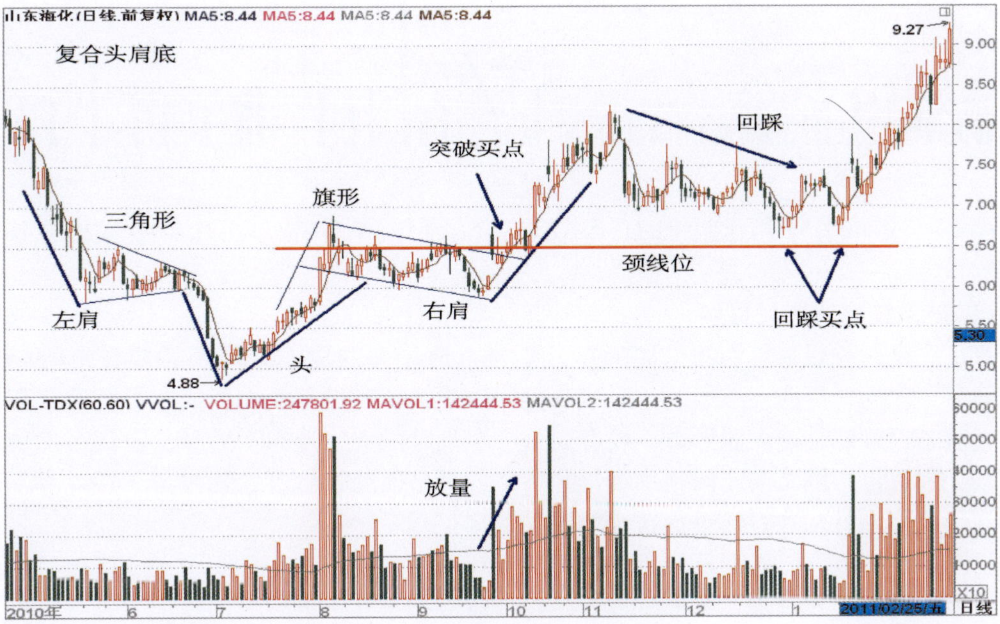

图 4 －4

图 4 －4 是 000822 山东海化的日 K 线走势图，时间是 2010 年 4 月 22 日至 2011 年 2 月 28 日。

二、双　重　底

（一）双重底的形成

股价经过一段时间的连续下行后，由于抛压逐渐减弱，价格开始回升形成了反弹。但是，由于上方已经套牢了大量的筹码，随着股价的反弹，抛压开始增大。在抛压的作用下，股价再次下跌，当下跌到前一次低点附近时得到了支撑，随后股价再一次反弹。这一次反弹的成交量较前一次反弹明显放大，形态上形成了两个底部，这就是双重底，就是我们经常提到的 W 底。

双重底形态是市场中很常见的一种形态，其可靠性较高。但是在实战中，并不是见到 W 走势就认为见底了，只有当股价第二次见底反弹时，伴随较大的成交水平，且需要突破前一次反弹高点后才能确立形态的成立（注意：双底的两个低点未必是同一水平，只要上下相差幅度不是很大即算成立。通常情况下，相差幅度不应超过 5 个百分点）（如图 4 －5 所示）。

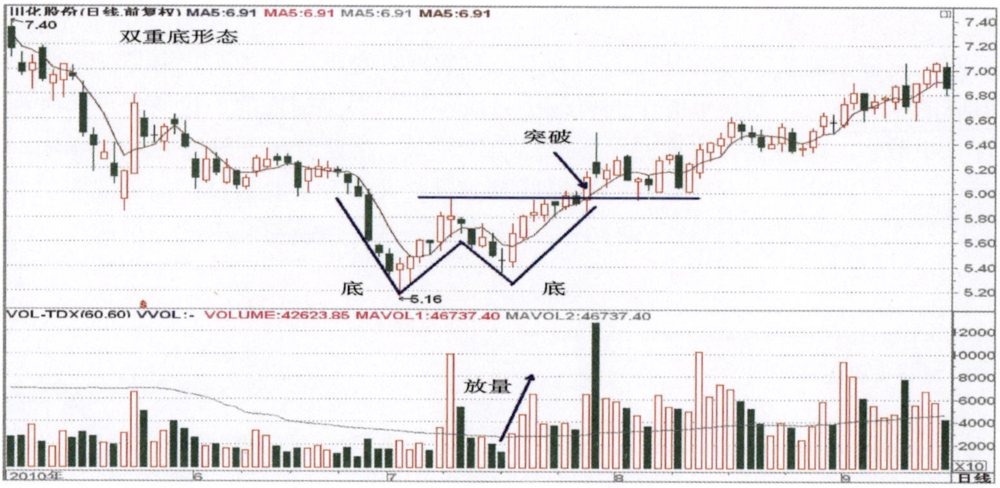

图 4－5

图 4－5 是 000155 川化股份的日 K 线走势图，时间是 2010 年 5 月 6 日至 2010 年 9 月 14 日。

（二）双重底的实战要点

双重底是一种较为可靠的见底形态，不过，该形态的成立必须要有成交量的配合才行。如果二次反弹不能突破颈线位，或者是突破颈线位时没有较大的成交量配合，那么这个双底形态很可能是一个假形态，或者说是一个失败的双底形态。另外，有时候即便是放量突破了颈线位，但又快速回到颈线位之下，或者是回踩确认时，颈线位无法支撑，股价回落到颈线位之下，这时候也宣布双重底失败。

当股价伴随较大的成交量（大于前一次反弹时的成交水平）向上突破颈线位时，就是一个较为合适的买入时机。股价经过上冲后，通常都会有一个回踩颈线位的过程出现，当股价回到颈线位附近时，又是一个较为安全的买进时机（如图 4－6、图 4－7 所示）。

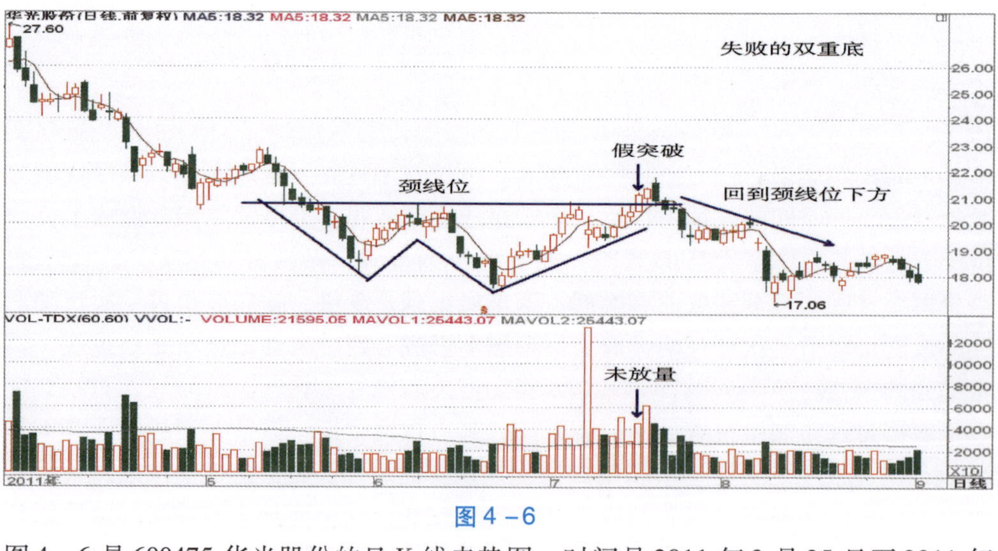

图 4－6

图 4－6 是 600475 华光股份的日 K 线走势图，时间是 2011 年 3 月 25 日至 2011 年 9 月 1 日。

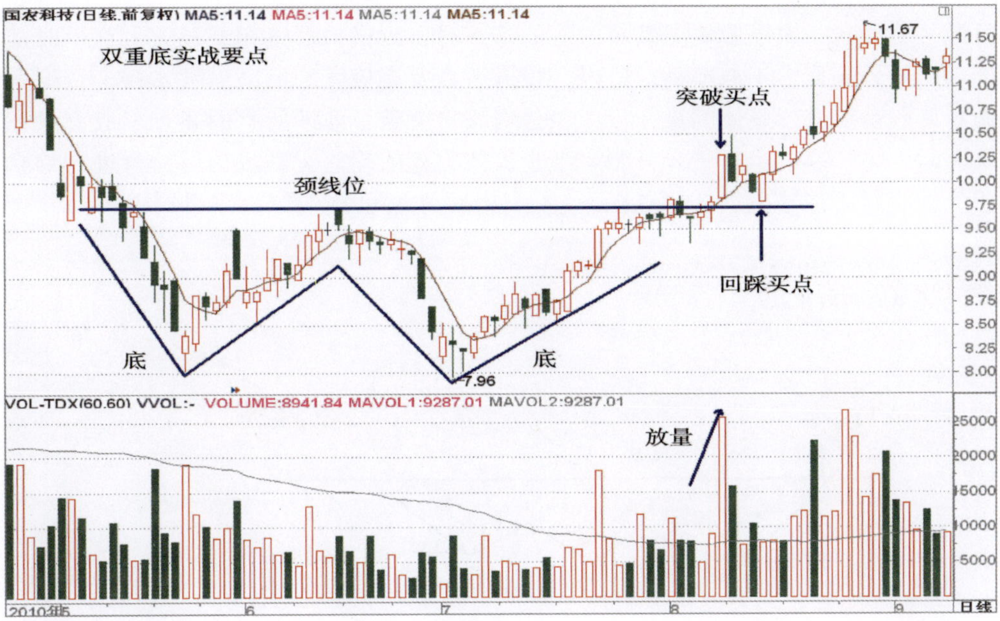

图 4 -7

图 4 -7 是 000004 国农科技的日 K 线走势图，时间是 2010 年 4 月 26 日至 2010 年 9 月 8 日。

三、多 重 底

我们把连续出现三个低点，或三个以上低点的形态称为多重底。多重底实际上是双重底的延续。在上升趋势中出现的多重底走势，实际上属于持续形态，归属于矩形，后面的持续形态中，我们会详细地解释矩形，这里暂且不表。

（一）多重底的形成

上面已经讲了，多重底是双重底的延续，多重底的形成与双重底的形成是相似的，唯一不同的地方是，双重底只有两个低点，而多重底会有三个或三个以上的低点。多重底在底部形态中不是太常见，但是一旦出现多重底，形成的低点越多，其后的上涨幅度就越大。市场中有一句谚语：横有多长竖有多高。可见，多重底一旦成立，其操作价值之大可见一斑。

（二）多重底的实战要点

多重底在实战中与双重底有所不同，双重底突破颈线位后，大多数都会有一个回踩过程，而多重底则很少有这个过程出现，大多数多重底突破后都会绝尘而去不再回头，所以对这类形态的操作，需要有极大的耐心或者是需要有极大的勇气。首先说说耐心。由于这类形态大多数都没有回踩过程，所以就需要投资者提前埋伏。但是由于我们无法知道主力什么时候启动，且并不能肯定形态是真是假，所以埋伏时不能仓位过重，且需要设立止损位以防不测。具体的操作，应该是第三次股价回落到低点附近时开始买入，以后每一次股价回落到低点附近就少量买进，同时要做好破位后的止损准备。当股价向上突破前期形成的高点后，再进行追加买入。这样的好处是：既可以控制风险，又可以安心追高（因为有底仓，即便追高错误也不会造成损失）。

再说一下勇气，由于股价突破多重底的高点时，价格与低点相差较大，这个时候大部分人都会产生恐高症，不敢追高，所以，投资者需要有极大的追高勇气才行，否则只能眼睁睁地看着股价飙升。具体的操作，应该是当股价突破了前期所有的高点，成交量也出现急剧放大时，可快速以半仓买入，剩余半仓等待收盘前确认突破成功后，再进行加仓，或者是股价即将封于涨停前加仓（如图4-8、图4-9所示）。

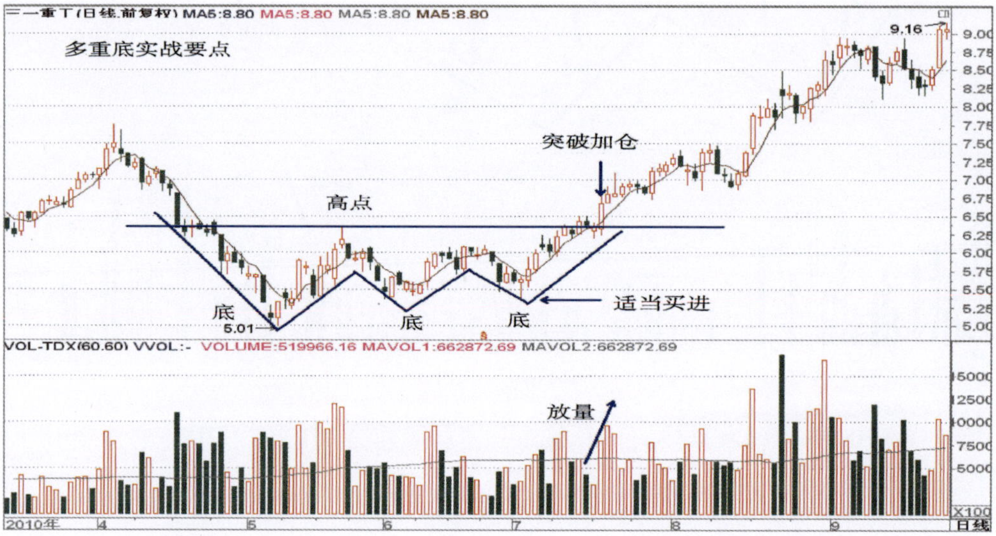

图4-8

图4-8是600031三一重工的日K线走势图，时间是2010年3月15日至2010年9月28日。

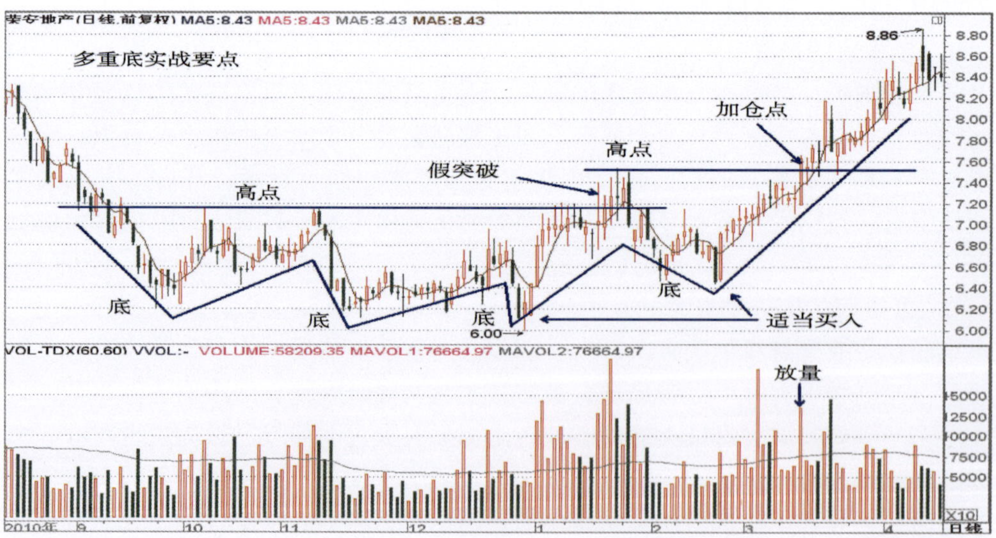

图4-9

图4-9是000517荣安地产的日K线走势图，时间是2010年8月16日至2011年4月18日。

四、圆 弧 底

（一）圆弧底的形成

顾名思义，所谓的圆弧底，指的是形态形成后就像一个碗或碟子的形状。圆弧底的形态在实战当中不是很常见，不过，一旦股价形成圆弧底形态，就是非常可靠的买入信号。

圆弧底的形成过程较为缓慢，特别是下跌末期及回升初期，往往会出现连续的小幅度波动，每日的震荡幅度较小。

当股价经过大幅度下跌后，抛压迅速减弱，随着抛压的减弱，股价下行速度逐步减缓，但却很少出现较大的反弹。经过一段时间的小幅度下行后，股价开始横向波动，并拒绝再次向下。随后，重心逐渐上移，但这个时候的波动幅度依旧较小。随着重心的逐步上移，股价的波动幅度也开始加大，一直到形成快速上攻的走势。

需要说明的是，圆弧底形态的成交量有明显特征，简单地说，就是两头大中间小，下跌初期成交量较大，随后逐步减少。而回升初期，成交量开始逐渐增多。另外，圆弧底的形成过程越久，在底部时的波动幅度越小，其后的上涨幅度越大，上涨速度也越快。

（二）圆弧底的实战要点

在实战当中，对于大多数投资者来说，在底部买到这样的股票是很难的，原因是，很少有人能承受每日股价波动如此小的煎熬，且股价在底部时，也无法判定是否会形成圆弧底的形态。所以，介入圆弧底形态的股票，最好的时机是发现圆弧底形态已经初步形成，且成交量开始逐步放大时。原则上讲，圆弧底形成后的初期，股价每一次缩量回落到圆弧底附近时都是买点（如图 4－10、图 4－11 所示）。

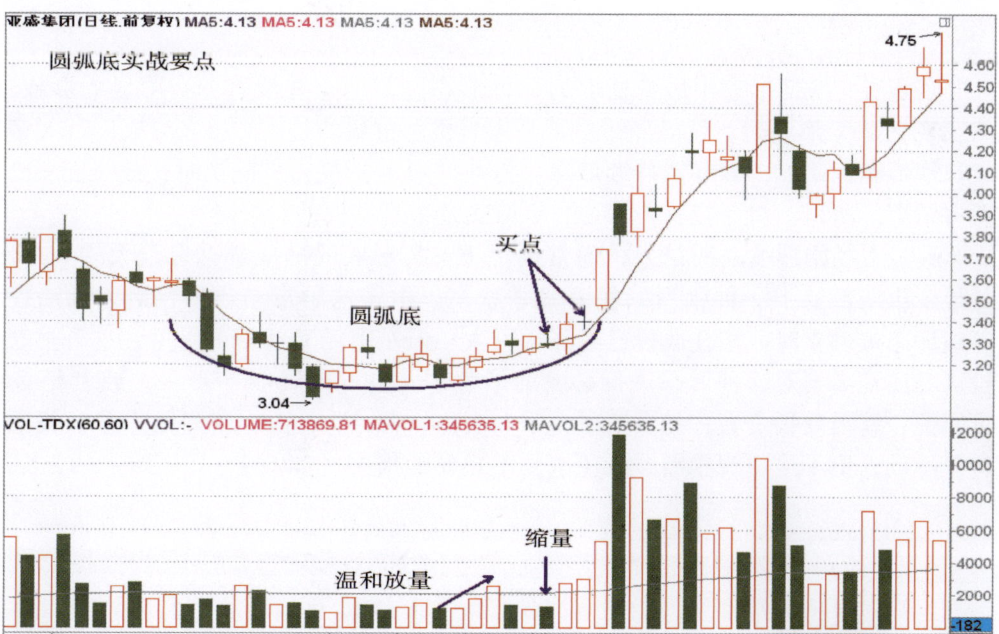

图 4－10

图 4－10 是 600108 亚盛集团的日 K 线走势图，时间是 2008 年 12 月 8 日至 2009 年 3 月 25 日。

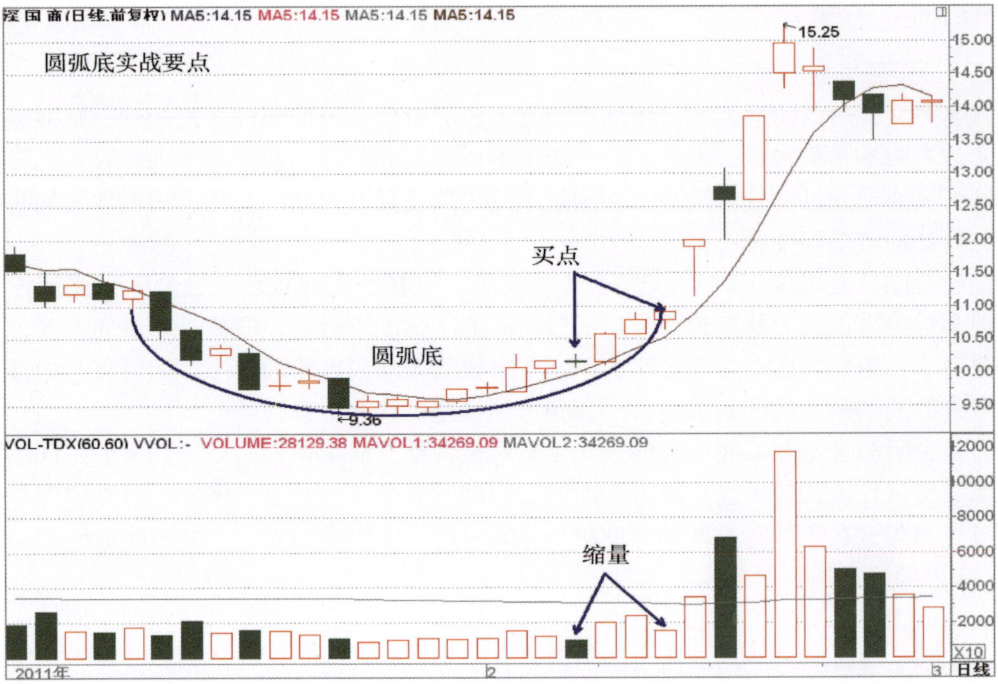

图 4－11

图 4－11 是 000056 深国商的日 K 线走势图，时间是 2011 年 1 月 10 日至 2011 年 3 月 1 日。

五、V 形 底

V 形底是所有底部形态中最难捕捉的一种形态。因为它并没有一个明显的形成过程，当我们发现它是 V 形底时，就已经错过了买入时机。重要的是，V 形底形成后，大多数会演变成其他形态，例如，双底或持续形态。另外，当 V 形底得到确认时，往往上涨已经结束或即将结束。所以，对于投资者来说，V 形底是很难把握的。

V 形底是市场剧烈波动的结果，通常情况下，V 形底的形成都会有较大的利好出现，或者是整个市场都处于一种剧烈的暴涨暴跌状态。由于这种形态难以预测，无法提前捕捉，等到形态被确立时，往往股价已经涨幅巨大。但是市场又经常可以见到这种形态，所以，投资者还是需要对这种形态进行必要的了解，一旦发现疑似 V 形底，或者是有 V 形底的可能性，就需要投资者仔细分析研究了。（基本面、消息面、政策面等等）投资者一定要避免冲动，更不可主观臆断，以免遭受不必要的损失（如图 4－12、图 4－13 所示）。

图 4－12

图 4－12 是 000733 振华科技的日 K 线走势图，时间是 2010 年 12 月 9 日至 2011 年 8 月 29 日。

图 4－13

图 4－13 是 600279 重庆港九的日 K 线走势图，时间是 2010 年 11 月 3 日至 2011 年 5 月 5 日。

第二节　持续整理形态

所谓的持续整理形态，指的是指数或股价在上升或下降过程中，突然不再沿着原有的趋势运行，而是进入到一个区间内进行震荡整理，直到整理进入尾声后，才会继续沿着原有趋势运行，这种暂时停止原有趋势的运行轨迹，我们称之为持续整理形态。

持续整理形态是三大形态类别中形态种类最多、变化最为复杂的形态。持续整理形态的特点是：暂时停止原有趋势，进入到相对独立的运行区间进行震荡，形态完成后继续原有趋势。所以，持续形态属于趋势的中继形态。

虽然持续形态大多数以中继形式出现，但是偶尔也会以顶部或底部的反转形式出现。所以投资者一定要注意，对于长期上涨或长期下跌，且上涨或下跌幅度巨大的股票，一旦出现持续整理形态，就不能一味地认为是中途整理，要防备反转的出现。

一、三角形整理形态

（一）对称三角形

1. 对称三角形的形成。在股价沿着某一方向运行的过程中，突然转向反方向运行，随后再次折返，在连续折返过程中，反弹的高点和回落的低点之间的幅度越来越小，也就是说，反弹时的高点越来越低，而回落时的低点却越来越高。当我们把至少两个高点和两个低点连线时，就得到了一个几乎对称的三角形。

对称三角形的形成，是因某一时间段内买卖双方力量均衡所致。当股价反弹时，由于做多欲望不足，股价无法回到前期高点即掉头回落，而在回落过程中，做空者的意愿也不是很强，所以，股价还未回落到之前的低点即开始反弹，就这样，在多空双方的僵持中，波动的区间越来越小，从而形成了这一形态。由于多空双方都处于谨慎状态，所以，成交量也随着波动区间的缩小而逐步减少（如图 4－14 所示）。

图 4－14

图 4－14 是 600169 太原重工的日 K 线走势图，时间是 2010 年 9 月 14 日至 2011 年 3 月 9 日。

2. 对称三角形的突破方向。对称三角形一般都属于整理形态，即整理结束后，股价会按原来的趋势移动。如果原趋势是向上的，那么对称三角形整理结束后，股价会选择向上突破，继续按原来的上涨趋势运行；如果原趋势是向下的，那么整理结束后，股价会选择向下突破，继续按原来的下降趋势运行（如图 4－15、图 4－16 所示）。

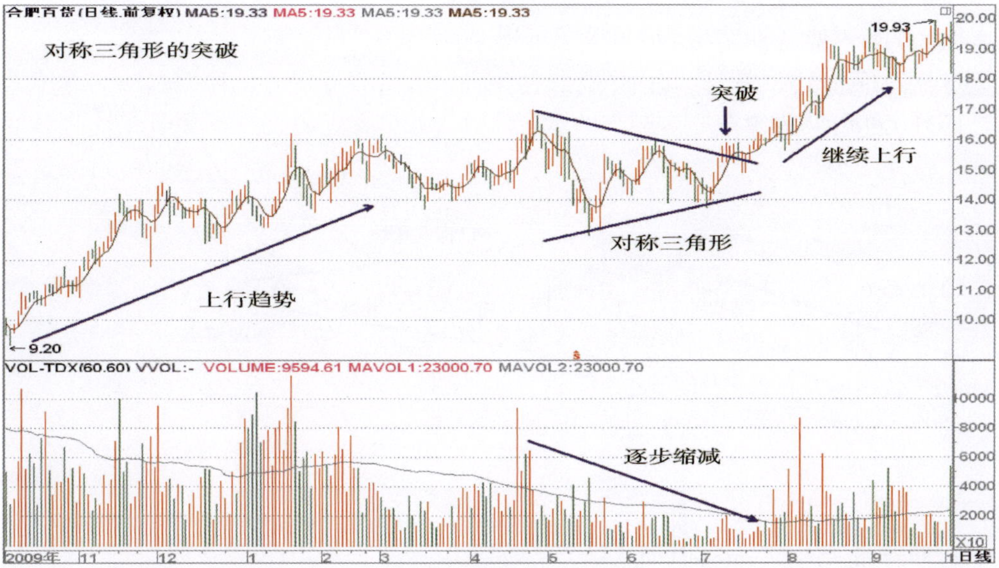

图 4－15

图 4－15 是 000417 合肥百货的日 K 线走势图，时间是 2009 年 9 月 28 日至 2010 年 10 月 11 日。

图 4－16

图 4－16 是 600202 哈空调的日 K 线走势图，时间是 2010 年 11 月 9 日至 2011 年 7 月 1 日。

3. 对称三角形的实战要点。在实战中，股价形成对称三角形整理走势后，在还未突破前，不可以主观臆断股价会向哪一个方向突破，更不可在还未突破前就提前采取买卖行动。只有在股价向着某一方向明显突破后，才可以采取相应的操作。需要说明的是，凡是向上突破，通常都要伴随较大的成交量，如果向上突破却没有成交量的配合，那么突破大多数都是假突破。而向下突破时，则不需要放量，一旦向下突破时出现大幅度的放量，则很可能是一个假突破（如图 4－17 至图 4－19 所示）。

图 4－17

图 4－17 是 000788 西南合成的日 K 线走势图，时间是 2009 年 4 月 30 日至 2009 年 12 月 17 日。

图 4－18

图 4－18 是 600458 时代新材的日 K 线走势图，时间是 2010 年 1 月 20 日至 2011 年 6 月 29 日。

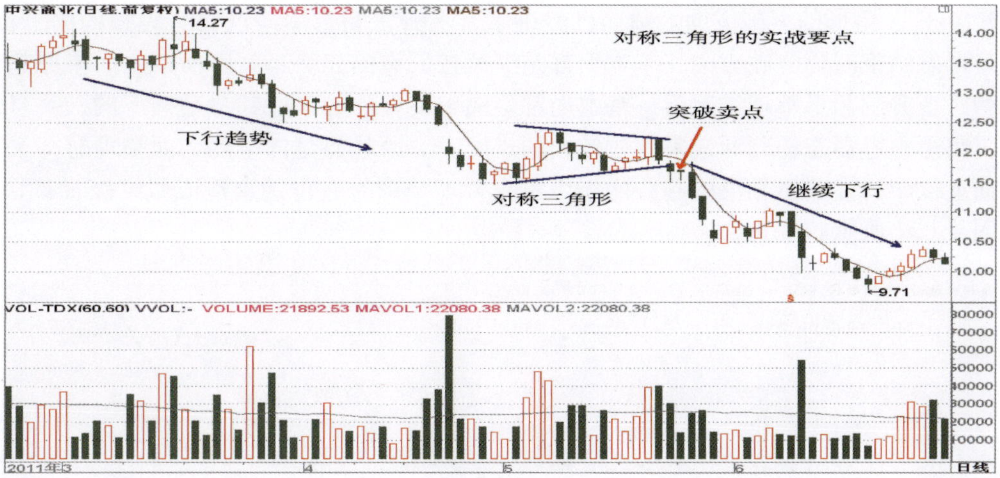

图 4－19

图 4－19 是 000715 中兴商业的日 K 线走势图，时间是 2011 年 2 月 22 日至 2011 年 6 月 29 日。

（二）上升三角形

1. 上升三角形的形成。上升三角形形成之初，与对称三角形是一样的，但随后的波动却有明显的不同，上升三角形向上反弹时的高点处于同一水平位置上，也就是说，上方所遇到的阻力是相同的；而向下回落时，支撑点则是逐步抬高的。当我们把上方和下方至少两个高点和两个低点连线后，就得到了一个上方处于同一水平位置的底部向上倾斜的三角形。

上升三角形的形成是某一时段内买方力量稍大于卖方力量所致。当股价反弹时，多方总是能回到上方的同一阻力位，而回落时，支撑点逐步抬高。由此可见，多方的向上意愿要大于空方的向下意愿。所以，上升三角形具有较强的向上欲望（如图 4－20 所示）。

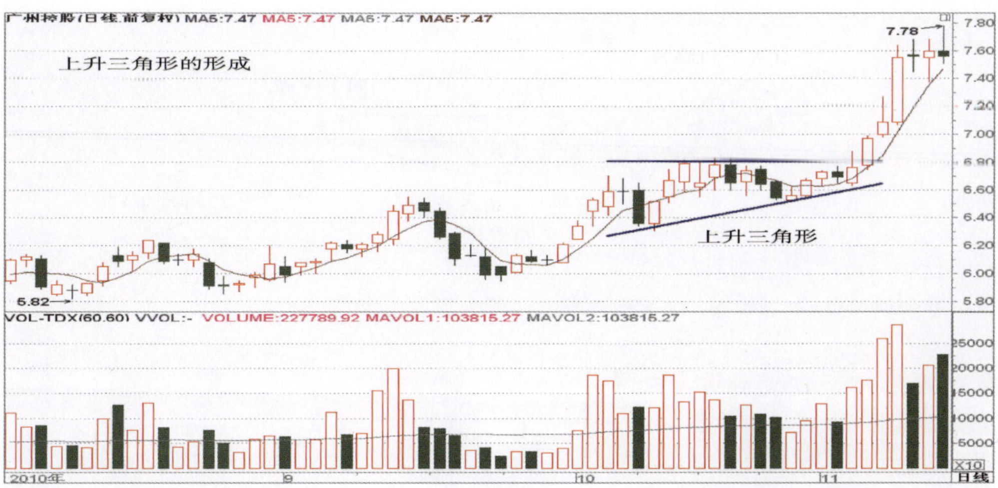

图 4－20

图 4－20 是 600098 广州控股的日 K 线走势图，时间是 2010 年 8 月 6 日至 2010 年 11 月 11 日。

2. 上升三角形的突破方向。前面已经讲了，上升三角形本身就具有较强的向上欲望，而整理形态结束时的突破方向，基本上都是继续按原有的趋势运行。所以，如果原趋势是向上的，上升三角形整理结束后，基本上都会向上突破。如果原趋势是向下的，一旦出现上升三角形整理形态，判断起来就有较大的难度了。原趋势是向下的，而整理时却又有较强的向上欲望，在截然相反的趋势的作用下，整理结束时有可能会造成假突破（如图4－21、图4－22所示）。

图4－21

图4－21是002166莱茵生物的日K线走势图，时间是2010年4月20日至2010年8月17日。

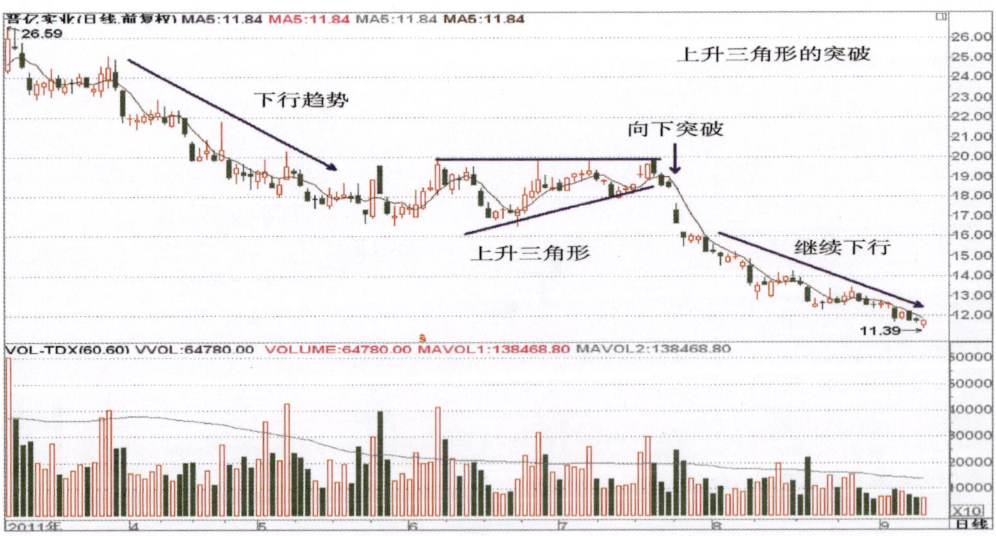

图4－22

图4－22是601002晋亿实业的日K线走势图，时间是2011年3月9日至2011年9月13日。

3. 上升三角形的实战要点。实战中，如果原趋势是向上的，出现上升三角形整理形态时，可积极做多。如果原趋势是向下的，出现上升三角形时，持有者可等待选择突破方向后再做决定。准备进场的投资者，必须要等到向上突破后，股价回探原三角形的上边，再次反身向上时才可进场，避免跌入假突破的陷阱。同样，上升三角形向上突破时，也需要较大的成交量配合，否则为假突破（如图 4－23 至图 4－25 所示）。

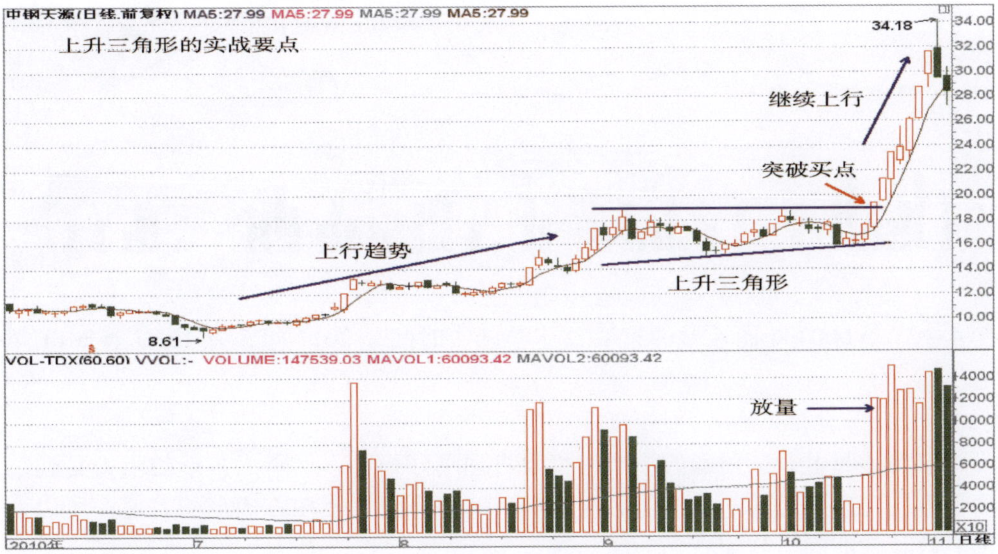

图 4－23

图 4－23 是 002057 中钢天源的日 K 线走势图，时间是 2010 年 5 月 31 日至 2010 年 11 月 2 日。

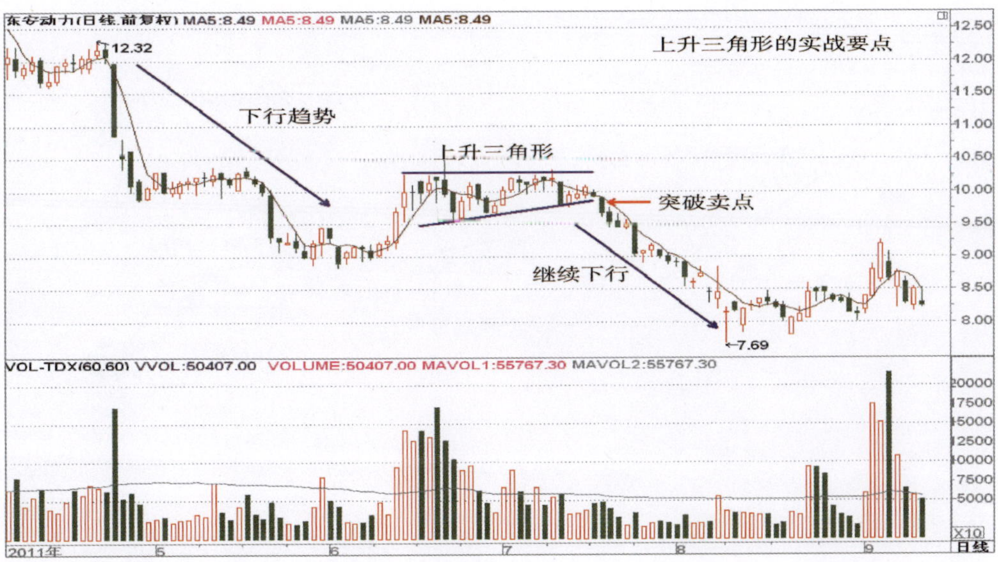

图 4－24

图 4－24 是 600178 东安动力的日 K 线走势图，时间是 2011 年 4 月 1 日至 2011 年 9 月 13 日。

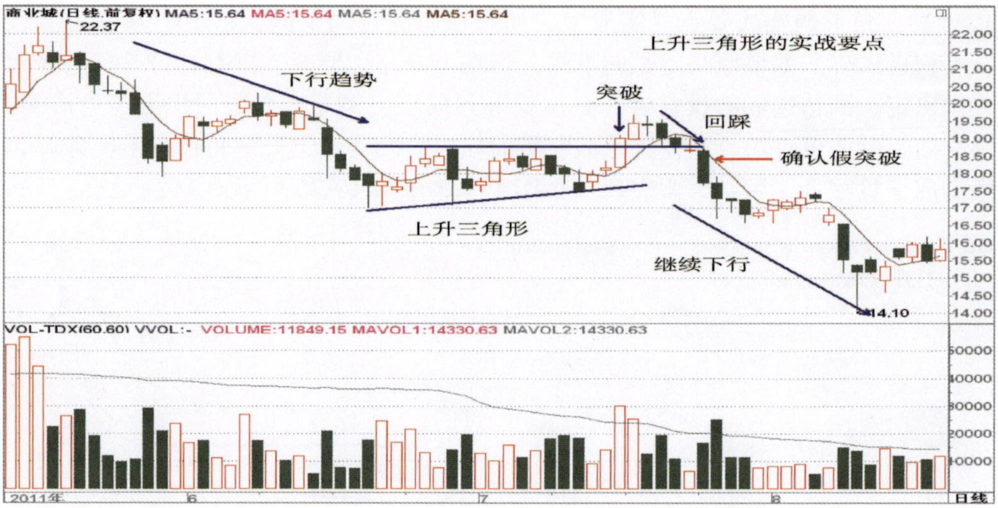

图 4 –25

图 4 –25 是 600306 商业城的日 K 线走势图，时间是 2011 年 5 月 12 日至 2011 年 8 月 17 日。

（三）下降三角形

下降三角形与上升三角形的形成过程及机理刚好相反，下降三角形的阻力是越来越低的，而下方的支撑则是同一水平位，空方向下的意愿要大于多方向上的意愿。所以，下降三角形具有较强的向下欲望。

由于下降三角形有较强的向下欲望，所以如果原趋势是向下的，那么基本上可以肯定，整理结束后将会向下突破。如果原趋势是向上的，整理结束时，同样会因截然相反的趋势的作用而可能出现假突破。需要说明的是，下降三角形向上突破时未必会有较大的成交量配合（如图 4 –26、图 4 –27 所示）。

图 4 –26

图 4 –26 是 000886 海南高速的日 K 线走势图，时间是 2010 年 3 月 5 日至 2011 年 7 月 8 日。

图 4－27

图 4－27 是 600072 中船股份的日 K 线走势图，时间是 2010 年 10 月 22 日至 2011 年 7 月 26 日。

二、矩形整理形态

（一）矩形的形成

矩形亦称箱体。矩形的形成，是因上方的阻力及下方的支撑，都各自在同一水平线上。股价在整理过程中，向上反弹时会遇到同一阻力继而回落。当回落到下方时，又会遇到同一支撑而再次回升。就这样，股价在支撑和阻力都各自在同一水平线的区间内，来回反复震荡。当我们把上方至少两个高点和下方至少两个低点连线后，就会呈现出一个矩形。矩形的产生，是多空双方势均力敌所致，与对称三角形有相同的特性。矩形形成过程中，成交水平基本上都处于平和状态，很少有大的变化，一旦成交量出现剧烈变化，则可能整理即将结束。

（二）矩形结束时的突破方向

不管是在上升趋势途中还是在下降趋势途中，出现矩形整理形态后，其突破方向大多数都会选择原有的趋势方向。但是，如果是在长期的上升趋势后期出现矩形，则可能会演变为三重顶或多重顶；如果是在长期下跌趋势后期出现矩形，那么则可能演变为三重底或多重底（如图 4－28 至图 4－31 所示）。

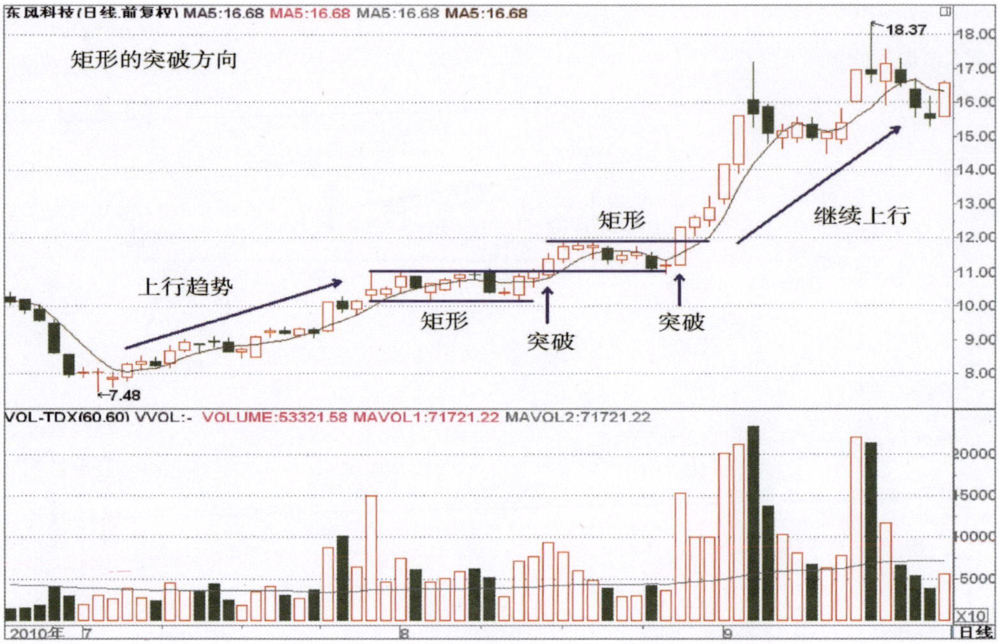

图 4－28

图 4－28 是 600081 东风科技的日 K 线走势图，时间是 2010 年 6 月 24 日至 2010 年 9 月 27 日。

图 4－29

图 4－29 是 000677ST 海龙的日 K 线走势图，时间是 2009 年 11 月 9 日至 2010 年 7 月 27 日。

图 4－30

图 4－30 是 600361 华联综超的日 K 线走势图，时间是 2010 年 1 月 19 日至 2010 年 8 月 17 日。

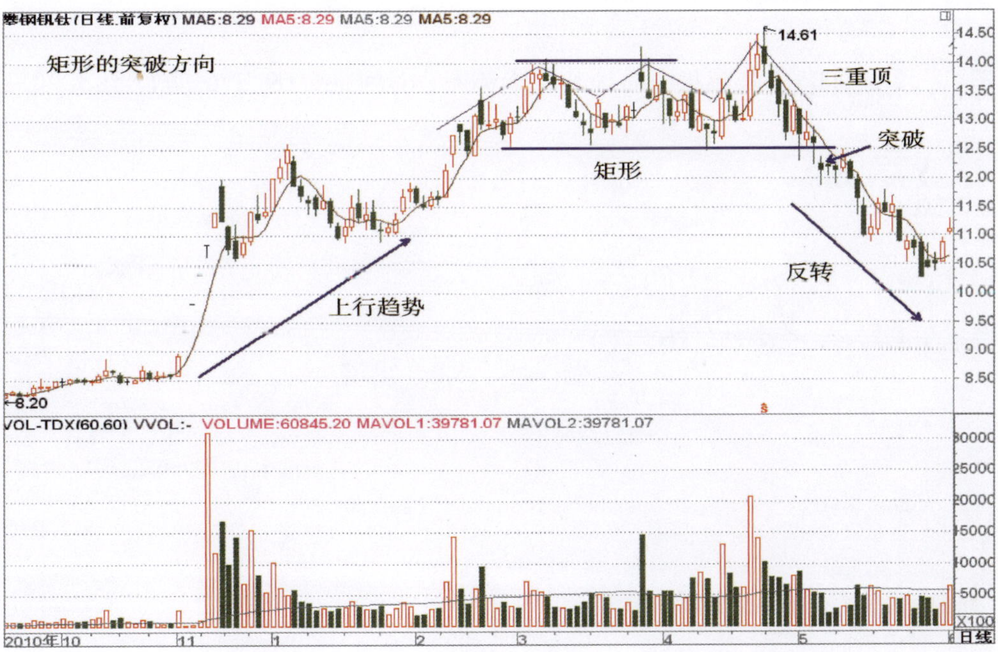

图 4－31

图 4－31 是 000629 攀钢钒钛的日 K 线走势图，时间是 2010 年 9 月 16 日至 2011 年 6 月 1 日。

（三）矩形的实战要点

实战中，如果是在长期上涨后期出现矩形走势，投资者应逢高退出观望。如果是在上涨初期出现矩形整理形态，可等股价回落到箱体底部时大胆进场。如果是在长期下跌后期出现矩形整理形态，投资者可逢低建仓，或等待向上突破时跟进。如果是下跌途中出现矩形整理，则应注意以观望为主，即便是小波段操作，也应严格控制仓位。矩形向上突破时，必须要有大的成交量配合才行，否则将是假突破；而向下突破时则不需要成交量的配合（如图 4－32、图 4－33 所示）。

图 4－32

图 4－32 是 600525 长园集团的日 K 线走势图，时间是 2009 年 6 月 17 日至 2010 年 4 月 13 日。

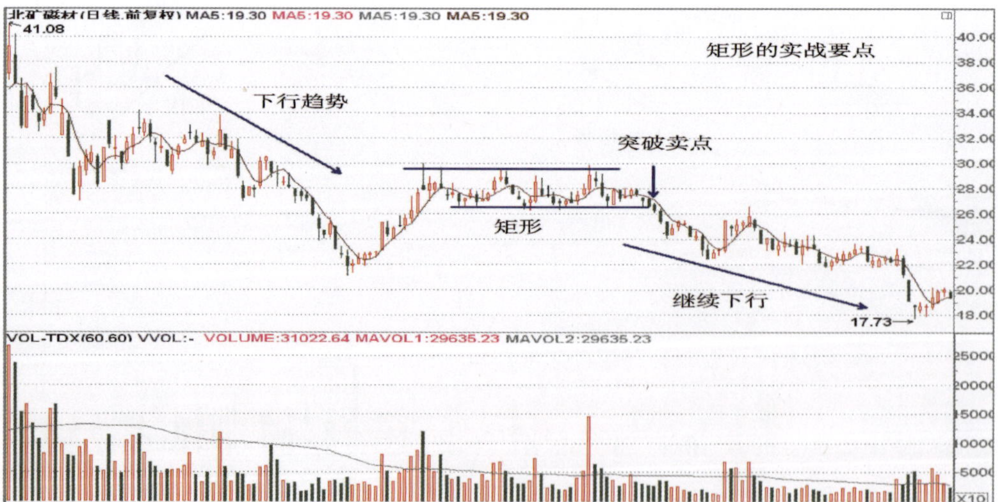

图 4－33

图 4－33 是 600980 北矿磁材的日 K 线走势图，时间是 2010 年 11 月 1 日至 2011 年 6 月 29 日。

三、旗形整理形态

所谓的旗形，指的是将股价运行中的至少两个高点和至少两个低点用直线连接起来，得到向上倾斜或向下倾斜的两条平行线，形似一面旗帜，故而得名。旗形实际上是矩形的变形，矩形也就是长方形，其上下两条边是水平的，而旗形的上下两条边是向上倾斜或向下倾斜的。旗形分为上升旗形和下降旗形两种。

（一）上升旗形

1. 上升旗形的形成。股价在急速下跌状态下，突然开始快速反弹，遇到阻力后又快速回落，但回落未到达之前的低点，就再次回升，回升幅度超越前一次的反弹高度后，再次掉头向下。就这样，在反复上升回落过程中，低点和高点都逐步抬高，形成了一个震荡回升的通道。

上升旗形的出现，是股价下跌途中多方反攻的结果，也是因股价下跌过快而出现的技术性自我修复。通常情况下，上升旗形出现之前，都会有一个放量下跌的过程，而在形成旗形的过程中，成交量会不规则地逐步减小，这是多头逐渐力竭的征兆。所以，上升旗形属于一种下跌中继性质的整理形态。也就是说，上升旗形结束后，股价还会按照原来的趋势向下运行（如图 4－34 所示）。

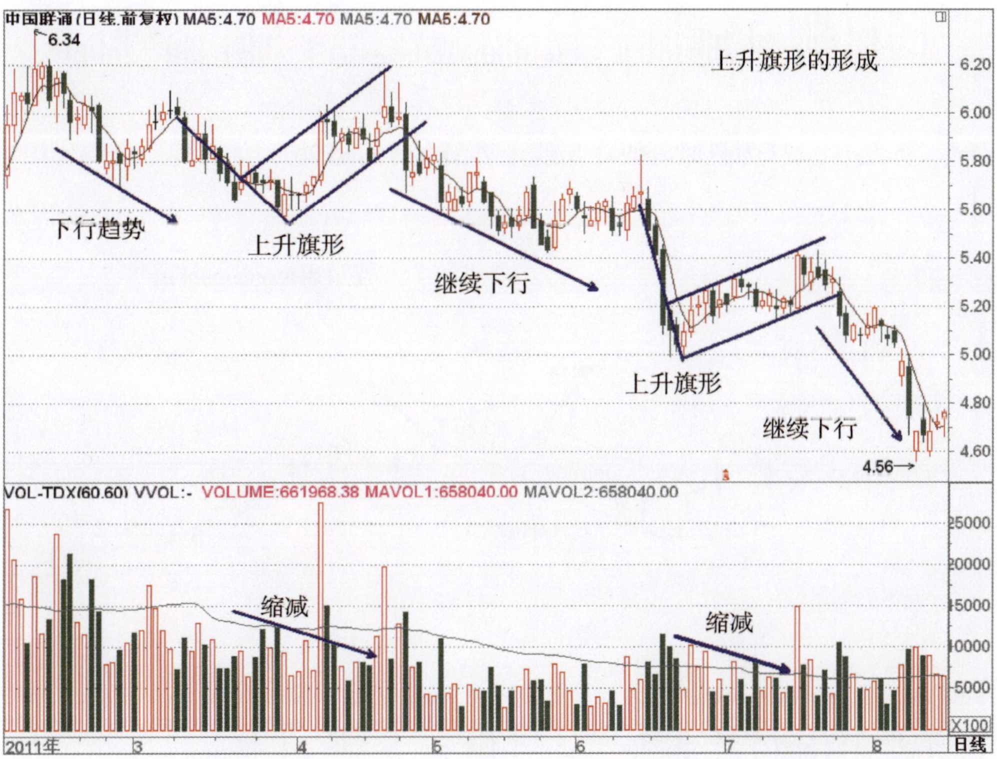

图 4－34

图 4－34 是 600050 中国联通的日 K 线走势图，时间是 2011 年 1 月 27 日至 2011 年 8 月 15 日。

2. 上升旗形的实战要点。既然称做旗形，就会有旗杆，而旗杆当然不能是弯曲的，也就是说，上升旗形出现之前，股价是急速下跌的。在实战中，被套的投资者，一旦发现手中的股票走势出现了上升旗形，就应逢高逐步卖出，以避免更大的损失。实战当中，当确定形态是上升旗形时，原则上每一次股价接近旗形的上边时，应该减仓，股价跌破旗形的下边时，应该立即清仓（如图 4 - 35、图 4 - 36 所示）。

图 4 - 35

图 4 - 35 是 601777 力帆股份的日 K 线走势图，时间是 2011 年 2 月 25 日至 2011 年 8 月 10 日。

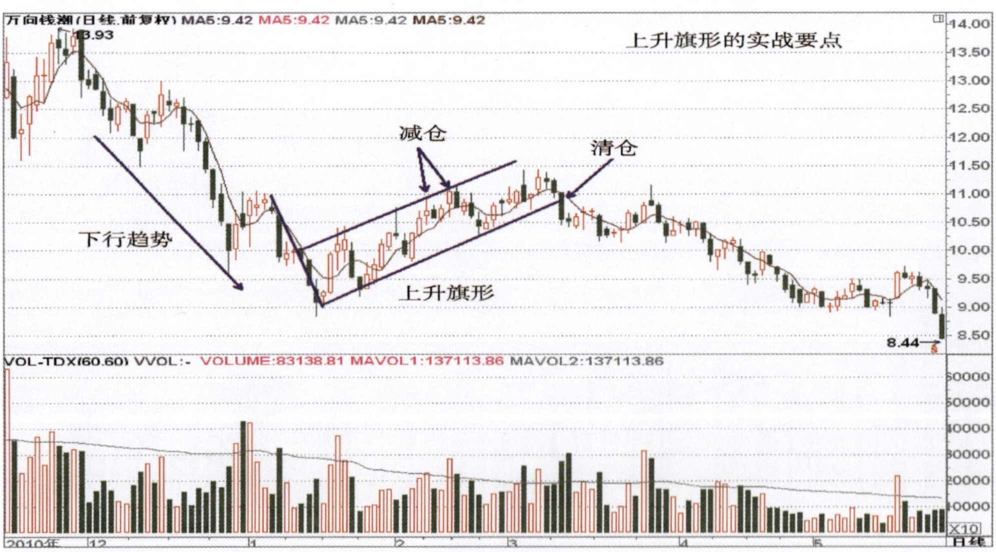

图 4 - 36

图 4 - 36 是 000559 万向钱潮的日 K 线走势图，时间是 2010 年 11 月 16 日至 2011 年 5 月 26 日。

（二）下降旗形

1. 下降旗形的形成。股价在快速上涨过程中，突然出现了逆转，快速回落，而后又震荡反弹，但是反弹并不能创出新高就开始回落。就这样，股价反复震荡。我们把震荡中形成的至少两个高点和至少两个低点连线后，就得到了一个平行下移的通道，这就是下降旗形。

下降旗形的出现，是空方大举反扑的结果。由于短期内股价涨幅过快，短线获利盘急于兑现，使得股价出现了快速的回落。但是，由于市场一致看好后市，所以，获利卖盘会逐步衰竭。下降旗形和上升旗形一样，在旗形形成之前，成交量是呈现放大态势的，而在旗形形成过程中，同样是量能逐步减小。

下降旗形是一种上升途中的中继形态，也就是说，下降旗形结束后，股价会继续按照原来的上涨趋势运行。需要说明的是，下降旗形结束时的向上突破，必须要有较大的成交量配合才行，否则可能是假突破（如图 4－37 所示）。

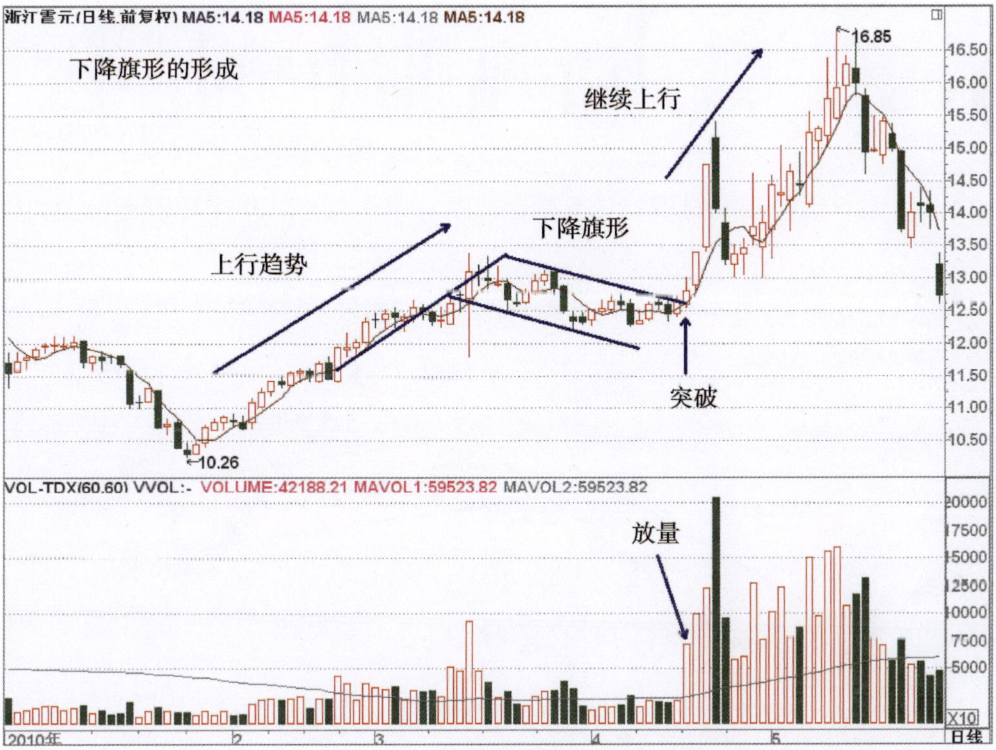

图 4－37

图 4－37 是 000705 浙江震元的日 K 线走势图，时间是 2010 年 12 月 28 日至 2011 年 5 月 30 日。

2. 下降旗形的实战要点。和上升旗形一样，下降旗形也是有一根旗杆的。在实战中，投资者一旦发现股价伴随放大的成交量连续大涨后，形成了下降旗形走势，就可在股价放量突破旗形上轨压力时及时跟进（如图 4－38、图 4－39 所示）。

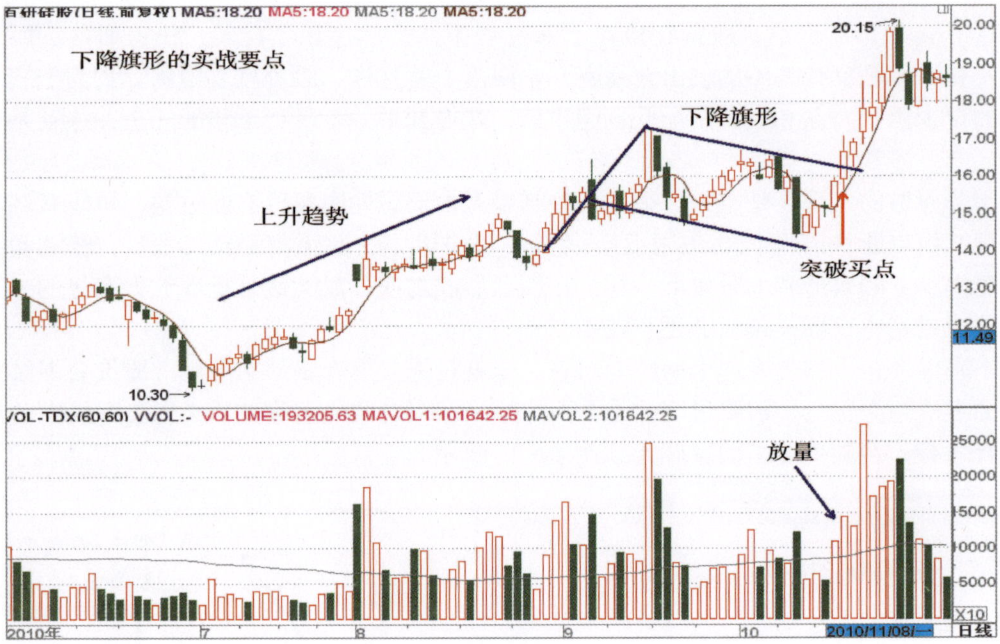

图 4－38

图 4－38 是 600206 有研硅股的日 K 线走势图，时间是 2010 年 5 月 27 日至 2010 年 11 月 9 日。

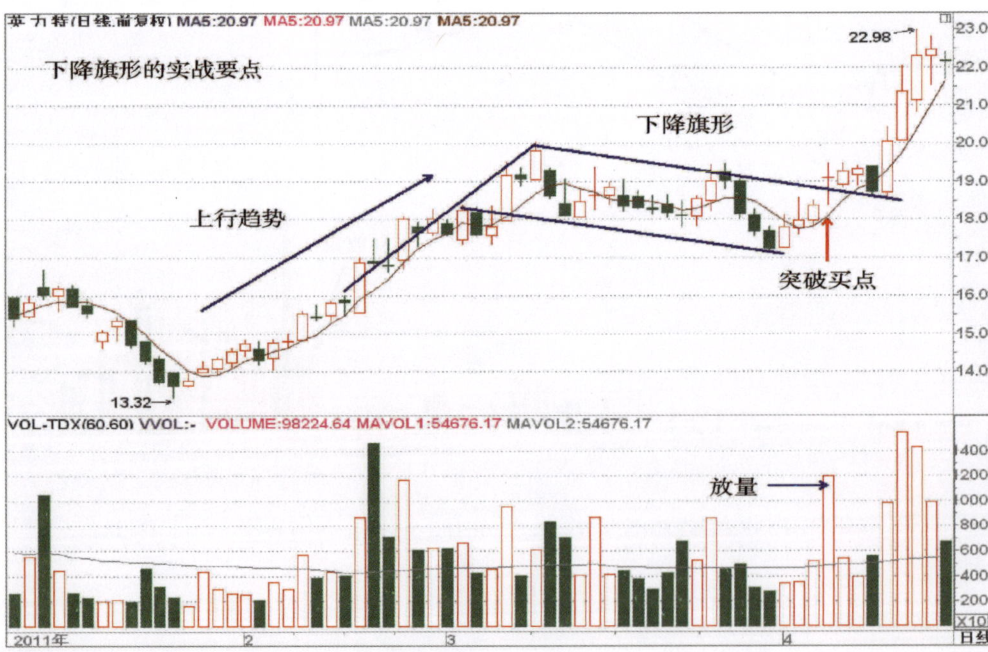

图 4－39

图 4－39 是 000635 英力特的日 K 线走势图，时间是 2011 年 1 月 7 日至 2011 年 4 月 21 日。

四、楔形整理形态

所谓的楔形，实际上就是向上或向下的不对称三角形。楔形的形成与旗形相似，只不过旗形的两条边是平行的，而楔形的上下两条边都是明显向上倾斜或向下倾斜的。楔形和旗形一样，形成之前的成交量是放大的，形成过程中则是逐步减小的，向上突破时会有较大的成交量配合，向下突破时，则不需要成交量配合。

楔形也是中继性质的整理形态，形态完成后，还会继续原有趋势运行。需要说明的是，楔形偶尔会在顶部和底部作为反转形态出现，所以，投资者要注意，股价如果涨幅已经很大，形成楔形时，一定要警惕股价可能见顶的危险。相反，如果股价经过长时间的下跌后形成了楔形，则需要注意股价可能已经见底（如图 4－40 至图 4－43 所示）。

图 4－40

图 4－40 是 000932 华菱钢铁的日 K 线走势图，时间是 2011 年 4 月 8 日至 2011 年 8 月 18 日。

图 4－41

图 4－41 是 600287 江苏舜天的日 K 线走势图，时间是 2010 年 7 月 15 日至 2010 年 11 月 4 日。

图 4－42

图 4－42 是 600354 敦煌种业的日 K 线走势图，时间是 2010 年 7 月 1 日至 2011 年 6 月 17 日。

图 4－43

图 4－43 是 600503 华丽家族的日 K 线走势图，时间是 2009 年 11 月 20 日至 2010 年 12 月 9 日。

五、K线的缺口

缺口是较为常见的一种K线形态，但是在与股友们交流时，笔者发现大部分散户都对缺口一知半解，甚至连市场中很多专业人士，对缺口的作用也不是很清楚。

所谓的缺口，就是我们常讲的跳空。缺口的形成，是由于股价在波动过程中，某一方的力量远远大于对方的力量，买方或卖方的力量集中释放，致使股价以高于或低于前一日的收盘价开盘，并保持这一方向运行，从而留下了一个不连续的真空带。

缺口的技术意义极其重要，不同性质的缺口具有不同的市场意义。缺口形成时，真空带的空间越大，其后股价向着这个方向运行的动力就越足，反之则越弱。缺口一旦形成，其后一般将会具有很强的支撑或阻力作用。从技术角度来说，缺口分为普通缺口、突破性缺口、持续性缺口及衰竭性缺口。

（一）普通缺口

1. 普通缺口的特征。普通缺口较为常见，且有一个非常明显的特征，即理论上三日内将会被回补。通常情况下，普通缺口大都是在整理区域内出现的，偶尔也会在整理后期出现，但会被快速回补。普通缺口形成时，成交量一般都不是很大，虽然盘整后期出现的普通缺口会有成交放大的现象，但是大多数都是单日放量，随后，成交量会快速回到原来的水平。上述特征表明，普通缺口不具备较为明显的支撑和阻力作用（如图4－44所示）。

图4－44

图4－44是600031三一重工的日K线走势图，时间是2010年10月26日至2011年4月29日。

2. 普通缺口的实战要点。由于普通缺口具有三日内回补的特征，这就给我们的短线操作提供了较好的买卖依据。当我们根据上述特征确定了缺口为普通缺口时，如果是向上的缺口，持有者可以在股价冲高时逐步卖出，待股价回补缺口后再逐步买回来。或者是，未持有者觉得股价具备上涨潜力，可不必急于追高，等待回补缺口之后再进场也不迟。如果是向下的缺口，持有者可不必恐慌卖出，等待股价回补缺口后，再根据趋势方向决定是否卖出。或者是，未持有股票的投资者，可在股价大幅下探时逢低买进，待股价回补缺口后卖出获利（如图 4 －45、图 4 －46 所示）。

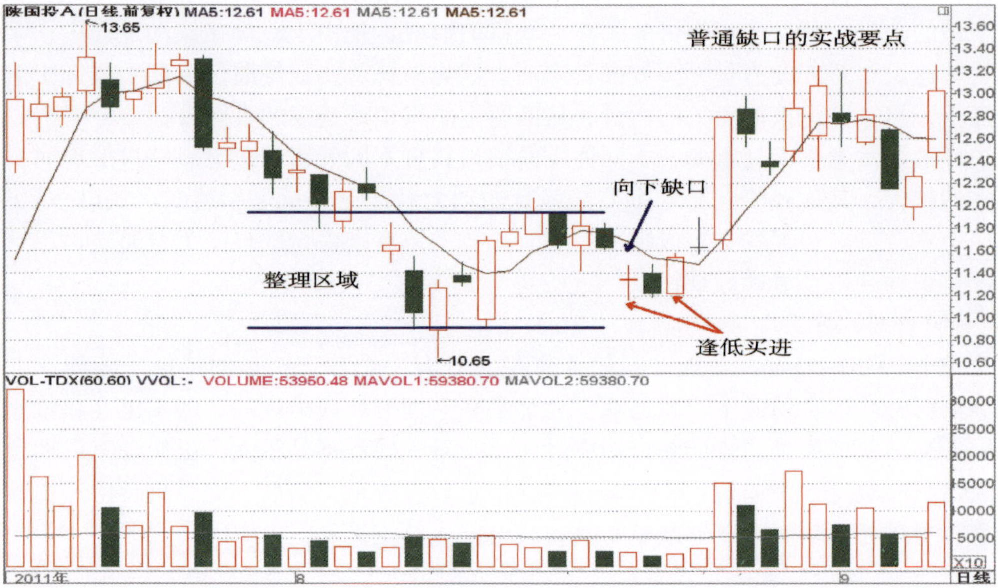

图 4 －45

图 4 －45 是 000563 陕国投 A 的日 K 线走势图，时间是 2011 年 7 月 13 日至 2011 年 9 月 7 日。

图 4 －46

图 4 －46 是 002001 新和成的日 K 线走势图，时间是 2010 年 12 月 1 日至 2011 年 4 月 20 日。

（二）突破性缺口

1. 突破性缺口的特征。突破性缺口有一个显著的特征，即股价是以跳空形式脱离调整区域或某种重要的形态、趋势线而形成的缺口。向上跳空突破时，必须要有较大的成交量配合（一字涨停除外），且放大的成交量具有持续性。向下跳空时，未必会有放量现象，但是一旦出现放量跳空向下突破，其后的杀伤力则成倍放大。

突破性缺口具有极强的方向性，无论是向上突破还是向下突破，一旦确定为突破性缺口，那么，趋势将会以极大的惯性沿着突破的方向运动。所以，当缺口被认定为突破性缺口时，如果是向上的，那么投资者应该及时买入；反之，投资者应立即止损出局，不可抱有任何幻想（如图 4－47 所示）。

图 4－47

图 4－47 是 002077 大港股份的日 K 线走势图，时间是 2010 年 3 月 19 日至 2010 年 8 月 23 日。

2. 突破性缺口的实战要点。在实战中，投资者遇到跳空缺口时，首先要分析缺口的性质，一旦符合突破性缺口的特征，就应该在缺口形成的当日果断买进或卖出。很多时候，即便缺口符合上述特征，有些投资者也还是无法确认缺口的性质。在这种情况下，可以在缺口形成的当日，适当买进或减仓，待几日后缺口完全确认时再进行相应的后续操作（如图 4－48、图 4－49 所示）。

图 4－48

图 4－48 是 600278 东方创业的日 K 线走势图，时间是 2010 年 5 月 21 日至 2010 年 11 月 12 日。

图 4－49

图 4－49 是 600850 华东电脑的日 K 线走势图，时间是 2011 年 2 月 14 日至 2011 年 6 月 3 日。

（三）持续性缺口

1. 持续性缺口的特征。持续性缺口比较好分辨，当股价已经出现过突破性缺口后，再一次出现相同方向的跳空缺口时，这个缺口就是持续性缺口。也就是说，持续性缺口是在有效的突破性缺口之后产生的。持续性缺口的出现，是股价有效突破后，因价格急速运动而形成的，同时也是对之前突破性缺口有效性的再一次确认。

持续性缺口无论是向上的还是向下的，都不必有成交量配合。不过，一旦持续性缺口伴随较大的成交量，那么，趋势的强烈性将是倍增的。持续性缺口出现后，短时间内很少会被回补，因为缺口出现的本身就是对趋势的再一次认定，所以，当出现持续性缺口时，无需过多分析，即可认定这种趋势还将继续下去（如图4-50、图4-51所示）。

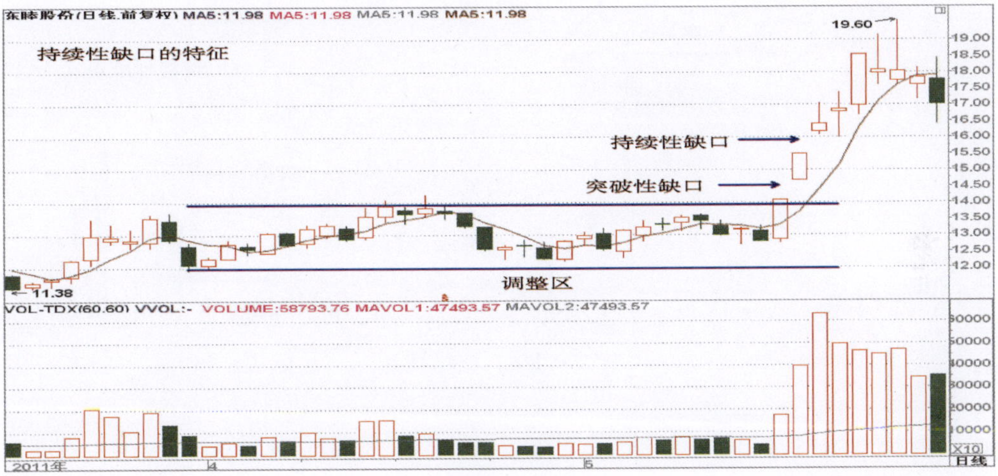

图4-50

图4-50是600114东睦股份的日K线走势图，时间是2011年3月17日至2011年5月27日。

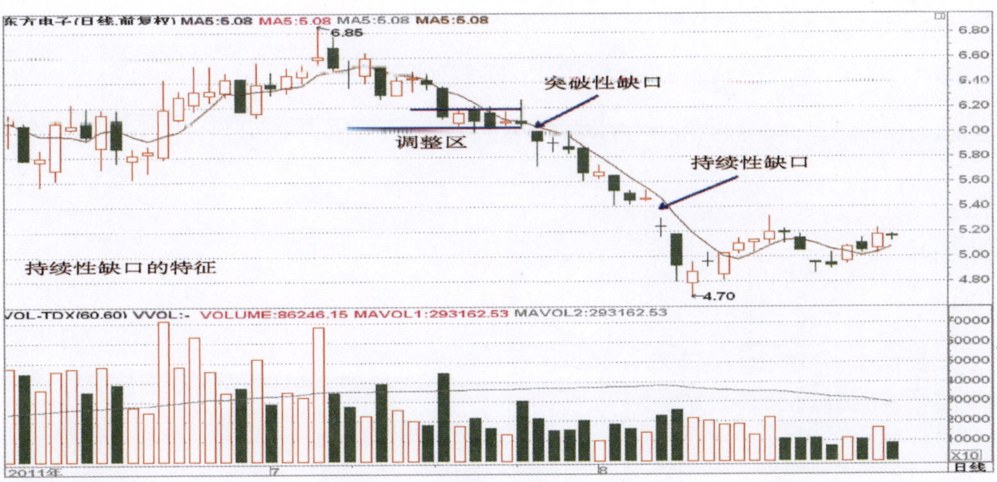

图4-51

图4-51是000682东方电子的日K线走势图，时间是2011年6月8日至2011年8月26日。

2. 持续性缺口的实战要点。当投资者手中持有的股票出现向上的持续性缺口时，应坚定持有信心，或果断加仓买入。如果持有的股票出现向下的持续性缺口时，应在第一时间果断斩仓，避免损失继续扩大（如图 4－52、图 4－53 所示）。

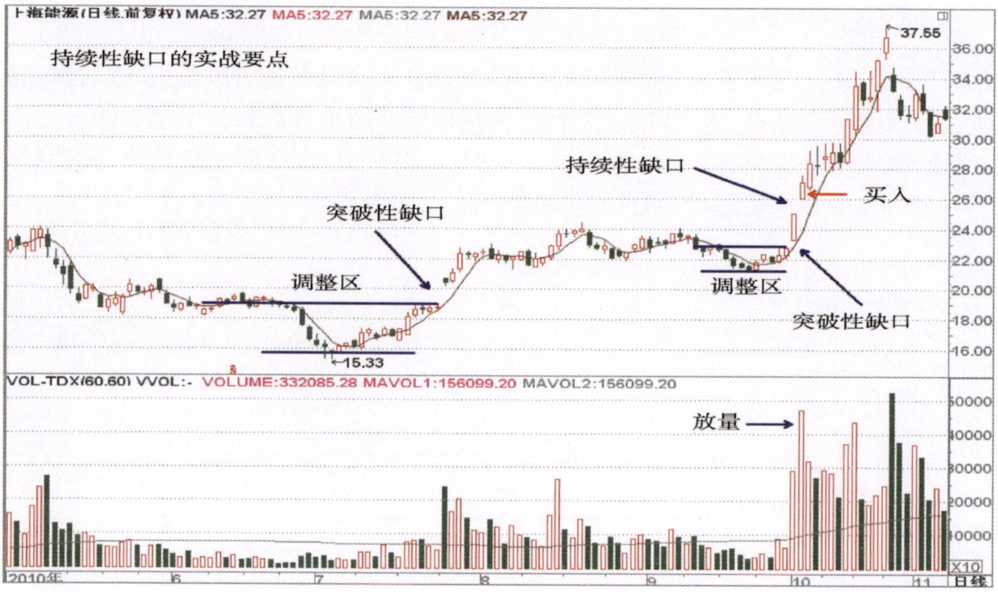

图 4－52

图 4－52 是 600508 上海能源的日 K 线走势图，时间是 2010 年 4 月 28 日至 2010 年 11 月 5 日。

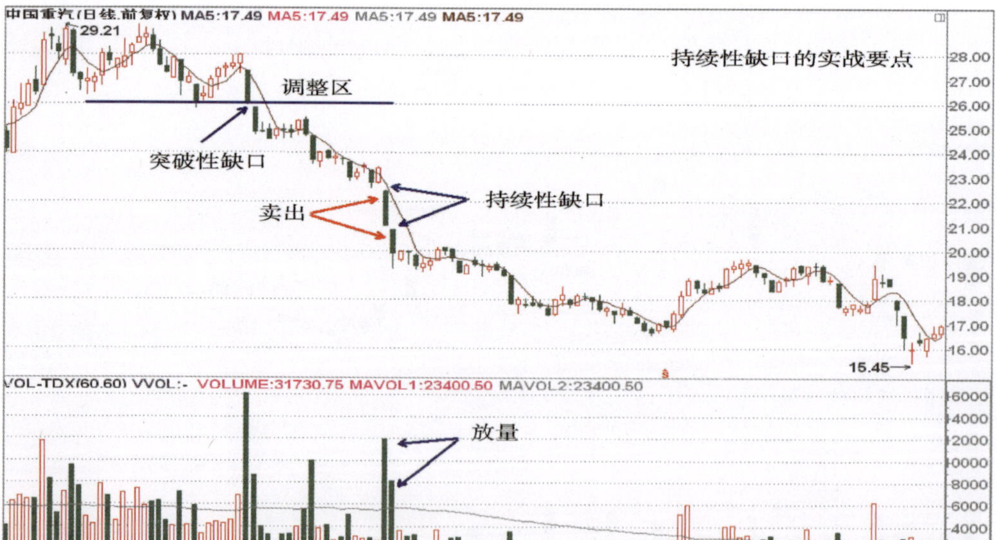

图 4－53

图 4－53 是 000951 中国重汽的日 K 线走势图，时间是 2011 年 2 月 9 日至 2011 年 8 月 15 日。

（四）衰竭性缺口

1. 衰竭性缺口的特征。衰竭性缺口也称做竭尽性缺口或消耗性缺口。衰竭性缺口与持续性缺口的最大区别是：持续性缺口未必会伴随较大的成交量，且短时间内不会被回补。而衰竭性缺口则相反，衰竭性缺口会伴随较大的成交量，同时，会在短时间内被回补。

衰竭性缺口的出现，是某一趋势已近尾声的标志，也就是我们通常说的最后一涨或最后一跌。如果某一趋势中已经出现过突破性缺口和持续性缺口，那么，当股价再一次跳空时，一旦缺口伴随较大的成交量，且短时间内回补了缺口，那么即可以认定为衰竭性缺口（如图 4－54、图 4－55 所示）。

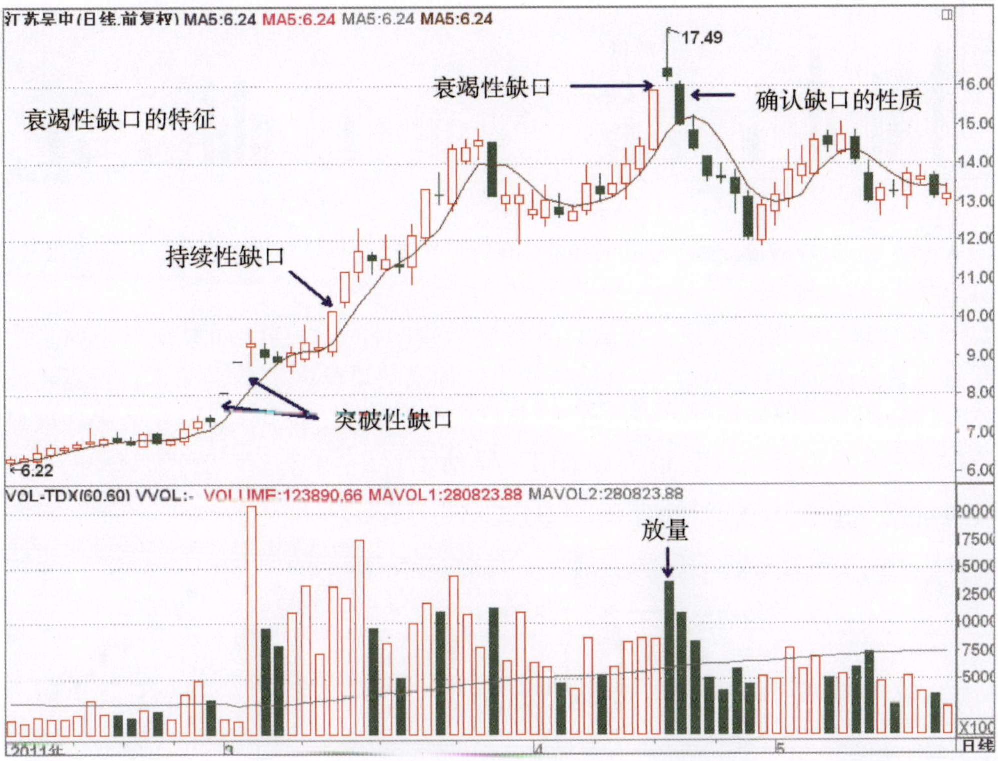

图 4－54

图 4－54 是 600200 江苏吴中的日 K 线走势图，时间是 2011 年 1 月 31 日至 2011 年 5 月 20 日。

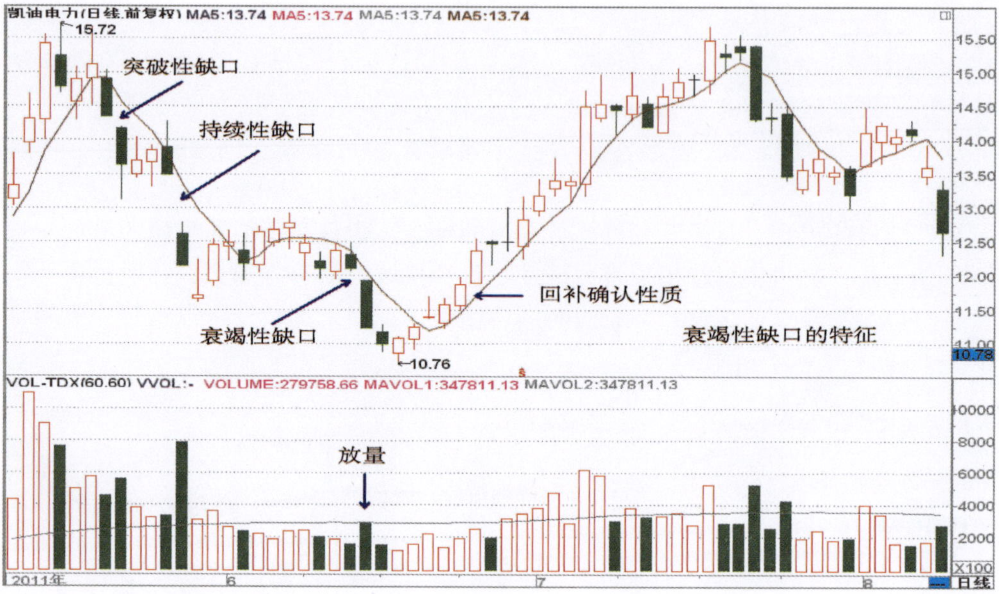

图4－55

图4－55是000939凯迪电力的日K线走势图，时间是2011年5月10日至2011年8月8日。

2. 衰竭性缺口的实战要点。当缺口被认定为衰竭性缺口后，如果缺口是向上的，那么投资者应警惕股价已经见顶，逢高坚决卖出。如果缺口是向下的，那么，投资者应大胆逢低逐步建仓买入，即便行情未必立即出现反转，但是相对于中线而言，衰竭性缺口之后的买入操作也是安全的（如图4－56、图4－57所示）。

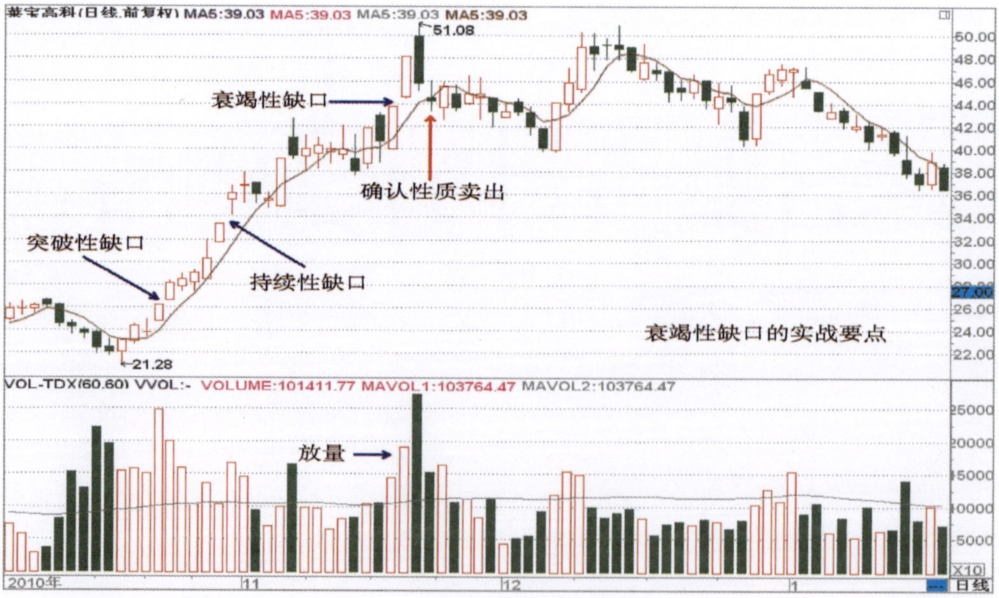

图4－56

图4－56是002106莱宝高科的日K线走势图，时间是2010年9月28日至2011年1月20日。

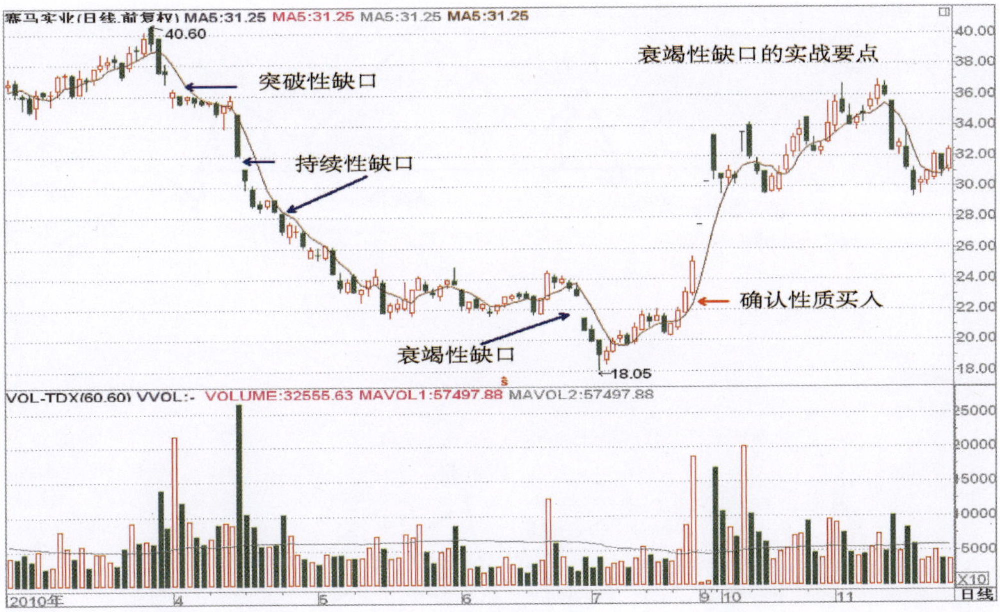

图 4－57

图 4－57 是 600449 赛马实业的日 K 线走势图，时间是 2010 年 3 月 1 日至 2010 年 11 月 24 日。

第三节　顶部形态

顶部形态要比底部形态更为复杂多变，在实战中，常见的顶部形态有头肩顶、双重顶、多重顶、圆弧顶、喇叭顶及孤岛顶六种。虽然上述六种形态各自不同，但是它们都有一个共同的市场含义：市场或股价已经见顶即将反转，或已经反转向下了。

一、头肩顶

（一）头肩顶的形成

股价经过较长时间的上涨后，伴随着成交量的持续放大，上方的压力越来越大，在获利盘积极兑现的情况下，股价开始回落。随着价格的连续回落，成交量也逐步缩小。这个时候继续看好后市的资金开始逢低介入，随着成交量的回升，股价也开始反弹形成了左肩。伴随成交量的再次放大，股价一举突破了左肩的高点，并继续向上连续创出新高。随后，上攻势头并未能保持，在获利筹码巨大的抛压下，股价再一次回落，并且跌回到左肩低点附近，这时，头部形成了。之后，股价再次企稳反弹第三次向上，这个时候成交量出现明显的萎缩，且反弹之势不再像先前两次那么强劲，股价已经无法到达前期的头部位置，反弹到左肩高点附近即回落形成右肩。股价再次跌到左肩和头部低点时（颈线位）快速向下突破，颈线位已经不再有支撑作用。股价跌破颈线位后，再次的反弹也仅能回升到颈线位附近便掉头向下，这个时候头肩顶形态宣告成立（如图 4－58 所示）。

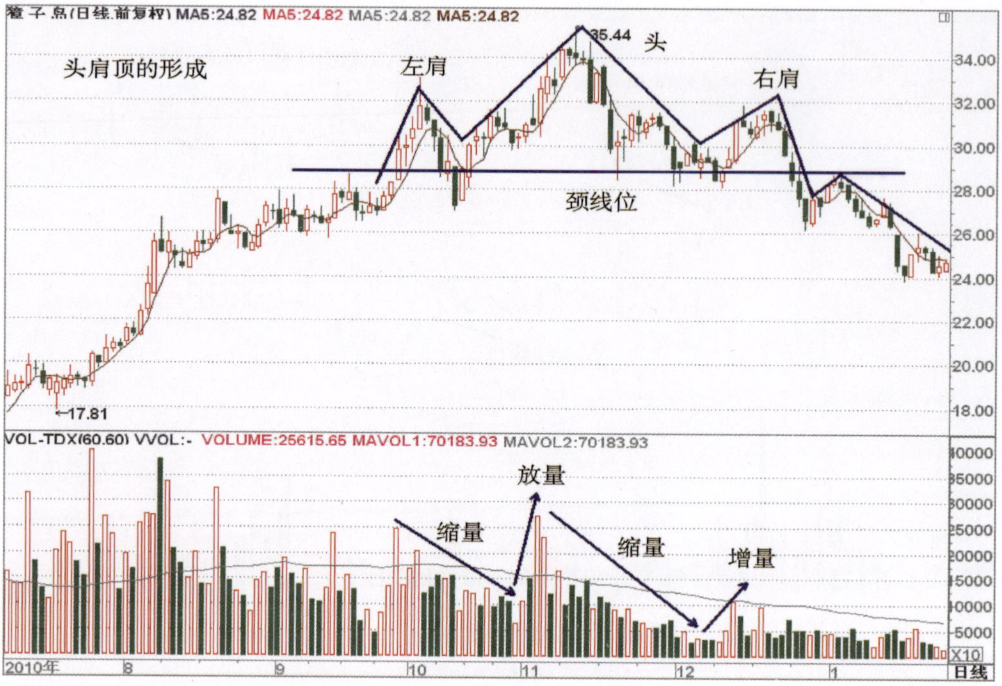

图 4 - 58

图 4 - 58 是 002069 獐子岛的日 K 线走势图，时间是 2010 年 7 月 8 日至 2011 年 1 月 26 日。

（二）头肩顶的实战要点

在实战中，头肩顶形态是一个较为可靠的卖出形态。由于头肩顶形态形成之前，我们并不能确定是不是头肩顶。况且，很多投资者也未必能看出潜在的头肩顶。所以，这就需要投资者在升势中不但要具有风险意识，还需要提前预判分析。

那么，投资者该如何提前预判，并最大限度地减小头肩顶形态带来的风险呢？在预判的前提下，左肩和头部形成后，虽然我们还不能确定是否会形成真正的头肩顶，但是，却可以在第三次反弹时提前确定。前面已经讲过，头肩顶形成前的第三次反弹，也就是右肩的形成过程中，成交量会较前两次上涨时明显缩小，这是形成头肩顶形态的必然条件。所以，持有者可以在第三次反弹时注意成交量情况，一旦成交无法达到前期头部时的量能，我们就可以按照头肩顶形态进行卖出操作。

但是，即便第三次反弹时的成交量低于前期反弹时的量能，也未必会形成头肩顶形态。所以，为了避免卖出失误，投资者可以在第三次反弹缩量的情况下，先卖出部分或一半的筹码，等待股价有效跌破颈线位时再卖出另一半筹码，这样既可以避免股价继续上涨带来的收益损失，又可以规避头肩顶形态带来的下跌损失（如图 4 - 59、图 4 - 60 所示）。

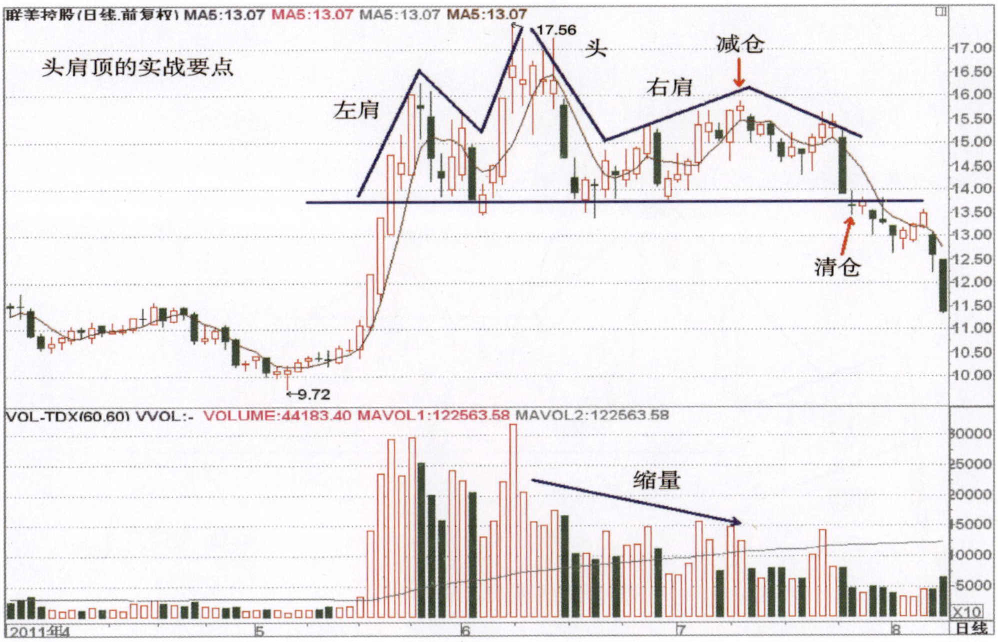

图 4－59

图 4－59 是 600167 联美控股的日 K 线走势图，时间是 2011 年 3 月 25 日至 2011 年 8 月 8 日。

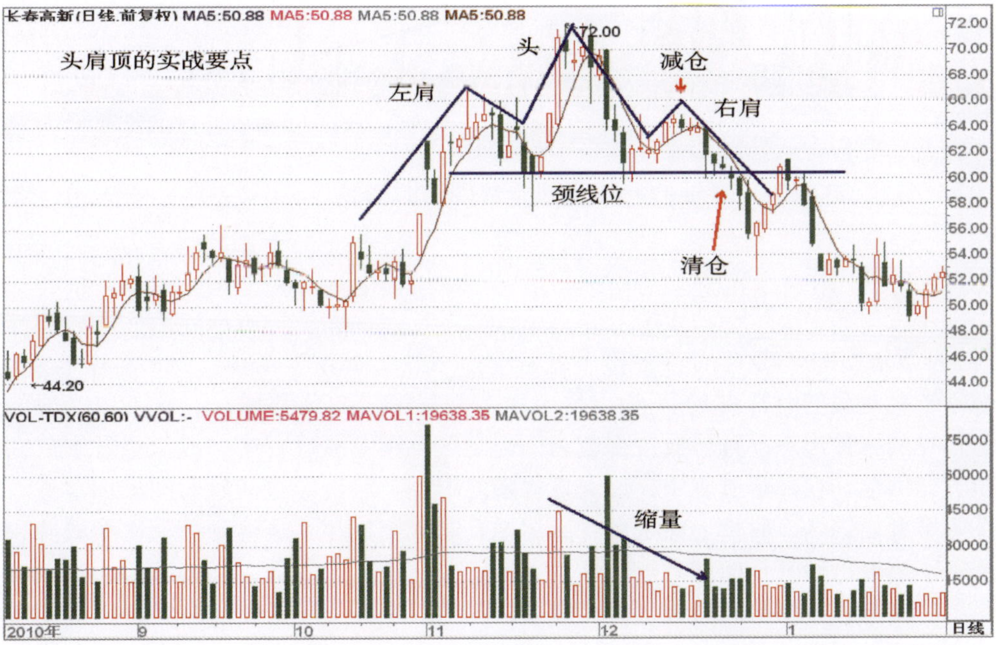

图 4－60

图 4－60 是 000661 长春高新的日 K 线走势图，时间是 2010 年 8 月 10 日至 2011 年 1 月 31 日。

（三）复合头肩顶

复合头肩顶与复合头肩底一样，形态中的肩和头并不是简单的、标准的，而是以更小的形态形式出现。但是，它们的整体结构及操作要点却是一样的。复合头肩顶与复合头肩底一样，虽然构造复杂，但其可靠性要远远高于简单的形态（如图 4－61 所示）。

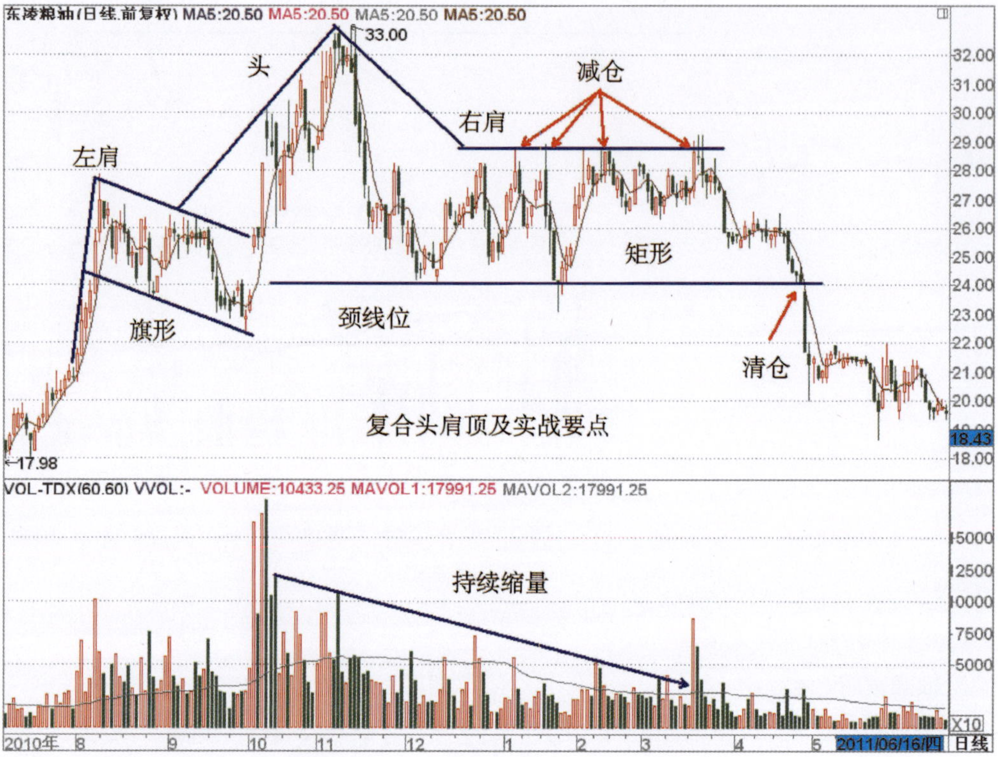

图 4－61

图 4－61 是 000893 东凌粮油的日 K 线走势图，时间是 2010 年 7 月 8 日至 2011 年 6 月 16 日。

二、双 重 顶

（一）双重顶的形成

双重顶就是我们经常讲的 M 头，是由两个头部组成的顶部形态。双重顶是顶部形态中最为常见的一种形态，且形成过程较为简单。股价在上涨过程中，成交量逐渐放大，随后股价开始回落，在回落过程中，成交量也随之缩小。股价经过一段时间的回落后，看好后市的资金开始进场，股价也随之回升，但回升时成交量却无法达到前一次形成峰顶时的量能水平。当股价回升至前期高点附近时，由于成交量无法放大，随即股价再次回落，形成了第二个高峰，且回落时跌破了两个峰顶之间的谷底低点。击破前期低点后（颈线位），股价出现的反抽无法逾越前期谷底的低点即掉头向下，这个时候，双重顶形态宣布成立（如图 4－62 所示）。

图 4 - 62

图 4 - 62 是 600280 南京中商的日 K 线走势图，时间是 2010 年 7 月 26 日至 2011 年 4 月 15 日。

（二）双重顶的实战要点

双重顶比较容易演变成持续形态，所以，实战中不能见到两个峰顶就认为一定是双头。在上涨过程中，投资者一旦遇到股价形成了两个峰顶，就可以采用两种策略进行操作。第一种是，当股价形成第二个峰顶时，如果成交量不能有效放大，无论股价是否创出新高，都要在前一个峰顶附近卖出。如果股价继续上涨且大幅度放量，可及时买回来。这样虽然会损失一些利润，却可以最大限度地规避双顶的风险。当股价回落到之前的谷底时遇到支撑且开始回升，则可逢低买回来。第二种是，当股价回升至前一个峰顶时，成交量没有同步放大，此时，可先行卖出半仓，等待股价回落至之前的谷底时，如果遇到支撑回升，可逢低买回卖出的筹码。一旦股价跌破谷底支撑，就将剩余筹码全部卖出（如图 4 - 63、图 4 - 64 所示）。

图 4 - 63

图 4 - 63 是 000610 西安旅游的日 K 线走势图，时间是 2011 年 1 月 20 日至 2011 年 8 月 5 日。

图 4－64

图 4－64 是 600377 宁沪高速的日 K 线走势图，时间是 2010 年 8 月 19 日至 2011 年 1 月 25 日。

三、多　重　顶

（一）多重顶的形成

我们把股价在运行过程中出现的三个或三个以上的峰顶称为多重顶。多重顶实际上就是双重顶失败后的延续。当股价回落到前期谷底低点时，并未向下突破，而是再次回升，但回升到前面两个峰顶附近时又一次回落。这样达到前期峰顶即回落，回到谷底即回升的走势可以重复 N 次，直至向下突破时，宣布多重顶成立（如图 4－65 所示）。

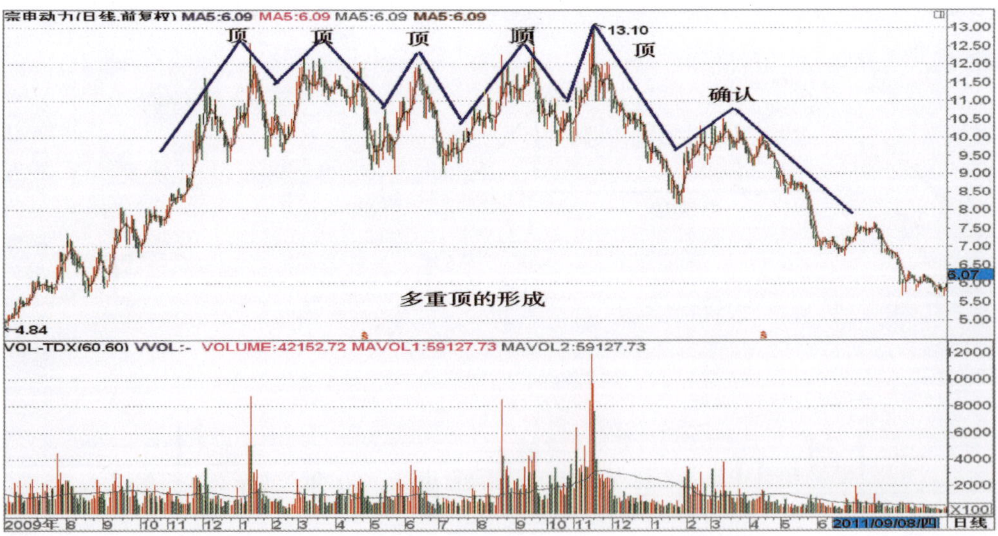

图 4－65

图 4－65 是 001696 宗申动力的日 K 线走势图，时间是 2009 年 6 月 12 日至 2011 年 9 月 8 日。

（二）多重顶的实战要点

由于多重顶在形成过程中与矩形（箱体）持续形态相似，所以操作上相对于其他顶部形态来说较为困难。但是，投资者只要抓住一点，即成交量就能够轻松把握了。也就是说，只要发现股价反弹到前期高点附近时，不能够达到或超越前期量能，就要坚决减仓或全部卖出。如果股价形成了向上突破，则可以根据矩形整理形态进行操作（如图4－66、图4－67所示）。

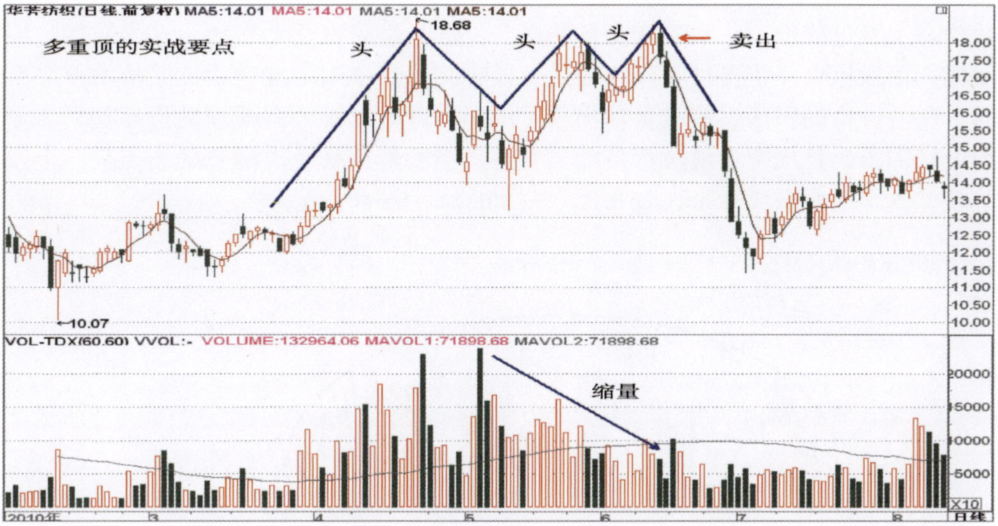

图4－66

图4－66是600273华芳纺织的日K线走势图，时间是2010年1月25日至2010年8月11日。

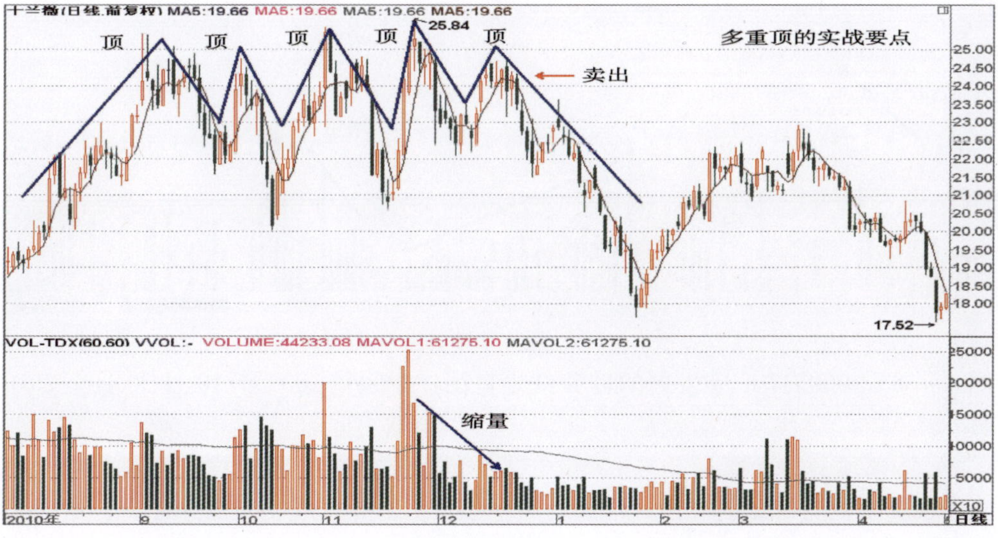

图4－67

图4－67是600460士兰微的日K线走势图，时间是2010年7月27日至2011年5月3日。

四、圆　弧　顶

（一）圆弧顶的形成

圆弧顶是圆弧底的倒转，形状就像一个倒扣着的碟子或碗，是一种极具杀伤力的顶部形态。圆弧顶的形成过程较为缓慢，同时，成交量也有明显的特征，即在圆弧的顶部区域，成交量是明显缩小的。而在圆弧形成之初及形成之后，其成交水平明显呈放大态势，也就是说，两头多中间少。

股价在上升过程中，伴随着成交量的减少，上涨趋势也逐渐减缓，这个时候，成交量继续萎缩，而股价也停止再创新高。经过一段时间小阴小阳的波动后，股价的重心开始逐步下移，随着价格的回落，成交量却出现了增加，这个时候，圆弧顶的形态初具雏形，随后股价继续回落，且成交量继续保持增加状态。当股价逐渐脱离圆弧的高点后，下跌速度开始加快，这个时候圆弧顶形态宣布成立（如图 4－68 所示）。

图 4－68

图 4－68 是 000537 广宇发展的日 K 线走势图，时间是 2009 年 10 月 30 日至 2010 年 6 月 1 日。

（二）圆弧顶的实战要点

由于圆弧顶没有明显的峰顶，顶部区域呈圆弧状，并且成交量明显缩减，所以给人一种主力洗盘的错觉。因为圆弧顶的形成过程较为缓慢，且顶部区域没有激烈的价格波动，给人一种比较安全的感觉，所以，大部分投资者都难以察觉顶部的到来。

在实战中，如果投资者持有这种形态的股票，千万不要抱有任何幻想，圆弧顶形态的杀伤力是非常巨大的。圆弧顶的卖出时机，主要以圆弧初步形成后的量能变化为准，当持有者发现股价波动呈圆弧态势，且波动幅度趋窄，重心逐步下移时，应引起警觉，一旦股价重心逐步下移，成交量明显增加，就应该立即抛出筹码，以免遭受巨大的损失（如图4－69所示）。

图4－69

图4－69是600060海信电器的日K线走势图，时间是2009年9月30日至2010年7月22日。

五、喇　叭　顶

（一）喇叭顶的形成

所谓的喇叭顶，指的是股价的波动轨迹酷似一只喇叭。股价在运行过程中，由左至右波动幅度逐渐加大，高点逐次提高，低点逐步下降，高点之间相连及低点之间相连后，分别得到一根向上倾斜和一根向下倾斜的连线，就好像一只大喇叭一样，故得此名。

喇叭顶形态是一种非常可靠的顶部形态，虽然喇叭顶形态在实战中并不常见，但是一旦出现，则几乎可以确定形态完成后必将下跌。喇叭顶形态的形成，是市场心理过于冲动所致。所以形成过程中，成交量会出现不规则的放大状态（如图4－70所示）。

图 4－70

图 4－70 是 000567 海德股份的日 K 线走势图，时间是 2010 年 6 月 2 日至 2011 年 3 月 22 日。

（二）喇叭顶的实战要点

喇叭顶向上突破的情况极为罕见，只有在极少数的情况下，才会伴随连续巨幅放量向上突破。所以喇叭顶本身属于看跌形态，并不存在突破问题。喇叭顶至少需要两个高点和两个低点才能成立，所以在实战中，一旦发现手中持有的股票出现放量剧烈震荡，且波动轨迹形似喇叭时，应在两个高点之后再次出现高点，或者是喇叭形成后反弹无力时果断卖出（如图 4－71 所示）。

图 4－71

图 4－71 是 000059 辽通化工的日 K 线走势图，时间是 2009 年 9 月 22 日至 2010 年 7 月 21 日。

六、孤 岛 顶

（一）孤岛顶的形成

伴随成交量的放大，股价以跳空形式向上突破，随后股价并未持续上攻，而是以宽幅震荡形式整理。随着成交量的持续缩小，股价也逐步回落到了前期的跳空缺口附近。随后，股价在缺口上沿连续小幅度震荡，某一日突然形成了向下跳空突破，且缺口不予回补，至此，孤岛顶部宣布完成。

孤岛形态非常易于识别，构成孤岛的要素是：向上的跳空缺口与向下的跳空缺口遥相呼应，两个缺口之间形成了互通的真空带，就像一座被彻底隔离开的孤岛一样，故此得名。

（二）孤岛顶的实战要点

孤岛顶是一种极为可靠的卖出形态，且其后的下跌空间难以估量，所以，当投资者持有形成孤岛形态的股票时，应在向下跳空的当日及时卖出，避免遭受重大损失（如图 4－72、图 4－73 所示）。

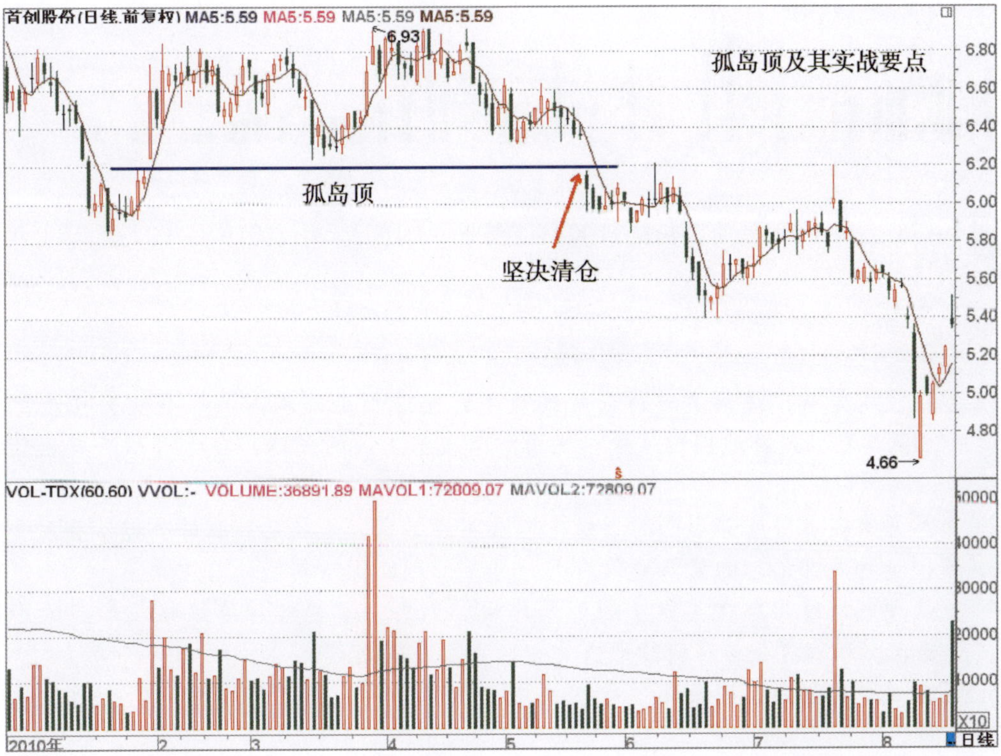

图 4－72

图 4－72 是 600008 首创股份的日 K 线走势图，时间是 2010 年 1 月 28 日至 2010 年 8 月 16 日。

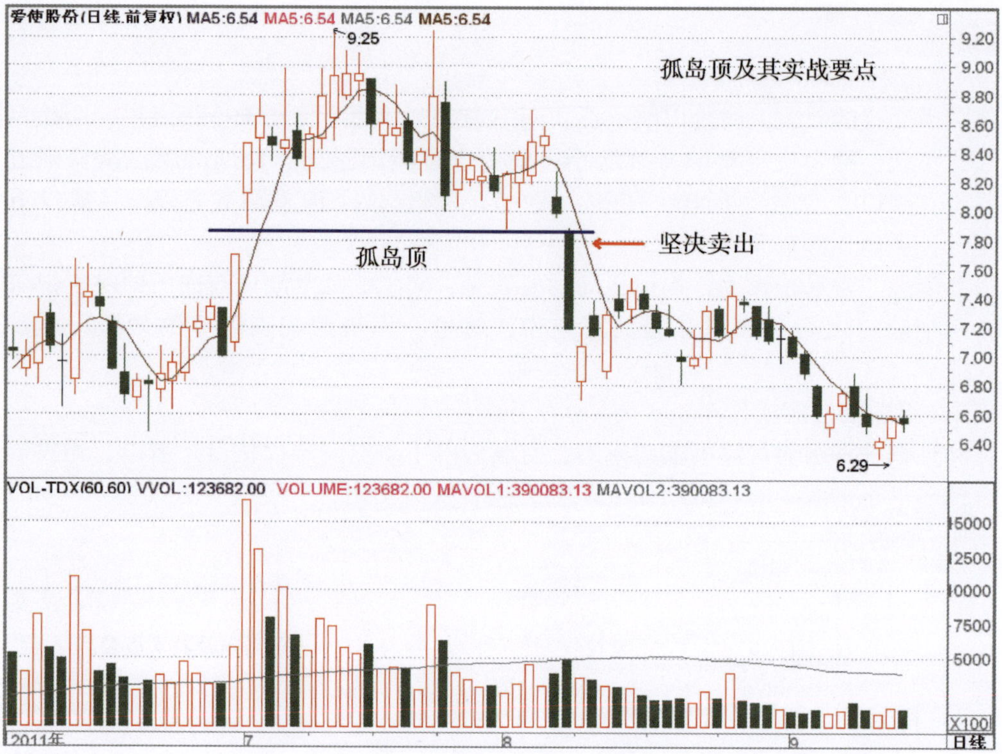

图4－73

图4－73是600652爱使股份的日K线走势图，时间是2011年6月3日至2011年9月15日。

本章要点

1. 形态技术是从中线角度进行分析的技术，使用形态技术，虽然不能买在最低点卖在最高点，但却可以较好地控制风险。使用形态技术成败的关键，在于对形态发出信号的执行力度。

2. 熟悉并掌握各种底部形态的形成机理及实战要点，是成功抄底的关键所在。

3. 掌握各种底部形态的量能变化情况，是正确判断形态真假的重中之重。

4. 正确理解持续形态在实战中的重要作用。熟悉并掌握各种持续整理形态的形成机理及实战要点。正确区分各种持续形态的相同点及不同之处。

5. 弄清缺口的形成机理及缺口在实战中的重要作用。熟悉并掌握不同性质的缺口所具有的不同的市场意义。

6. 重点掌握各种顶部形态的形成机理及实战要点，是保证资金安全的最重要的一环。

第五章

K线组合与形态的结合运用

形态是中线操作的重要依据之一。由于形态的形成时间较长，即便是中线操作，也需要把握时机。因为过早介入，不但会损失大量的时间成本，还会因形态还未完全形成而有失败的可能。如果介入过晚，又会错失较大的利润空间。相反，过晚退出，不但会丧失较大的利润空间，还有被套的危险；而过早退出，很可能因假形态造成错失黑马。

K 线组合是短线及波段操作的利器，但是在实战当中，往往会出现似是而非的组合，这就使得组合具有了较大的不确定性。将 K 线组合与形态结合起来运用，不但弥补了形态所欠缺的买卖时机，而且还可以因形态的支持，使得 K 线组合更具可靠性、实战性。本章将会详细阐述组合与形态结合应用的要点及操作方法。

第一节　底部形态与买入组合的结合运用

底部形态是股价见底或阶段性见底的标志，买入组合则是短线或波段买进的有力武器，将两者有机地结合起来，不但可以使组合更具可靠性，还能让投资者更好地把握底部形态的启动时机，让操作更加安全。

一、结合的实战意义

无论是短线或波段操作，还是中线操作，组合与形态的结合重点，都主要体现在对形态的确认及启动信号的真实可靠性上。对于短线或波段操作来说，依托底部形态，不但可以使短线或波段操作的安全系数大大提高，而且会让买入获利的成功率成倍增加。而对于中线操作来说，买入组合不但是对形态可靠性的确认，更是中线加仓的最佳时机。两者结合运用，既可以避免全仓压上造成过重的心理负担，从而在形态构造失败时能够轻松退出，又可以有效提高资金的利用率，大大减少因形态构造时间过长所浪费的时间成本。

二、示例讲解

下面是一组底部形态与买入组合的示例图，以及操作要点讲解（如图5－1至图5－6所示）。

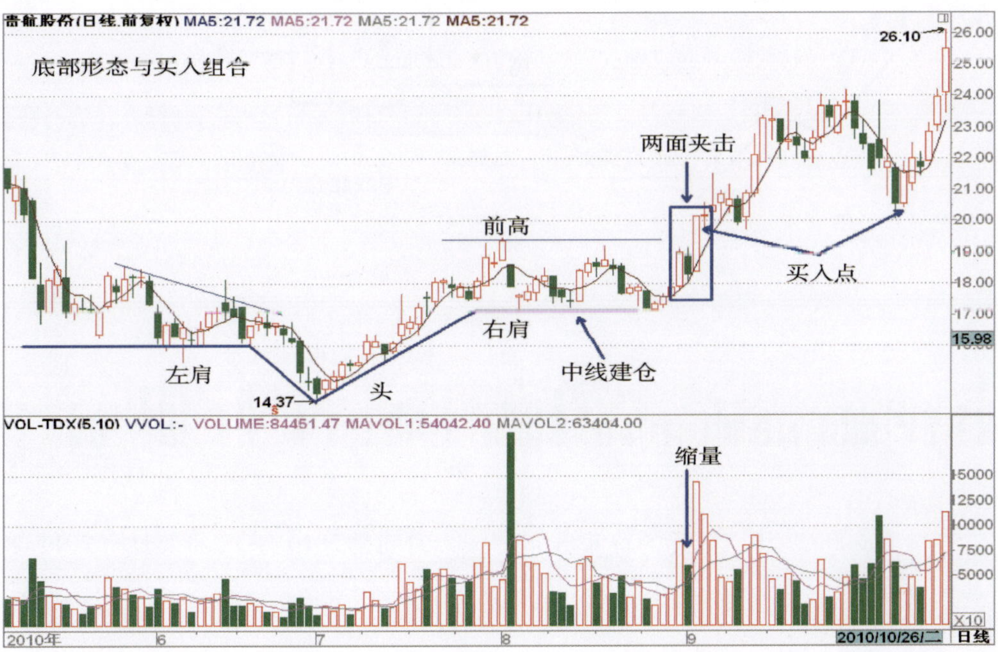

图5－1

图5－1是600523贵航股份的日K线走势图，时间是2010年5月6日至2010年10月26日。

操作讲解：

上图是一个相对标准的复合头肩底形态，左肩是一个下降三角形，右肩是一个矩形。在实战当中，右肩形成之前，我们是无法判定这将是一个头肩底形态的，所以也就不能抄到最低的价格。途中标注的中线建仓位置，原则上是一个较为理想的中线初步买入时机，因为当日的小阴线和前几日的锤头线，刚好形成了一条平衡线，根据左肩的形态，我们可以确定，右肩也将是一个形态，所以这是右肩的初步确认。

随后，两面夹击组合的出现，不但宣布头肩底的确立，也是头肩底形态启动的信号。两面夹击是一个买入组合，组合的第三根阳线，不但吞吃了前一日的阴线，还突破了右肩高点创出了反弹新高，这个时候，组合凭借头肩底形态的确立，不但短线或波段可以大胆买进，同时，也是中线加仓的最佳时机。

本示例的结合，需要注意买入组合的量能变化，突破创出新高时，成交量必须是放大的。量能的放大，不仅仅是组合本身的需要，也是形态确认后启动的信号。示例中标示的第二个买入点，实际上是对形态的回踩确认过程。需要说明的是，如果回踩时，股价跌回到右肩形态之内，那么头肩底形态即宣告失败，届时，投资者应无条件清仓出局。

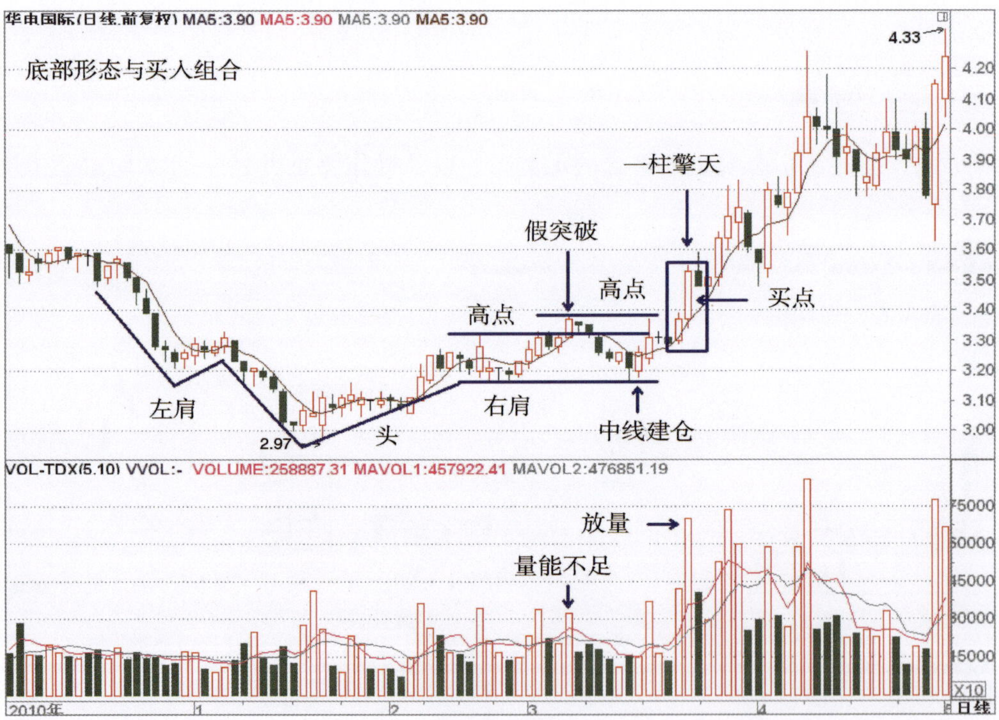

图 5－2

图 5－2 是 600027 华电国际的日 K 线走势图，时间是 2010 年 12 月 7 日至 2011 年 5 月 3 日。

操作讲解：

上图是一个变了形的头肩底形态，左肩比较标准，头是变形的，右肩形成之初还比较正常，但随着假突破的出现，不但延长了右肩的构筑时间，形态也变成了矩形整理形态。我们看到，示例中标注的假突破点，伴随的成交量明显不足，底部形态向上突破时的量能，还没有头部时的量能大，这显然不合常理。在这种情况下，如果突破是真实的，那么转日一定会有一个补量出现，但是转日的走势非但没有继续向上，且成交量快速缩小，所以完全可以认定突破是假的。

随后，股价开始回落，并在之前右肩的低点附近企稳回升，同时形成了一条平衡线，这个时候可以初步对头肩底形态进行确认了，所以也可以中线开始适当建仓了。示例中一柱擎天组合的出现，不但确立了头肩底形态的可靠性，也同时发出了启动信号。组合中大阳线突破的当日，不但短线或波段操作可以大胆进场，中线操作也到了加仓的时机。

图 5－3

图 5－3 是 000572 海马汽车的日 K 线走势图，时间是 2010 年 5 月 12 日至 2010 年 11 月 10 日。

操作讲解：

上图也是一个不规则的头肩底形态，左肩的构造类似矩形，右肩中的低点只有一个，且一直到突破时才确认是一个上升三角形。由于这个底部构造很不规范，所以并未给出中线建仓的信号，按照实战纪律，在没有给出明确信号之前，是不可以轻易建仓的，所以，本示例的中线建仓时机和短线或波段操作是同一个买点。

示例中，一网打尽组合的大阳线，不但有大幅度放量配合，也完全突破了左右双肩的高点，所以，大阳线当日即是短线或波段的买点，同时也是中线进场的最佳时机。或许有读者不以为然，认为一网打尽组合中的大阳线之前，完全可以中线进场。这种想法，是极其错误的，在右肩没有初步确认之前，贸然进场是很危险的，一旦形态失败，就会遭受不必要的损失，希望投资者能明白其中的道理。

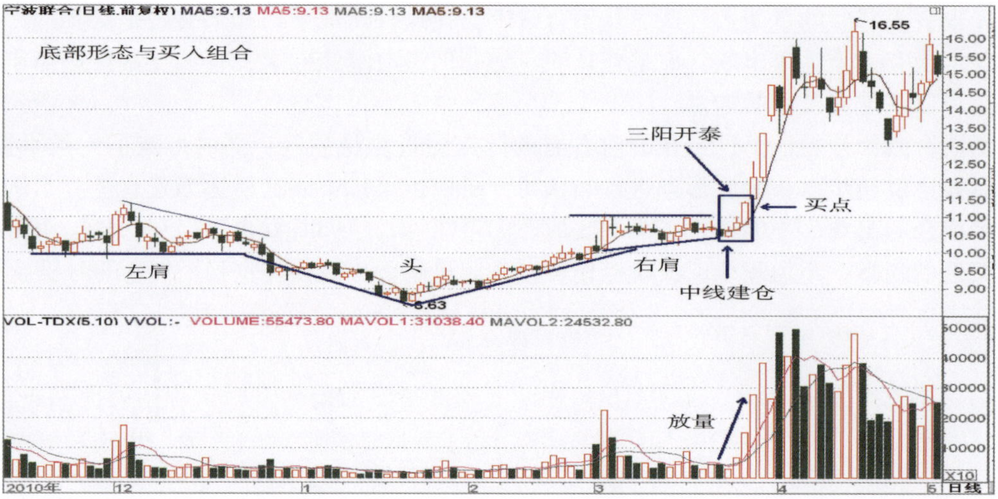

图 5 –4

图 5 –4 是 600051 宁波联合的日 K 线走势图，时间是 2010 年 11 月 12 日至 2011 年 5 月 4 日。

操作讲解：

上图是一个比较标准的复合头肩底形态，左肩是一个下降三角形，而右肩则是一个上升三角形，右肩构筑过程中，低点回升后的高点，刚好与前期的高点形成平衡线，这个时候头肩底得到了初步确认。示例中三阳开泰的第一根小阳线，与前一日的小阴线形成了阴阳双锤，从而发出了企稳信号，同时也勾画出了上升三角形，这个时候，三阳开泰中的第一根小阳线当日，就是中线建仓的信号。随后，股价又连续拉出了两根阳线，且阳线实体一日比一日大，不但形成了三阳开泰组合，也确立了头肩底形态的可靠性，同时还发出了启动信号。

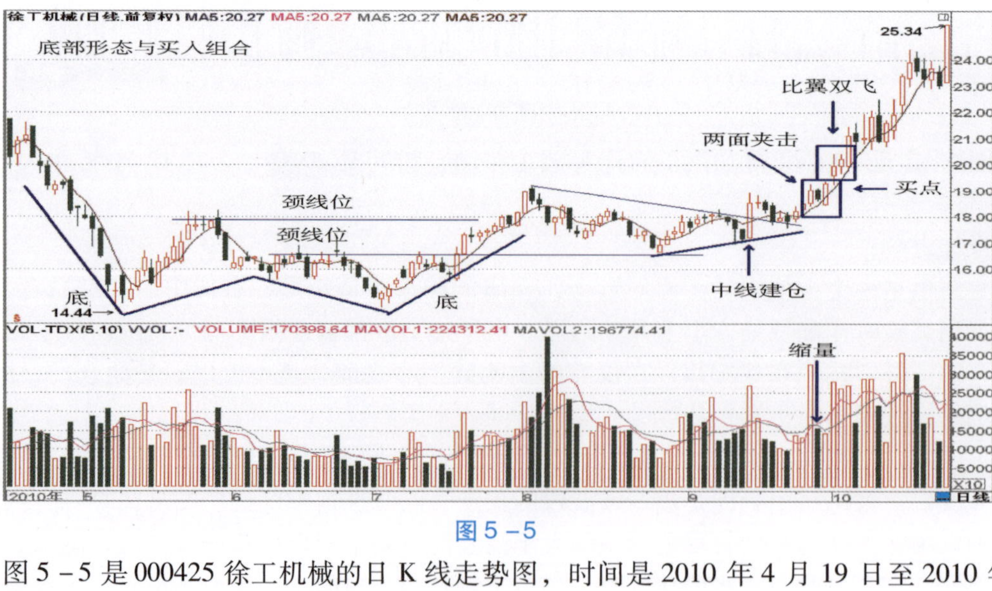

图 5 –5

图 5 –5 是 000425 徐工机械的日 K 线走势图，时间是 2010 年 4 月 19 日至 2010 年 10 月 29 日。

操作讲解：

上图是一个不太规范的双底形态，两个底部低点比较正常，但是颈线位却出现了两个，这就给后面回踩确认的复杂性埋下了伏笔。从图中可以看到，双底形成后，股价依次突破了两个颈线位高点，随后开始连续回落，最后在下面的颈线位企稳回升，但随后却在上面的颈线位遇阻回落，二次企稳时拉出了一根大阳线，突破了上面的颈线位。这个时候，形态已经基本形成。

将之前的高点与颈线位回落时的位置连线，再将下面颈线位企稳时与大阳线突破的低点连线，刚好是一个标准的对称三角形，且大阳线当日已经突破了对称三角形的上轨线，所以大阳线当日就是中线建仓时机。由于大阳线并未创出新高，所以短线还不能贸然进场。随后，股价再次回落，回踩了三角形的上轨线后，股价回升时走出了两面夹击组合，这个时候才是短线或波段的最佳进场时机，同时也是中线加仓的时机。两面夹击组合之后，竟然罕见地再一次出现了比翼双飞买入组合，这就更加确立了买入的可靠性。

图 5－6

图 5－6 是 600148 长春一东的日 K 线走势图，时间是 2010 年 3 月 23 日至 2010 年 12 月 1 日。

操作讲解：

上图是一个比较标准的复合头肩底形态，左肩是一个对称三角形，右肩是一个矩形。图中，右肩标注的中线建仓打了一个问号，读者一定会有疑问。这个将会在后面的注意事项中给出解答，这里暂且不表。

右肩的大阳线虽然收盘价高于之前的收盘价，但是却未创出新高，所以并不适合买进。而转日放量创出了新高，但量价关系极不正常，所以也不是买入信号。这种情况下，投资者一定要控制自己的心态，量价关系的不合理极有可能造成形态的失败。随后，买入组合出现，这时才是正确的买进时机。

三、示例作业

下面的一组示例，笔者已经进行了部分标注，但没有操作讲解，留给读者自己进行分析，并将标注补充完整。读者可将完成的作业，通过本书留下的电子邮箱发给笔者，笔者会认真对待读者的作业，给予批示及打分，并给出详细的意见（如图5－7至图5－10所示）。

图5－7

图5－7是600375星马汽车的日K线走势图，时间是2010年4月16日至2010年10月22日。

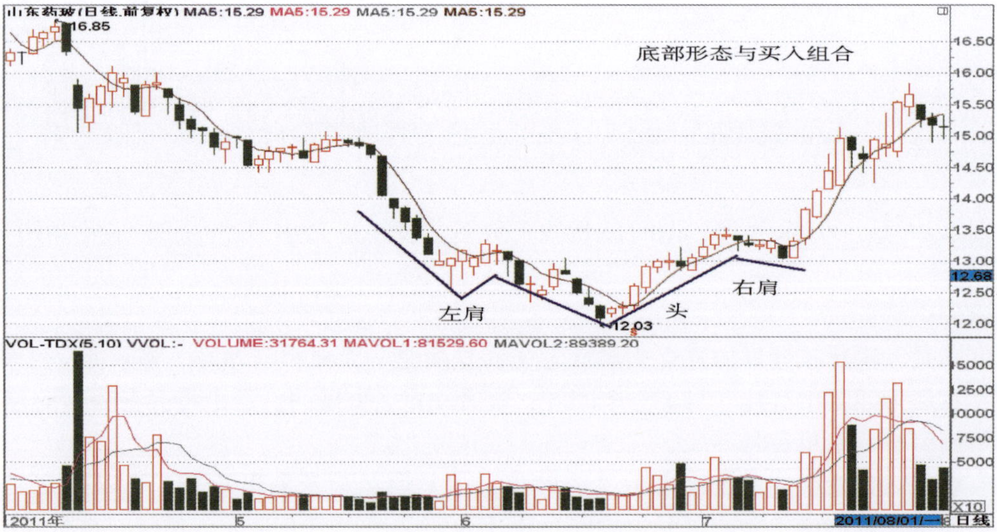

图5－8

图5－8是600529山东药玻的日K线走势图，时间是2011年3月31日至2011年8月1日。

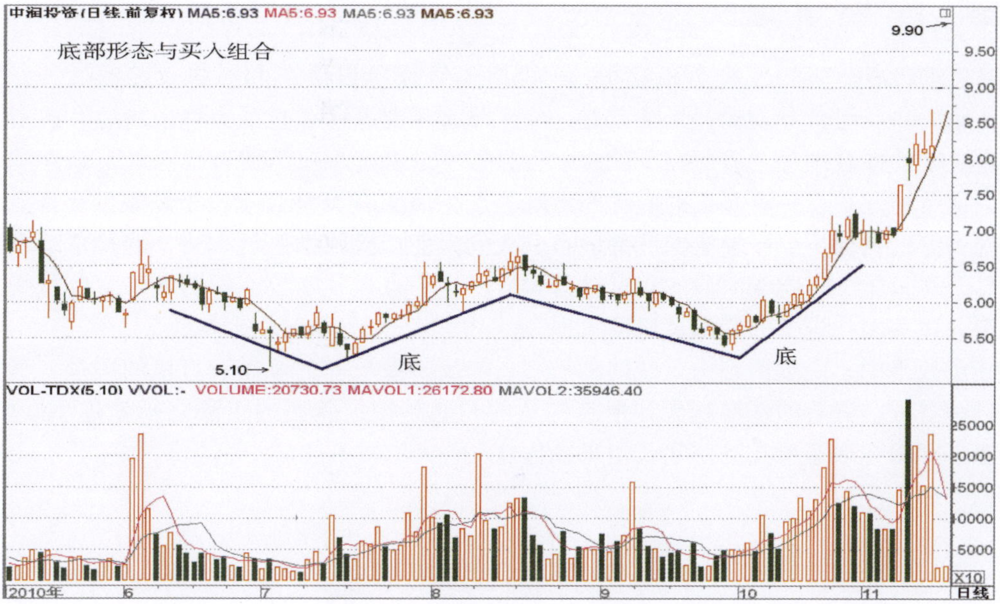

图 5 -9

图 5 -9 是 000506 中润投资的日 K 线走势图，时间是 2010 年 5 月 11 日至 2010 年 11 月 23 日。

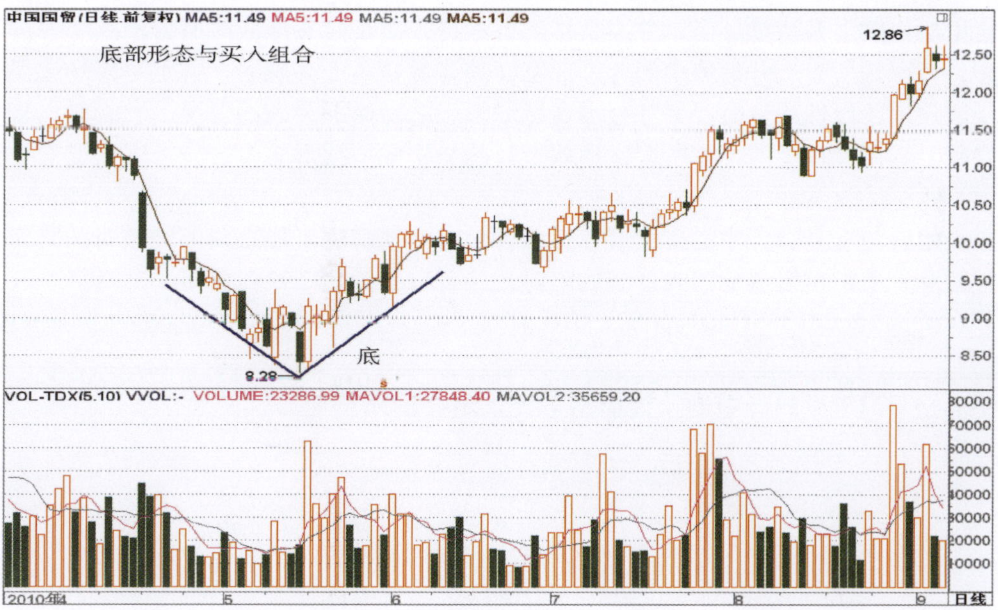

图 5 -10

图 5 -10 是 600007 中国国贸的日 K 线走势图，时间是 2010 年 3 月 24 日至 2010 年 9 月 6 日。

四、注意事项

在之前笔者出版的《操盘赢家①——图解均线操盘口诀》和《操盘赢家②——图解量价关系》中，已经数次讲过，底部是一个区域而不是某个价位或点位，所以，投资者必须树立正确的抄底理念，避免在下跌途中盲目抄底。底部形态需要有足够的下跌空间才能形成，通常情况下，一个真正的底部的出现，至少需要有50%以上的下跌幅度支持。在下跌空间不够的情况下，所形成的底部形态，我们只能以阶段性底部看待，这种情况下的底部形态，也只能从短线或波段的角度进行操作。这一点极其重要，投资者一定要重视并正确对待，以免因认识上的错误造成巨大损失。

在实战当中，底部形态构筑时间的长短，与反转或反弹的幅度有直接的关系，形态构筑的时间越久，其后的涨幅越大；形态构筑的时间越短，其后的上涨空间就越小。所以，投资者必须根据形态形成的时间长短来操作。

第二节 上升持续形态与买入组合的结合运用

一、结合的实战意义

这里所讲的上升持续形态，并不是指形态本身，而是形态形成时所处的趋势方向。在实战中，并不是所有上升趋势中的持续形态，最终都是向上突破的，特别是市场或股价已经处于高位或阶段性高位时，往往会出现持续形态之后向下突破的情况，或者是出现假的向上突破，随即又掉头向下。所以，确认上升趋势中的持续形态时，向上突破的有效性极为重要。

买入组合与上升趋势中的持续形态相结合，有效地解决了形态向上突破时的真实性及可靠性问题，不但可以避免陷入形态的陷阱，还可以较为精准地把握买入时机。

二、示例讲解

下面是一组上升趋势中的持续形态与买入组合的示例图，以及操作要点讲解（如图5－11至图5－15所示）。

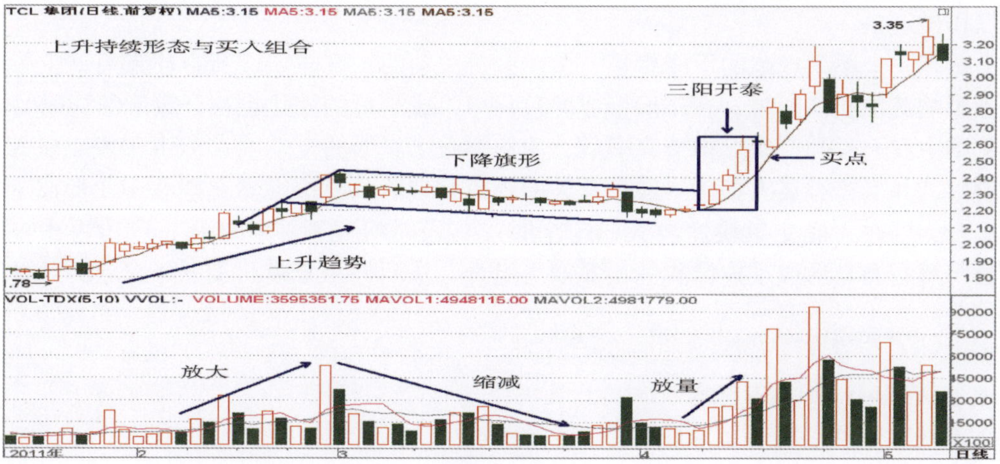

图 5-11

图 5-11 是 000100TCL 集团的日 K 线走势图，时间是 2011 年 1 月 13 日至 2011 年 5 月 12 日。

操作讲解：

上图是一个比较标准的下降旗形，形态在形成期间，成交量明显缩减，这完全符合下降旗形的要点。随后，股价突破了旗形的上轨线，并形成了三阳开泰组合。一些读者可能会觉得笔者标注的买点太高了，实际上这是操作的要求，或者说是操作纪律。

组合中第二根阳线虽然突破了旗形的上轨线，但是却没有创出反弹新高，这个时候如果买入，会存在较大的风险。虽然我们在第三根阳线买入会增加一些成本，但是却可以最大限度地保证资金安全。第二根阳线虽然突破了旗形的上轨线，但却隐含着形态有改变的可能性。在股价还未完全走出来之前，主观臆断就是下降旗形是不可取的，只要股价还没有收盘在新高之上，就有形成未知形态的可能性，而未知形态很可能会改变市场的趋势方向。所以，买入组合不但确立了形态的可靠性，而且是买入的真正时机。

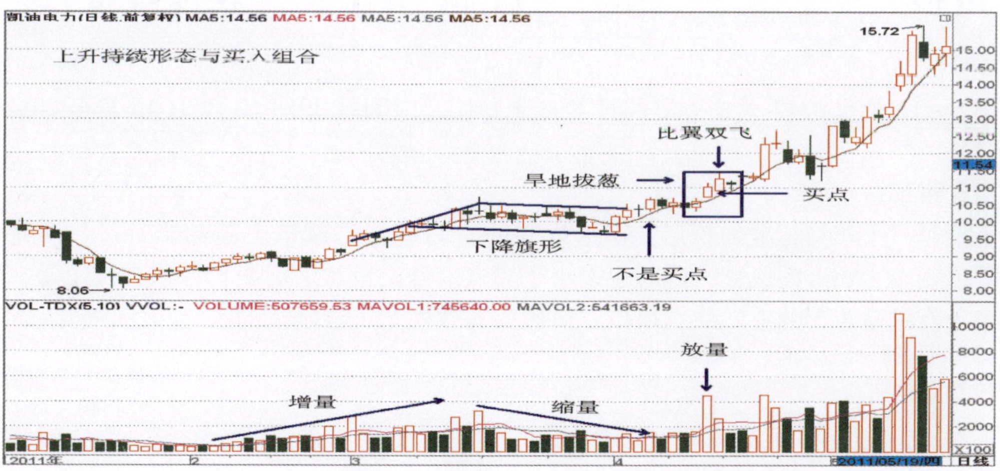

图 5-12

图 5-12 是 000939 凯迪电力的日 K 线走势图，时间是 2011 年 1 月 7 日至 2011 年 5 月 19 日。

操作讲解：

上图是一个不太规范的下降旗形，由于股价波动的幅度较小，所以旗形有些变形，但这并不影响其性质。同时，在旗形形成的过程中，成交量的变化也符合旗形的构成要素。

从图中我们看到，旗形构造完毕后，股价突破了旗形的上轨线，但由于成交量并未放大，所以，并不符合买入条件。经过几天的小幅整理后，股价突然跳空收阳，形成了旱地拔葱组合，同时，成交量快速放大，这个时候买入时机成熟了。转日，股价再次报收阳线，且与跳空当日形成了连体式的比翼双飞组合，从而进一步确认了下降旗形的可靠性。

图 5－13

图 5－13 是 600747 大连控股的日 K 线走势图，时间是 2010 年 12 月 15 日至 2011 年 4 月 25 日。

操作讲解：

上图是一个较为标准的矩形，矩形成立的时间刚好是放量突破的当日。一网打尽组合，不但宣布了矩形的成立，同时也发出了买入信号。虽然之后股价并未连续上涨，但是回调也没有跌破矩形的上轨线，所以，突破的有效性是可以确认的。

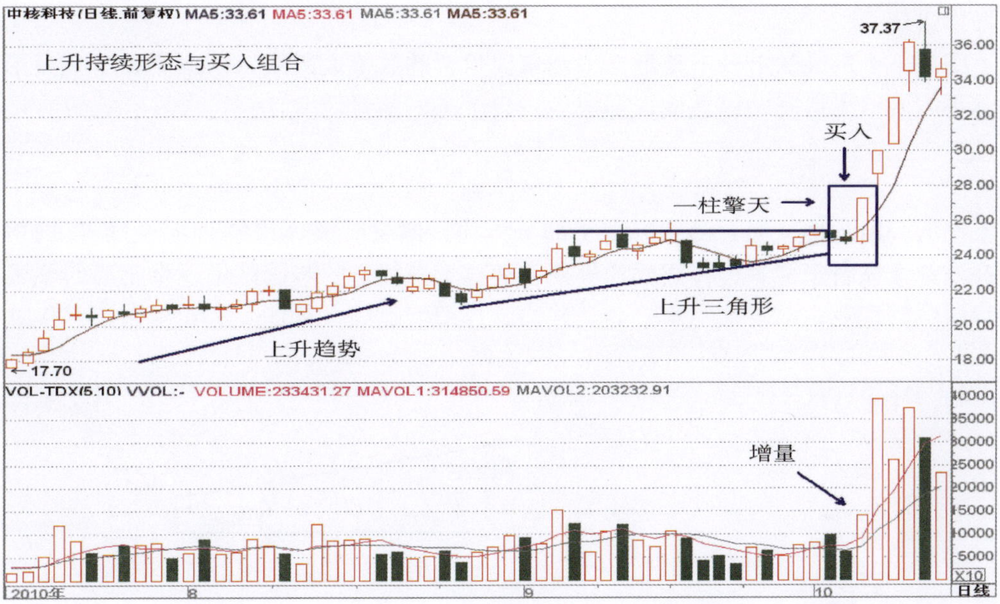

图 5－14

图 5－14 是 000777 中核科技的日 K 线走势图，时间是 2010 年 7 月 16 日至 2010 年 10 月 25 日。

操作讲解：

上图是一个标准的上升三角形，一柱擎天组合的放量大阳线，一举突破了三角形的上轨线，不但确立了形态的可靠性，同时也发出了买入信号。

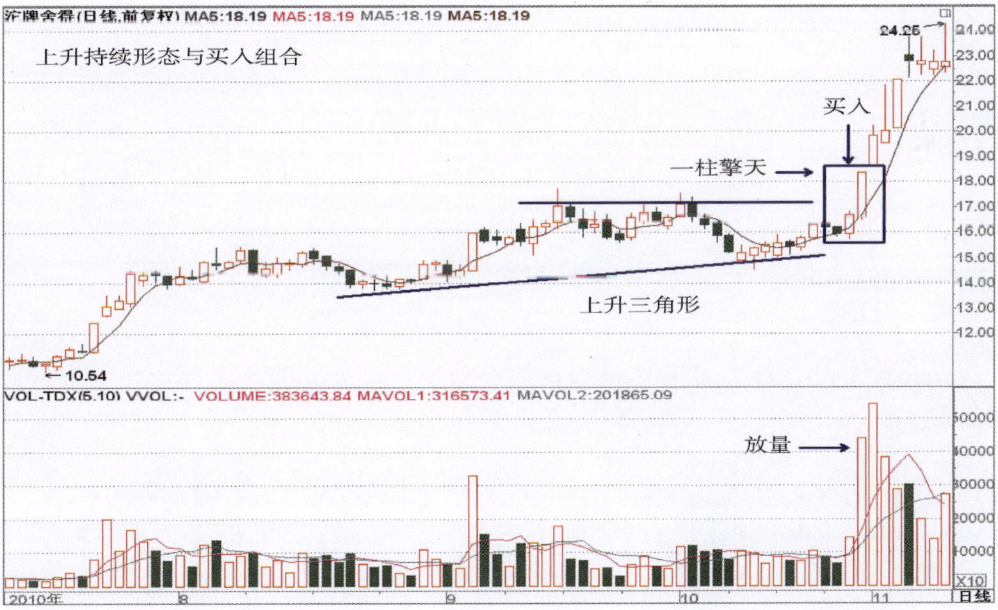

图 5－15

图 5－15 是 600702 沱牌舍得的日 K 线走势图，时间是 2010 年 7 月 13 日至 2010 年 11 月 10 日。

操作讲解：

上图是一个标准的上升三角形，一柱擎天组合的放量大阳线，一举突破了三角形的上轨线，不但确认了形态的可靠性，同时也发出了买入信号。

三、示例作业

下面的一组示例，笔者已经进行了部分标注，但没有操作讲解，留给读者进行分析，并将标注补充完整。读者可将完成的作业，通过本书留下的电子邮箱发给笔者，笔者会认真对待读者的作业，给予批示及打分，并给出详细的意见（如图 5－16 至图 5－20 所示）。

图 5－16

图 5－16 是 000636 风华高科的日 K 线走势图，时间是 2010 年 4 月 16 日至 2010 年 11 月 11 日。

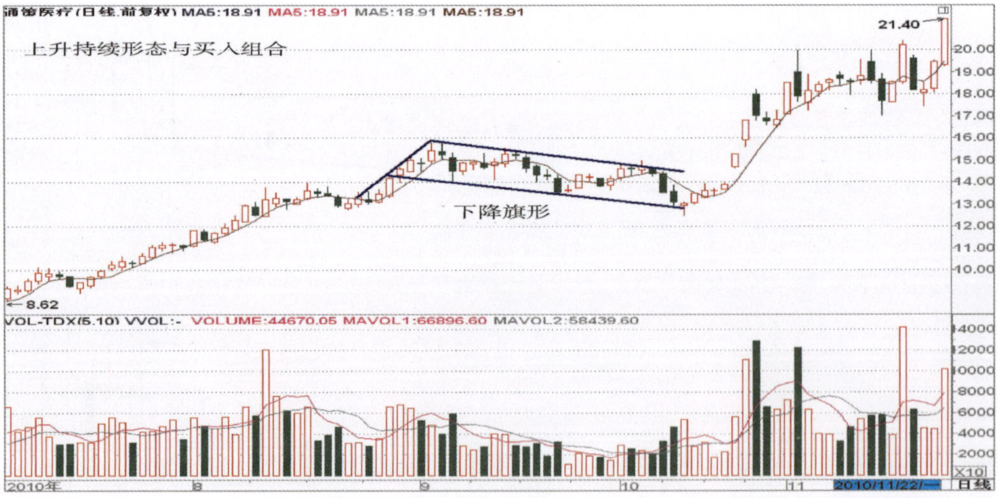

图 5－17

图 5－17 是 600763 通策医疗的日 K 线走势图，时间是 2010 年 7 月 7 日至 2010 年 11 月 22 日。

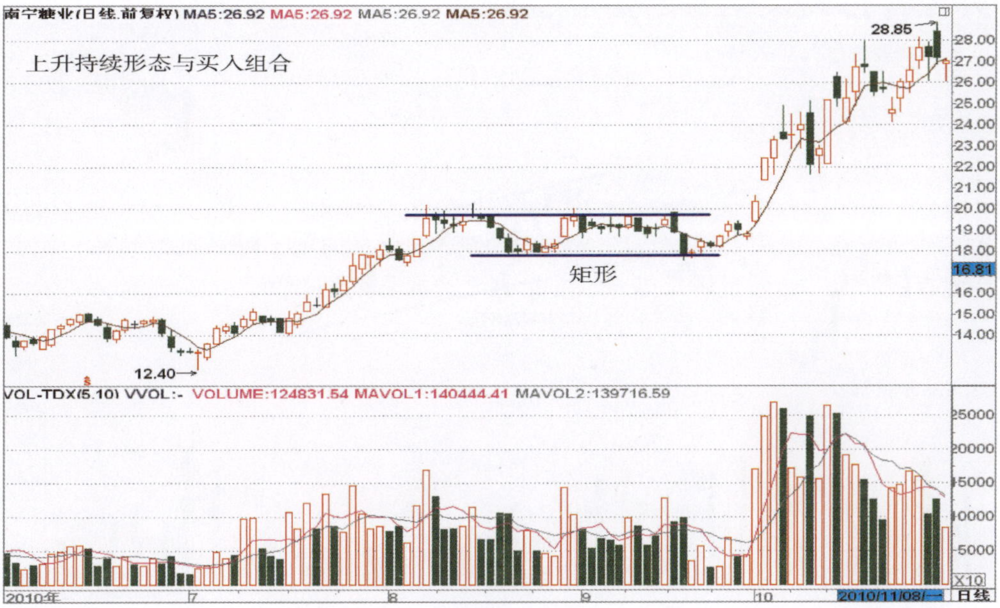

图 5－18

图 5－18 是 000911 南宁糖业的日 K 线走势图，时间是 2010 年 5 月 31 日至 2010 年 11 月 8 日。

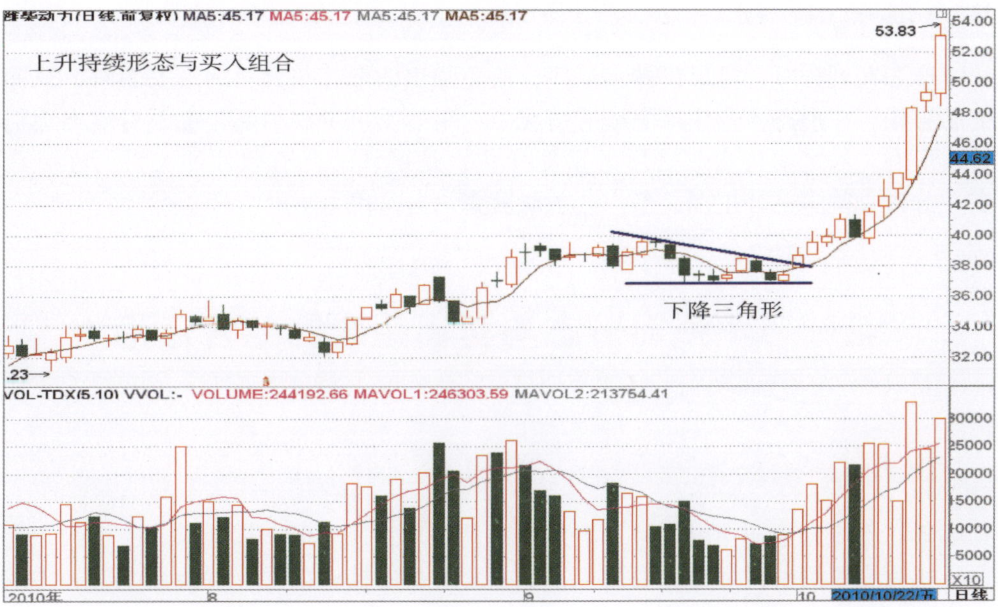

图 5－19

图 5－19 是 000338 潍柴动力的日 K 线走势图，时间是 2010 年 7 月 13 日至 2010 年 10 月 22 日。

图 5－20

图 5－20 是 600815 厦工股份的日 K 线走势图，时间是 2010 年 10 月 22 日至 2011 年 3 月 14 日。

四、注意事项

持续形态在划分时，应尽量看远一些，避免画出的形态与真实的形态不符，从而造成操作上的失误。在形态还未构筑完毕的情况下，千万不可主观臆断，更不可贸然地提前进场。持续形态突破之前与突破之后的量能变化，是确认形态有效性的关键所在。在实战中，多一分耐心就多一分把握，多一分急躁就多一分危险。

第三节　顶部形态与卖出组合的结合运用

一、结合的实战意义

顶部形态本身是中期卖出信号，但是并不是所有的顶部形态都会形成真正的顶部，很多时候，主力为了清洗获利盘，以及打击上方套牢盘的持有信心，就会在上升途中或者是阶段性调整时，制造出形似顶部的形态。所以，辨别顶部形态的真伪，以及把握正确卖点，是保护资金安全的重中之重。

顶部形态形成的初期及中期，我们是无法辨别的，只有在形态形成后期，才能作出判断。但是，要想正确地判断形态的真假，并不是一件容易的事。特别是对于中线投资者来说，如果处理不当，不但面临资金大幅度缩水的危险，同时也面临错失黑马的可能。

卖出组合是短线或波段起跌信号，同时也具有趋势转向或即将转向的预警作用。将卖出组合与顶部形态结合起来，既可以给短线或波段操作者提供及时卖出的信号，也可以确认顶部形态的真假，为中线投资者退出市场提供有力的支持。

二、示例讲解

下面是一组顶部形态与卖出组合的示例图，以及操作要点讲解（如图 5－21 至 5－25 所示）。

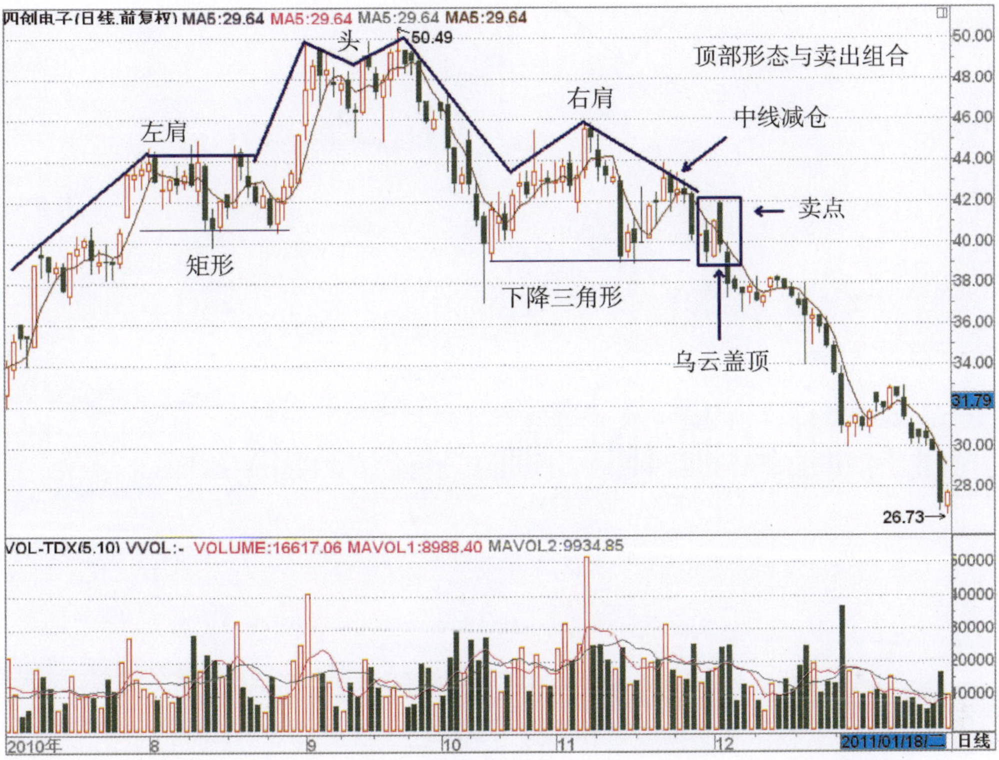

图 5－21

图 5－21 是 600990 四创电子的日 K 线走势图，时间是 2010 年 7 月 5 日至 2011 年 1 月 18 日。

操作讲解：

上图是一个比较标准的复合头肩顶形态，左肩是一个矩形，头部是一个小双头，而右肩则是一个下降三角形。右肩中阴线或大阴线之后的反弹过程，每一天都是中线减仓的时机，因为大阴线之后，右肩下轨线的平衡线已经形成，同时头肩顶的雏形也已经完全勾画出来。

随后，股价虽然连续反弹，但是也仅仅是吃掉了大阴线就开始回落，数日的反弹都没能迅速形成反攻，已经显露出多方力竭的迹象。当股价再一次回到下方平衡线时，虽然出现了反弹，但转日即形成了乌云盖顶组合。乌云盖顶组合的出现，完全确认了头肩顶形态的真实性，不但向短线或波段追高的投资者发出了止损卖出信号，也向中线投资者发出了清仓信号。

图5－22

图5－22是000524东方宾馆的日K线走势图，时间是2010年8月13日至2011年2月10日。

操作讲解：

上图是一个非常经典的三重顶形态，第二个头部形成后，股价回落过程出现了顺流而下卖出组合，这个时候中线必须要减仓，因为前面已经形成了双头，同时股价跌破了双头的颈线位，且出现了卖出K线组合，所以，为了安全起见，必须减仓。随后，股价反弹又回到了颈线位上方，但是在没向上突破前，中线是不可以补仓的。接着，形成了第三个头，股价又一次回落，且出现了第二个顺流而下的卖出组合，这个时候不但是对前面双头的肯定，同时也宣布三重顶的确立，所以，中线清仓是必须执行的。

或许会有读者不以为然，觉得第三个头部位置应该清仓，这种想法是错误的。在后面还未破位的情况下，就妄言顶部并不是正确的思维，因为在还未破位的情况下，整个大的趋势依旧是向上的，同时，也有形成中继形态的因素，而中线操作，则必须遵守中线纪律，只要还未发出明确的中线卖出信号，就不能主观臆断地认为见顶了。

当出现第二个顺流而下的卖出组合时，短线或波段的追高者应在第一时间止损出局。按照短线操作纪律，卖出的时机，原则上应该是股价跌破前面双头的颈线位时。而当股价跌破第一个卖出组合中大阴线之后的小阳线的收盘价时，则是最后的卖出极限位。

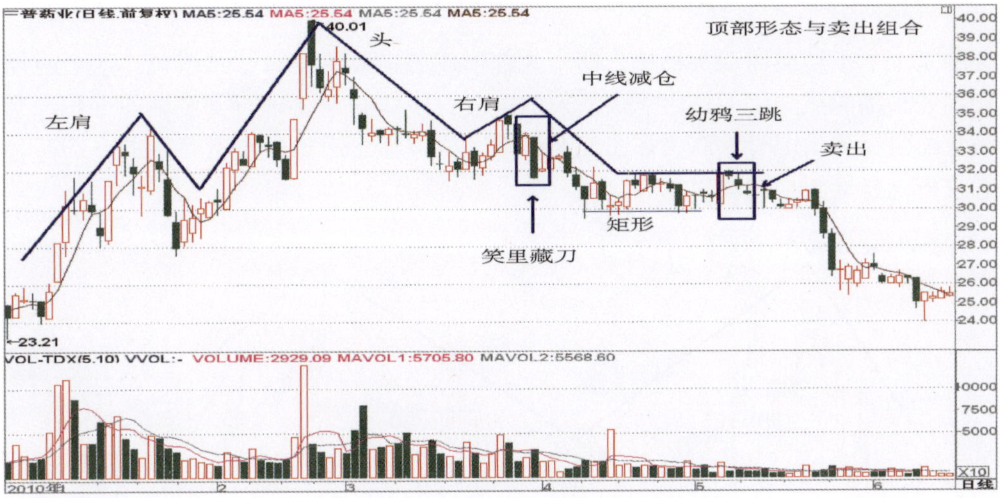

图 5－23

图 5－23 是 600869 三普药业的日 K 线走势图，时间是 2010 年 12 月 20 日至 2011 年 6 月 15 日。

操作讲解：

上图是一个变了形的头肩顶形态，左肩和头部比较正常，但是右肩却分成了两个部分。第一个部分中，股价反弹到左肩的高点后开始回落，并且出现了笑里藏刀的卖出组合，这个时候原则上是要中线减仓的，因为股价反弹到左肩高点就回落，说明多方做多的信心严重不足，虽然右肩还未形成，但是卖出组合的出现，已经发出了警告，所以减仓是明智的选择。

随后，股价开始构筑右肩的第二个部分，随着矩形的形成，出现了第二个卖出组合幼鸦三跳，这个时候短线或波段追高者应立即止损出局，中线的投资者也到了清仓的时候。

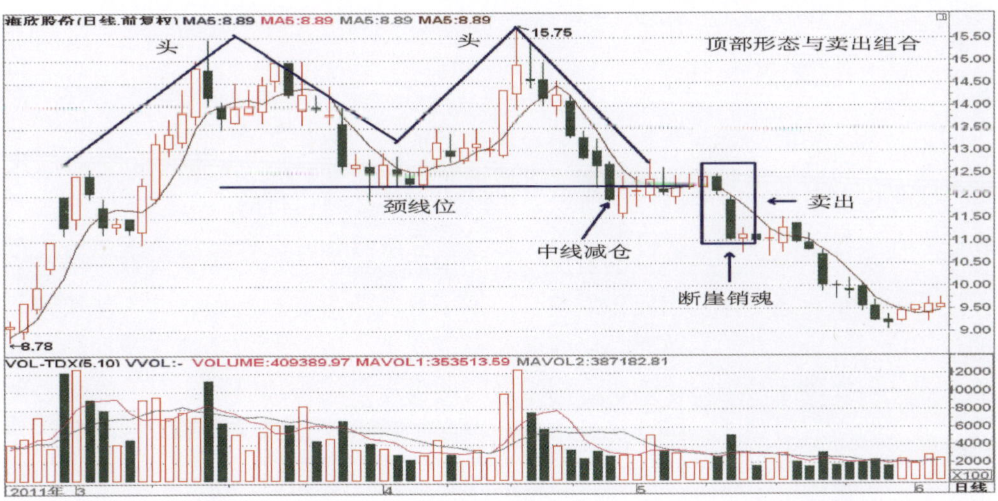

图 5－24

图 5－24 是 600851 海欣股份的日 K 线走势图，时间是 2011 年 2 月 22 日至 2011 年 6 月 3 日。

操作讲解：

上图是一个很经典的双头形态，两个头部形成后，股价跌破了颈线位，这个时候虽然还不能确认头部的成立，但是由于颈线位的失守，中线必须要进行安全性的逐步减仓。当卖出组合断崖销魂出现时，双头形态完全确立，所以清仓退出是没有疑问的，同时，短线追高者也应该立即止损出局以策安全。

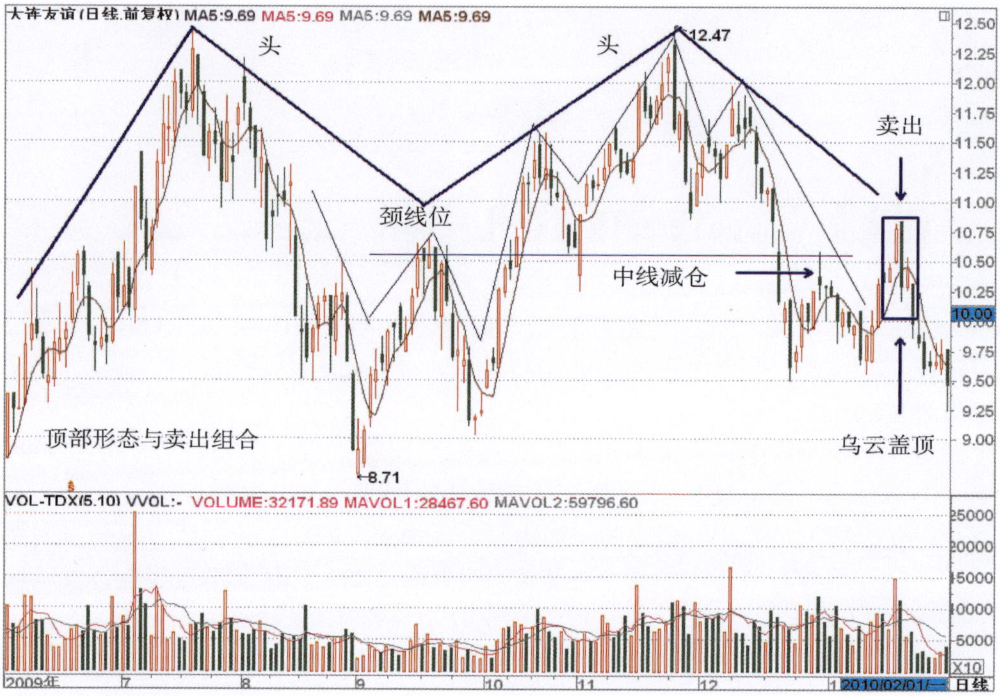

图 5－25

图 5－25 是 000679 大连友谊的日 K 线走势图，时间是 2009 年 6 月 3 日至 2010 年 2 月 1 日。

操作讲解：

上图是一个大型的复合双头形态，第一个头形成后，股价连续回落，随即形成了一个小双底形态，小双底支撑股价连续反弹，又形成了一个小型的头肩顶形态，构成了另一个大的头部。

当第二个头部中的小型头肩顶的右肩构筑完毕后，我们还不能确认大双头的成立，因为下方还有一个小双底支撑。当股价回落到前期小双底获得支撑反弹，却不能快速收复小双底的颈线位，股价就开始回落时，中线就需要减仓了，因为股价不能快速回到小双底的颈线位上方，即便形成持续形态，也会因上方的两个大型的头部压制，而无法向上突破。

股价再次回落后得到了支撑，又一次向上发起了攻击，且突破了小双底的颈线位，可是，随后立即出现了乌云盖顶卖出组合，这时，大的双头形态完全确立，所以不但短线要立即退出，中线也应该清仓出局。

三、示例作业

下面的一组示例，笔者已经进行了部分标注，但没有操作讲解，留给读者自己进行分析，并将标注补充完整。读者可将完成的作业，通过本书留下的电子邮箱发给笔者，笔者会认真对待读者的作业，给予批示及打分，并给出详细的意见（如图 5 – 26 至图 5 – 30 所示）。

图 5 – 26

图 5 – 26 是 600895 张江高科的日 K 线走势图，时间是 2011 年 1 月 14 日至 2011 年 6 月 14 日。

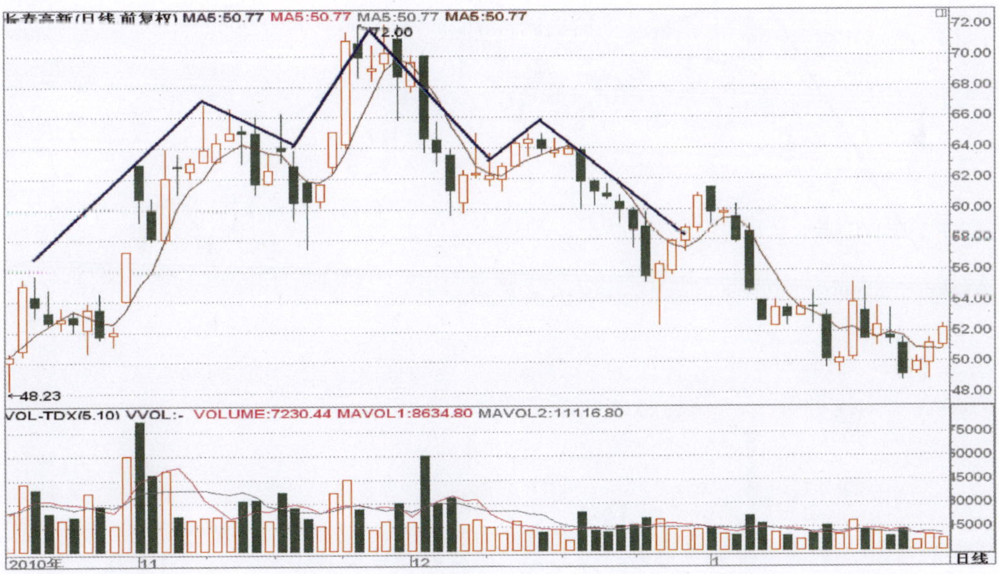

图 5 – 27

图 5 – 27 是 000661 长春高新的日 K 线走势图，时间是 2010 年 10 月 18 日至 2011 年 1 月 28 日。

图5－28

图5－28是600976武汉健民的日K线走势图，时间是2010年9月21日至2011年5月11日。

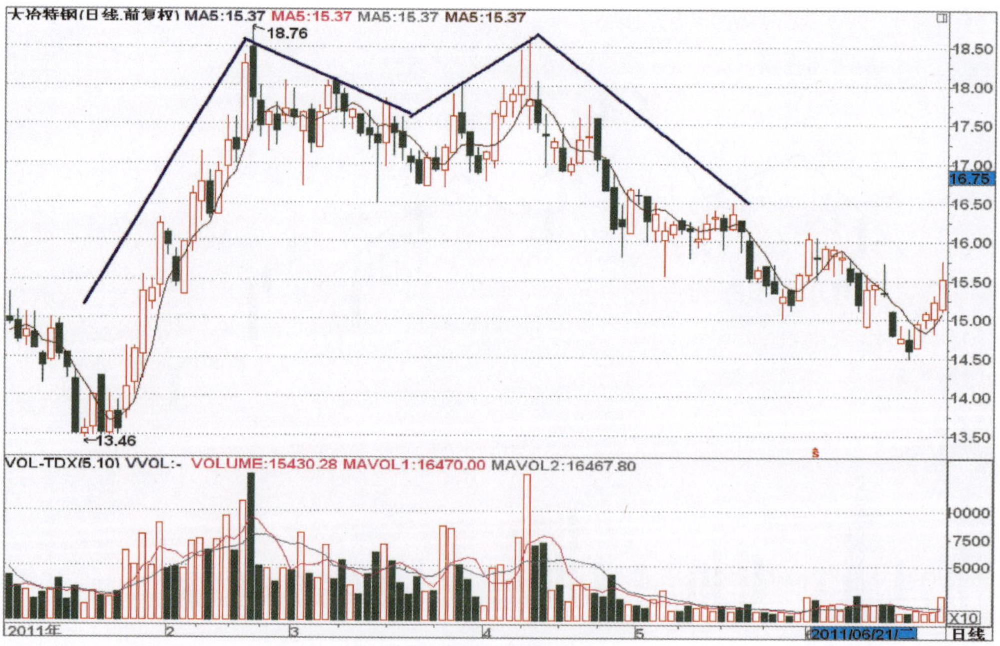

图5－29

图5－29是000708大冶特钢的日K线走势图，时间是2011年1月5日至2011年6月24日。

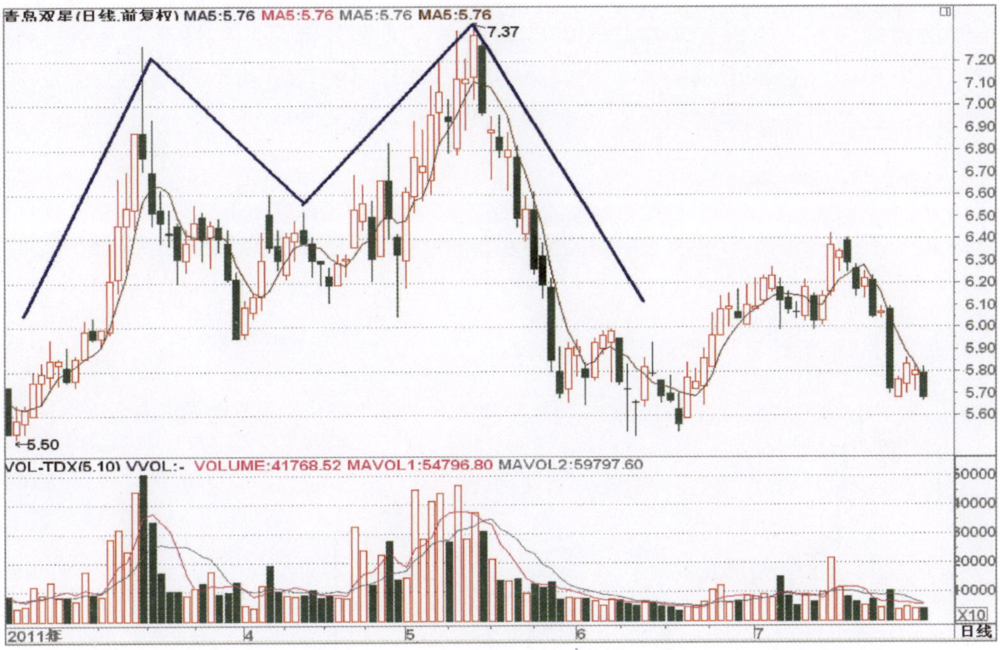

图 5－30

图 5－30 是 000599 青岛双星的日 K 线走势图，时间是 2011 年 2 月 22 日至 2011 年 7 月 29 日。

四、注意事项

对顶部进行判断时，要注意市场或股价，以及上涨时间的长短和涨幅的大小。通常情况下，上涨时间越长，上涨幅度越大，出现顶部形态时，形态的真实性也就越高。顶部形态形成的过程，也是主力最后出货的过程，所以，流通盘的大小，也是决定形态构筑时间长短的重要因素之一。流通盘大的股票，形成顶部时，大多数都会构筑大型的头部形态；相反，流通盘小的股票，其顶部构筑的时间大多数都很短。所以，如果大盘股构筑顶部形态的时间很短，通常都是假的头部形态，而小盘股如果构筑顶部的时间较长，大多都是上涨中继性质的假头部。当然，上面所述并不是绝对的，但却是很重要的分析因素之一。

第四节　下降持续形态与卖出组合的结合运用

一、结合的实战意义

当市场或股价进入到下跌趋势后，大多数短线或波段操作的投资者，都难以控制自己而长时间观望，况且，市场本身也不会只有下跌没有反弹，所以，熊市中也可以进行较大级别的反弹操作。但是，短线或波段操作的散户，必须要尊重市场，不能赌徒式地全仓押上，控制仓位的同时，更要执行技术上发出的买卖信号。

下降持续形态，指的并不是形态本身，而是指市场或股价的整体趋势是下降的，读者千万不要混淆这一点。下跌趋势中出现的持续形态，大部分都是超跌性质的反弹，当反弹结束时，向下突破几乎是市场的共识，但是由于反弹时间的长短和反弹幅度的大小是散户无法把握的，这个时候，卖出组合就可以帮助我们确认退出的时机。

二、示例讲解

下面是一组下降持续形态与卖出组合的示例图，以及操作要点讲解（如图 5－31 至图 5－35 所示）。

图 5－31

图 5－31 是 600725 云维股份的日 K 线走势图，时间是 2011 年 3 月 22 日至 2011 年 9 月 16 日。

操作讲解：

上图是一个比较标准的上升楔形，在股价反弹过程中，越向上走波动的幅度越小，这实际上已经向投资者发出了警告，因为上升楔形本身就是下跌中继形态，股价向上突破的概率远远小于向下突破的概率，这个时候出现断崖销魂卖出组合，不但确认了持续形态的性质，也给出了强烈的卖出信号。

在实战中，当股价向下跳空开盘时，就应该做好出局的准备，一旦跌破了上升楔形的下轨线，投资者就不能再抱有任何幻想，应立即清仓退出。

图 5-32

图 5-32 是 000016 深康佳 A 的日 K 线走势图，时间是 2010 年 4 月 27 日至 2011 年 1 月 31 日。

操作讲解：

上图是一个上升旗形持续形态，原则上，当上轨线形成后，涨停之后股价不能向上突破上轨线，就应该开始减仓。当股价再一次向上触及上轨线时，出现了顺流而下卖出组合，大阴线直接将股价打到了下轨线之下，这个时候，投资者应立即清仓出局。

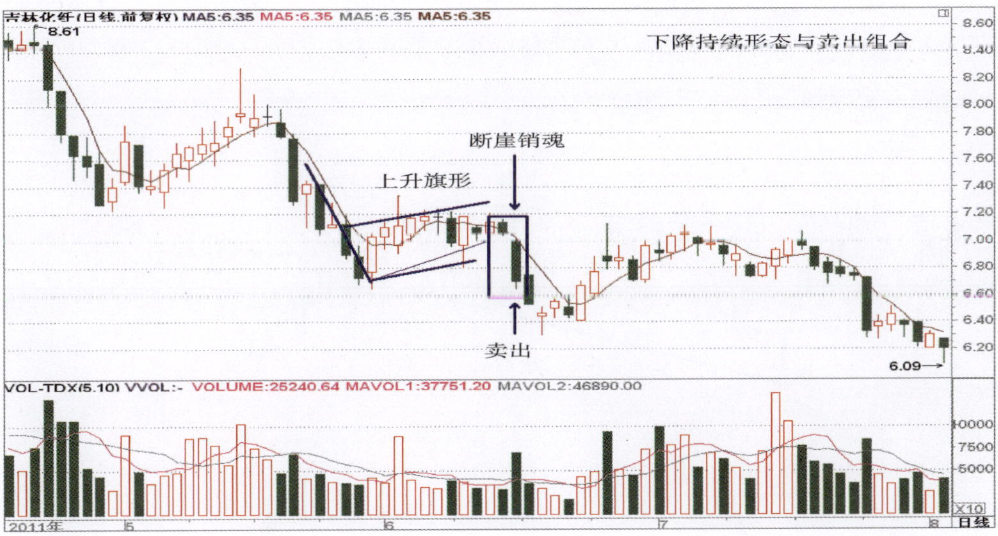

图 5-33

图 5-33 是 000420 吉林化纤的日 K 线走势图，时间是 2011 年 4 月 19 日至 2011 年 8 月 2 日。

操作讲解：

上图是一个疑似上升楔形的上升旗形，断崖销魂组合的出现，不但跌破了疑似楔形的下轨线，也同时跌破了旗形的下轨线，所以，组合中的大阴线当日就是卖出信号，投资者应立即止损出局，不可恋战。

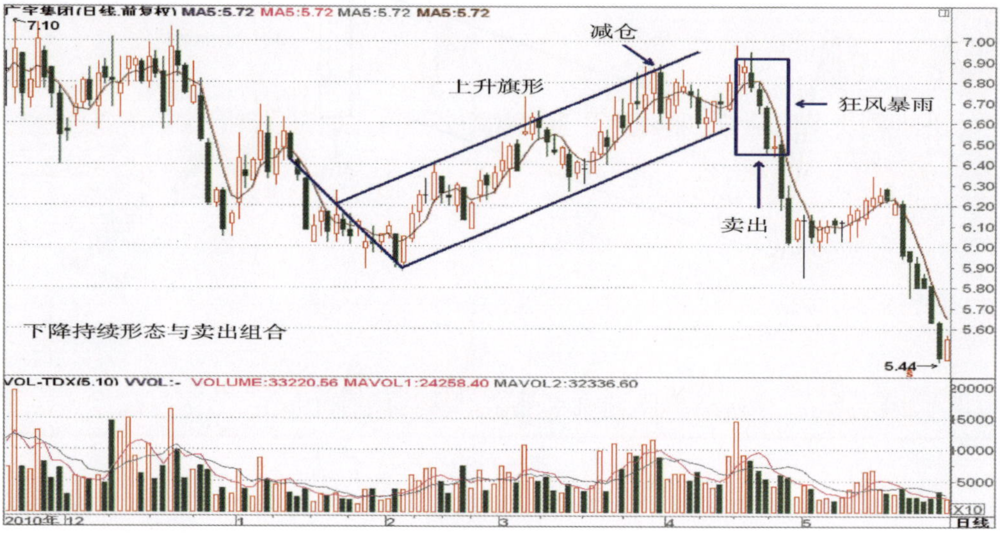

图 5 – 34

图 5 – 34 是 002133 广宇集团的日 K 线走势图，时间是 2010 年 11 月 19 日至 2011 年 5 月 31 日。

操作讲解：

上图是一个上升旗形，实战中，当股价第三次触摸上轨线（即图中标注的大阴线的位置）回落时，就应该采取减仓行动。随后的狂风暴雨组合，一举击破了上升旗形的下轨线，确认了旗形的性质，同时也发出了清仓信号。

图 5 – 35

图 5 – 35 是 000060 中金岭南的日 K 线走势图，时间是 2010 年 12 月 20 日至 2011 年 6 月 7 日。

操作讲解：

上图是一个标准的上升楔形，当出现乌云盖顶组合时，就应该进行减仓操作，随后的断崖销魂组合，是立即清仓的信号。

三、示例作业

下面的一组示例，笔者已经进行了部分标注，但没有操作讲解，留给读者自己进行分析，并将标注补充完整。读者可将完成的作业，通过本书留下的电子邮箱发给笔者，笔者会认真对待读者的作业，给予批示及打分，并给出详细的意见（如图 5 - 36 至图 5 - 40 所示）。

图 5 - 36

图 5 - 36 是 000418 小天鹅 A 的日 K 线走势图，时间是 2011 年 3 月 31 日至 2011 年 9 月 16 日。

图 5 - 37

图 5 - 37 是 600011 华能国际的日 K 线走势图，时间是 2010 年 4 月 19 日至 2010 年 12 月 3 日。

图 5－38

图 5－38 是 600000 浦发银行的日 K 线走势图，时间是 2010 年 4 月 14 日至 2010 年 10 月 11 日。

图 5－39

图 5－39 是 600662 强生控股的日 K 线走势图，时间是 2010 年 11 月 18 日至 2011 年 5 月 16 日。

图 5－40

图 5－40 是 600420 现代制药的日 K 线走势图，时间是 2010 年 12 月 8 日至 2011 年 4 月 21 日。

本章要点

1. 深刻理解 K 线组合与形态结合运用的实战意义。组合与形态的结合重点在于相互间的优势互补。

2. 底部形态与买入组合的结合要点，主要体现在底部的确认及行情启动的真实性上。

3. 理解并掌握示例讲解的中心思想，量能变化对于底部形态与买入组合来说至关重要。

4. 掌握上升持续形态与买入组合的结合重点，正确理解买入时机对于资金安全的重要性。

5. 顶部形态与卖出组合，以及下降持续形态与卖出组合的使用，是对投资者自我控制能力及贪婪与恐惧的挑战。

6. 形态是有形的，而人的思维是无形的，形态的构造是受人的思维所支配的，所以，投资者的操作不能拘泥于形态本身，而应更多地以无形的思维来看待形态。

7. 正确对待示例作业，示例作业是检验读者对技术使用方法的理解程度的方式，也是读者自我进步的一个过程。

第六章

K线形态的变形

K线形态技术以其实用性强、安全可靠性高、易于掌握等优点，得到了广大投资者的认可。但是在实战当中，证券市场或股票价格不可能完全按照市场规律运行。由于证券市场的特殊性，证券价格会受到各种因素的影响，从而改变波动轨迹。例如，军事、政治、经济、政策、消息以及主力资金行为等等因素。

受上述各种因素影响，K线形态也不会都是完全标准的，必然会出现很多复杂的模糊不清的变形。这些已经变形的形态，令投资者无法分辨和确认，使得操作上无从下手，从而更进一步地使投资者对形态技术产生怀疑。

实际上，变形的K线形态也是形态大家庭中的一个组成部分。俗话说：龙生九子各有不同。形态也是一样，不可能每一个形态都是标准的、易于识别的。但是，只要投资者掌握了形态的基本原则，识别起来就简单多了。本章将会详细讲解各种变形的形态以及其识别方法。

第一节 底部形态的变形

一、头肩底的变形及识别

（一）头肩底形态的基本构造原理

头肩底形态是由左右两个肩和一个头部构成的，通常情况下，头部要明显低于两个肩部最低点的3%以上，否则应考虑是否属于头肩底形态。

通常情况下，头肩底形态的左肩和右肩的低点应大致相同，且双肩左右对称，但是，在实战当中，由于市场受到各种因素的影响，完全标准的头肩底形态并不多见。

成交量方面，头肩底形态形成过程中，头部的成交量最小，左肩量能稍大，右肩量能最大，整体上呈现出两边高中间低的态势（如图6－1、图6－2所示）。

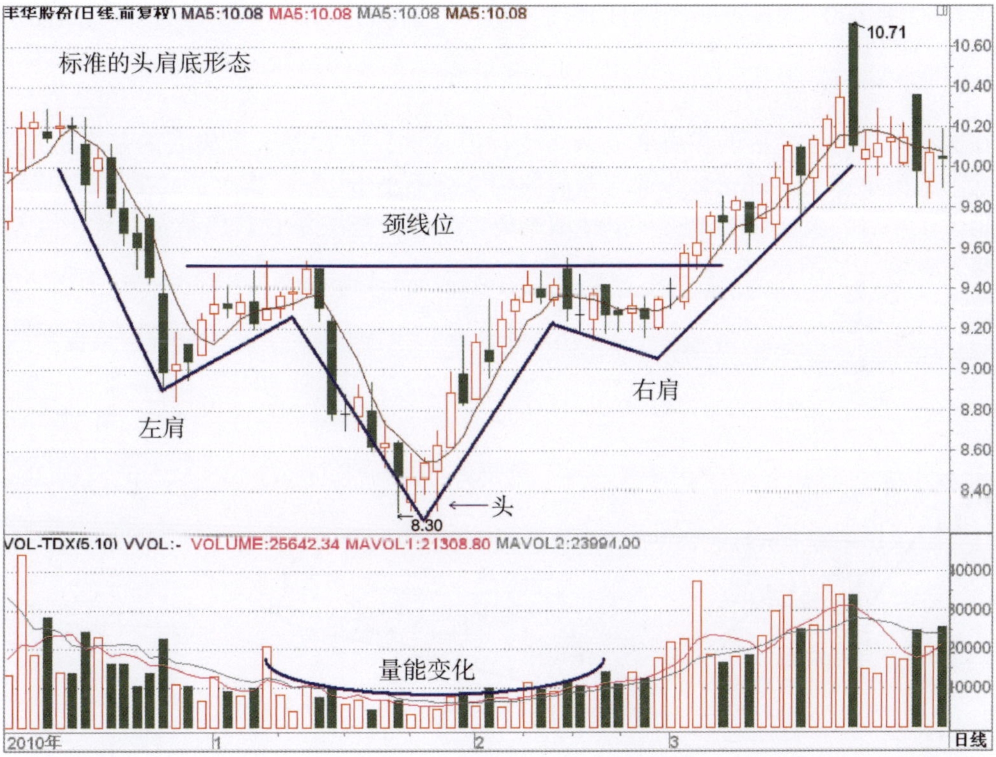

图6－1

图6－1是600615丰华股份的日K线走势图，时间是2010年12月10日至2011年3月30日。

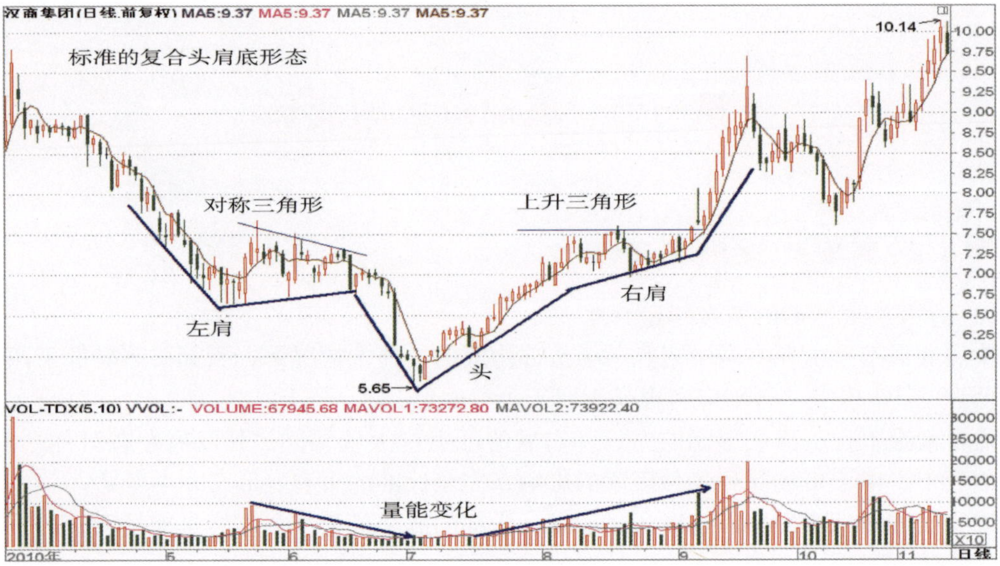

图 6－2

图 6－2 是 600774 汉商集团的日 K 线走势图，时间是 2010 年 3 月 24 日至 2010 年 11 月 11 日。

（二）变形头肩底的识别要点

在实战中，虽然变形的头肩底复杂多变，但是，只要掌握了头肩底的基本构造原理，分辨起来就简单多了。首先是头部与双肩的幅度差不小于3%；其次是成交量，头部最小，左肩稍大，右肩最大。只要掌握了上述两个要点即可。至于左右双肩是否对称，以及孰低孰高都不重要（如图 6－3 至图 6－6 所示）。

图 6－3

图 6－3 是 600171 上海贝岭的日 K 线走势图，时间是 2008 年 7 月 8 日至 2009 年 5 月 11 日。

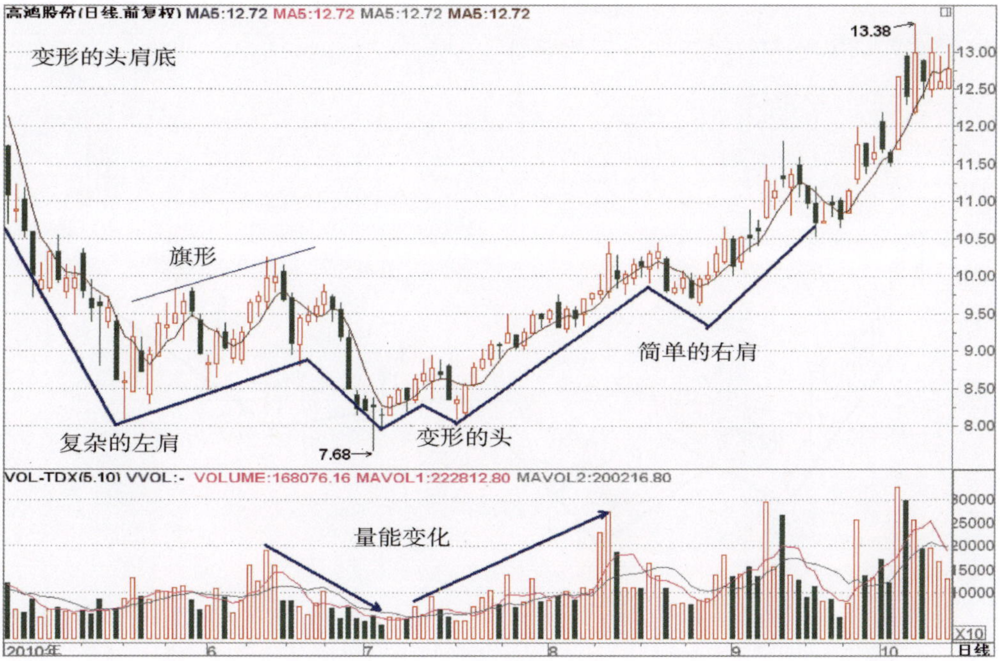

图 6－4

图 6－4 是 000851 高鸿股份的日 K 线走势图，时间是 2010 年 4 月 27 日至 2010 年 10 月 21 日。

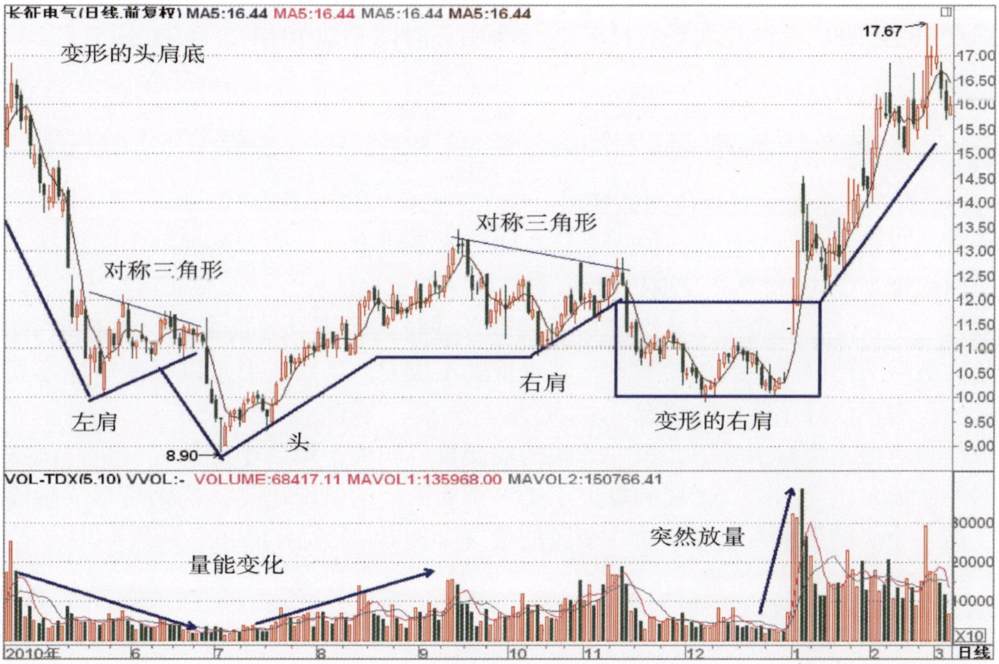

图 6－5

图 6－5 是 600112 长征电气的日 K 线走势图，时间是 2010 年 4 月 20 日至 2011 年 3 月 4 日。

图 6-6

图 6-6 是 000637 茂化实华的日 K 线走势图，时间是 2010 年 3 月 31 日至 2010 年 11 月 23 日。

二、双重底的变形及识别

（一）双重底形态的基本构造原理

标准的双重底的两个低点，原则上是在同一水平线上的，或者是后一个底稍高于前一个底，但幅度不能超过 5%，否则应考虑是否属于双重底。

双重底的认定，必须是形成突破后，回踩颈线位进行确认才能成立。在还未突破前，或者是突破后又回到了颈线位的下方，则双重底不成立。当双底形态以上涨中继形式出现的时候，也有不回踩颈线位的情况。

成交量方面，通常情况下，第一个底的成交量会稍大于第二个底的成交量。但这并不是绝对的，偶尔也会有第二个底的量大于第一个底的量的情况出现，特别是形成阶段性双底时，后一个底的量常常会大于前一个底的量（如图 6-7 所示）。

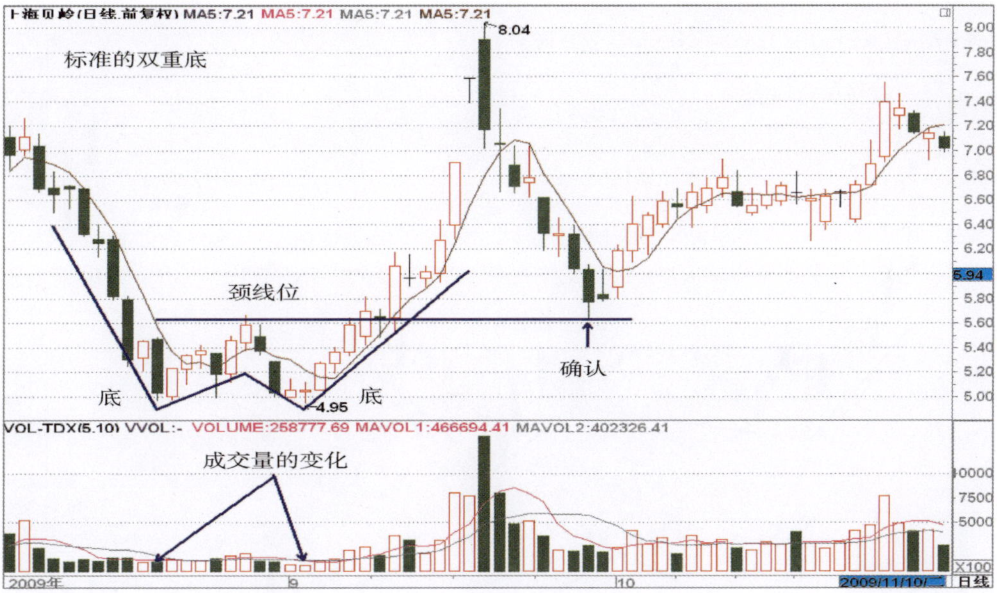

图6-7

图6-7是600171上海贝岭的日K线走势图，时间是2009年8月5日至2009年11月10日。

（二）变形双重底的识别要点

双重底的变形，大多数都是某一个底以小形态的形式出现，有时候也会有两个底都以小形态的形式出现的情况。变形双重底的第二个底未必会高于第一个底，很多时候会出现第二个底低于第一个底的情况（如图6-8至图6-11所示）。

图6-8

图6-8是000551创元科技的日K线走势图，时间是2010年4月30日至2010年11月8日。

图 6－9

图 6－9 是 600009 上海机场的日 K 线走势图，时间是 2010 年 11 月 4 日至 2011 年 2 月 23 日。

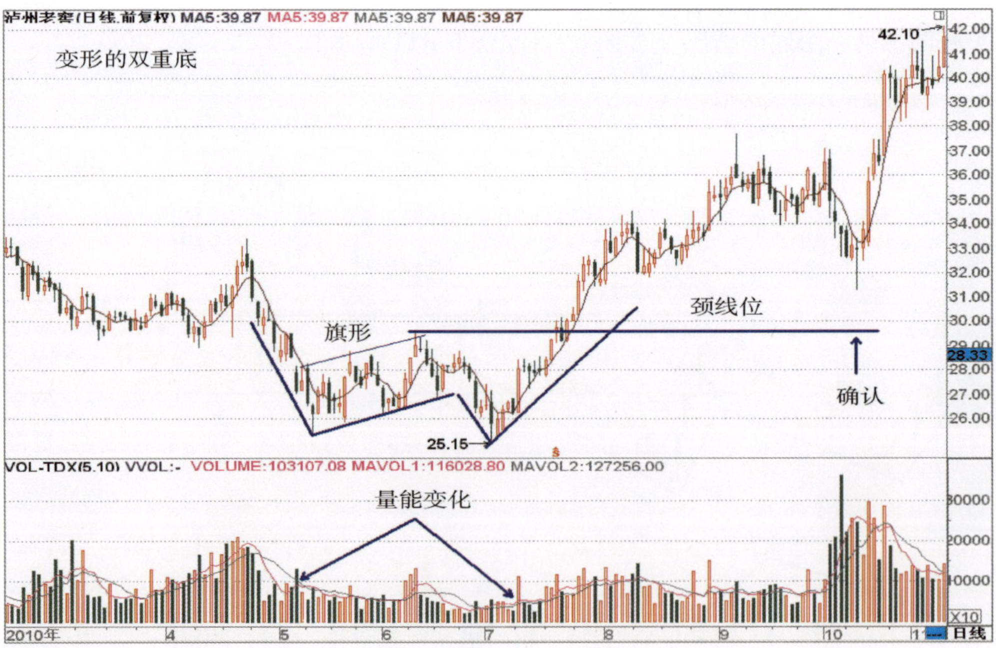

图 6－10

图 6－10 是 000568 泸州老窖的日 K 线走势图，时间是 2010 年 2 月 11 日至 2010 年 11 月 9 日。

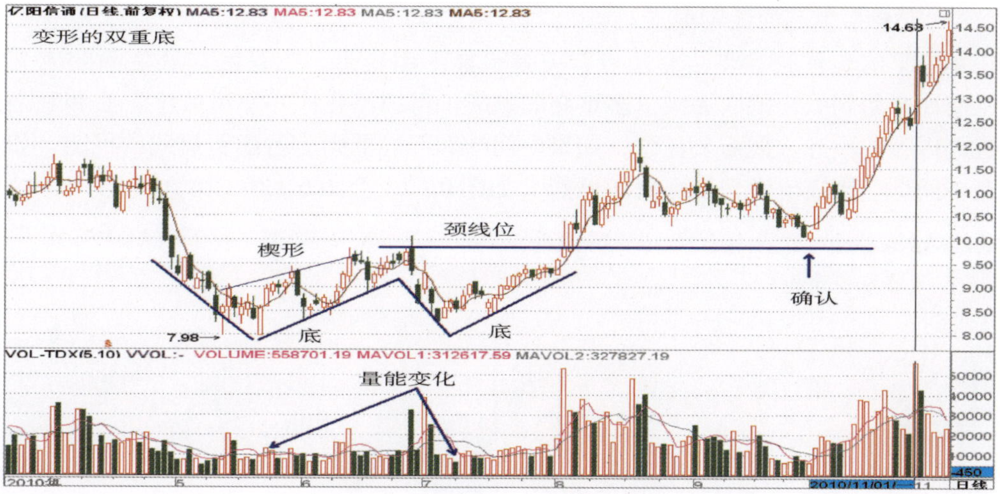

图 6－11

图 6－11 是 600289 亿阳信通的日 K 线走势图，时间是 2010 年 3 月 23 日至 2010 年 11 月 8 日。

三、多重底的变形及识别

（一）多重底形态的基本构造原理

三重底或多重底，实际上是矩形持续形态的延伸。严格来讲，三重底或多重底的底和颈线位是水平的，但是在实战当中，完全水平的底和颈线位很少见。

成交量方面，多重底形成过程中，上冲颈线位时，成交量呈现出不规则的放大状态，回落到底部时，通常情况下，后面的底部成交要小于前面的底部成交。和双重底一样，多重底也需要回踩颈线位确认的过程（如图 6－12 所示）。

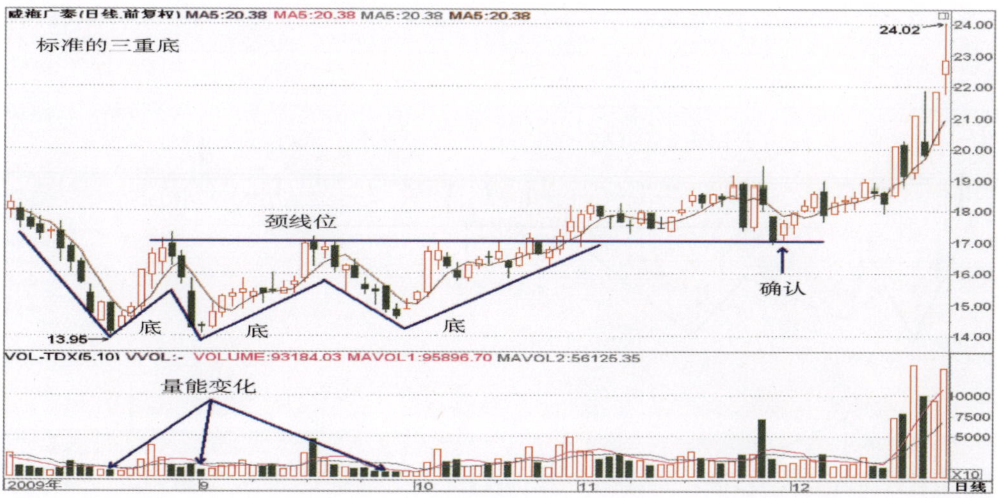

图 6－12

图 6－12 是 002111 威海广泰的日 K 线走势图，时间是 2009 年 8 月 5 日至 2009 年 12 月 22 日。

（二）变形多重底的识别要点

识别变形的多重底，要注意两点：一是整体形似矩形，二是底与底之间的成交量变化，从前面开始到后面依次递减。多重底的颈线位可以不在同一水平线上，底和底之间的低点也可以参差不齐。但需要注意，如果中间的底部过低则应考虑头肩底的可能；如果是两头高中间低，则需要考虑圆弧底的可能（如图 6－13 至图 6－16 所示）。

图 6－13

图 6－13 是 600029 南方航空的日 K 线走势图，时间是 2009 年 8 月 10 日至 2010 年 3 月 15 日。

图 6－14

图 6－14 是 000554 泰山石油的日 K 线走势图，时间是 2010 年 5 月 5 日至 2010 年 11 月 9 日。

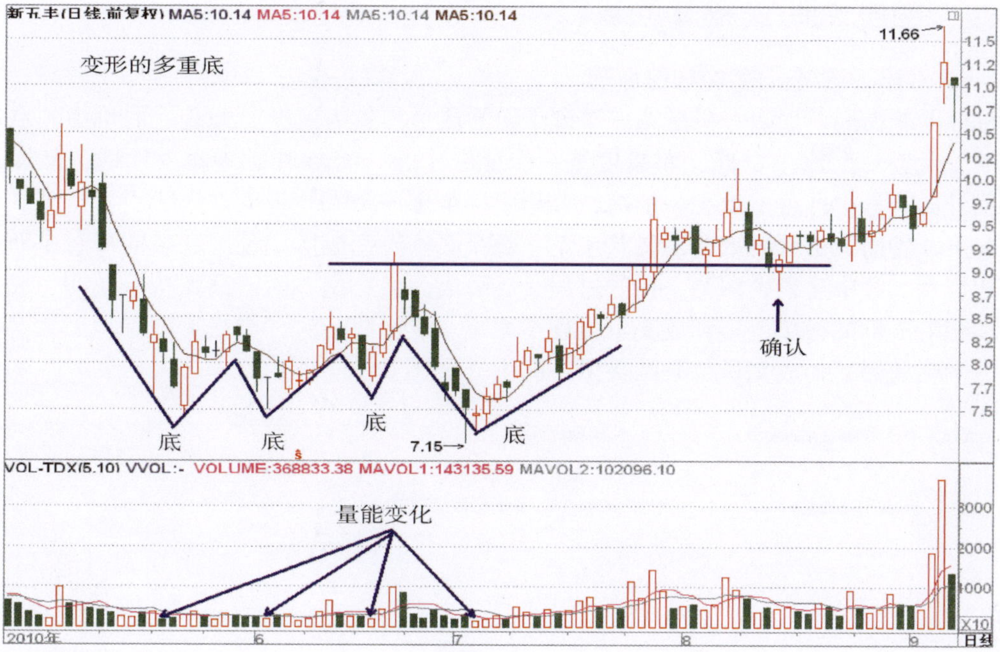

图 6-15

图 6-15 是 600975 新五丰的日 K 线走势图，时间是 2010 年 4 月 27 日至 2010 年 9 月 7 日。

图 6-16

图 6-16 是 000761 本钢板材的日 K 线走势图，时间是 2010 年 4 月 15 日至 2010 年 10 月 29 日。

四、圆弧底的变形及识别

（一）圆弧底形态的基本构造原理

标准的圆弧底，形似一只碗或一个碟子，形成过程较为复杂、漫长。股价由高点逐步回落时，低点一个比一个低，而幅度则一个比一个小，直到开始走平。随后，又逐步回升，回升的过程中低点一个比一个高，且幅度一个比一个大。将低点连线后，得到了一个由上向下，转而又由下向上的圆弧状形态。圆弧底构筑完成后，没有突破的概念，而是直接快速启动，且中途很少回调，拉升过程一气呵成。成交量方面，圆弧构造初期，成交量稍大，随着股价的逐步下移，成交量也逐步缩减。股价回升时，成交量则逐步放大。也就是说，圆弧底形态的成交量，是两头多中间少（如图 6－17 所示）。

图 6－17

图 6－17 是 000709 河北钢铁的日 K 线走势图，时间是 2010 年 10 月 8 日至 2011 年 4 月 21 日。

（二）变形圆弧底的识别要点

圆弧底在实战当中很少见，标准的圆弧底更是极为罕见。由于圆弧底没有突破及确认的过程，所以在识别变形的圆弧底时，只需注意低点连线后的外观即可。同时成交量的变化也是重要的。

圆弧底的变形多是左半弧和右半弧不太对称，有时候左边是一个近似弧形的持续形态，右边是圆弧，或者左边是圆弧，右边是一个近似弧形的持续形态（如图 6－18 至图 6－20 所示）。

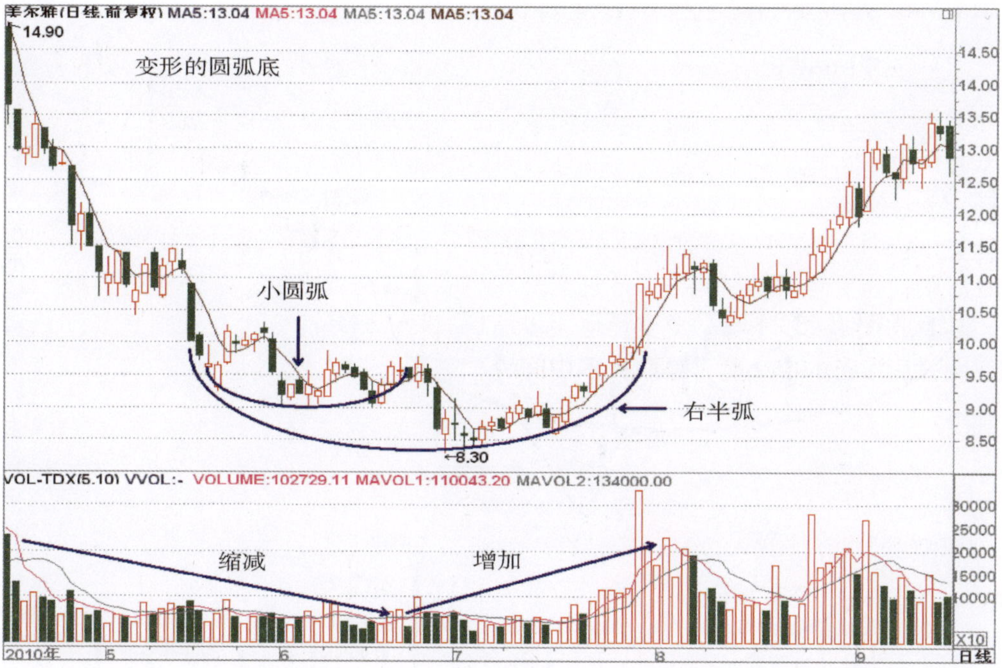

图 6 – 18

图 6 – 18 是 600107 美尔雅的日 K 线走势图，时间是 2010 年 4 月 16 日至 2010 年 9 月 15 日。

图 6 – 19

图 6 – 19 是 000617 石油济柴的日 K 线走势图，时间是 2010 年 4 月 19 日至 2010 年 11 月 29 日。

图 6－20

图 6－20 是 000610 西安旅游的日 K 线走势图，时间是 2010 年 4 月 30 日至 2010 年 9 月 15 日。

第二节　顶部形态的变形

一、头肩顶的变形及识别

（一）头肩顶形态的基本构造原理

头肩顶形态实际上就是头肩底形态的倒转，只是形成过程与头肩底是相反的。和头肩底一样，头肩顶的头部要高于两个肩部高点的 3% 左右，左右双肩也是近于对称的。成交量方面，在头肩顶形成过程中，左肩的成交量最大，右肩的成交量最小，头部的成交量与左肩相近（如图 6－21 所示）。

图 6－21

图 6－21 是 000731 四川美丰的日 K 线走势图，时间是 2010 年 9 月 10 日至 2011 年 1 月 28 日。

（二）变形头肩顶的识别要点

变形的头肩顶的识别方法和头肩底一样，头部的高点与双肩的高点差不应小于 3% 的幅度。成交量则不同，头肩顶的成交量是左肩最大右肩最小，偶尔也有右肩的成交量大于左肩的时候，但难以大于头部（如图 6－22 至图 6－24 所示）。

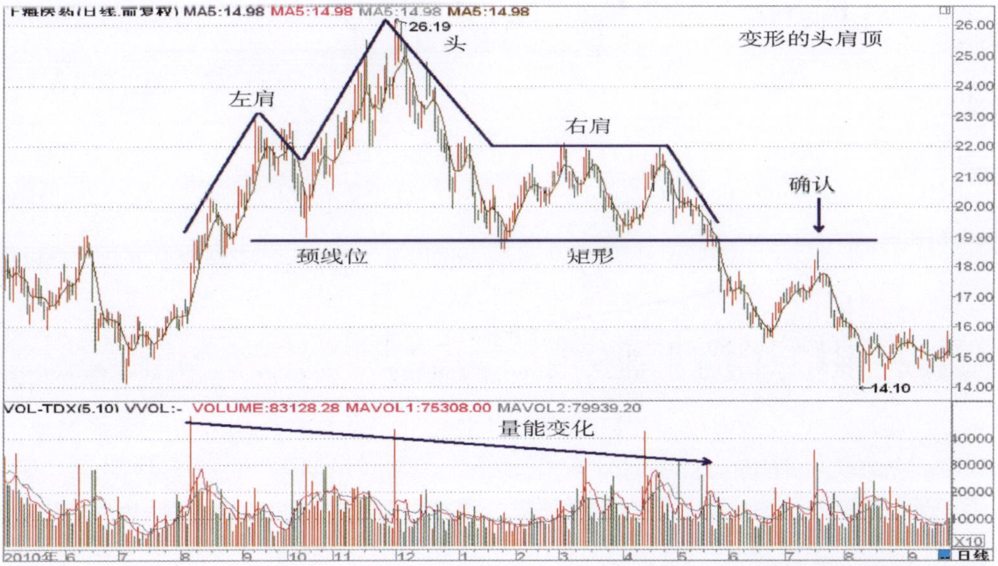

图 6－22

图 6－22 是 601607 上海医药的日 K 线走势图，时间是 2010 年 4 月 28 日至 2011 年 9 月 21 日。

图 6 –23

图 6 –23 是 000058 深赛格的日 K 线走势图，时间是 2010 年 7 月 1 日至 2011 年 1 月 5 日。

图 6 –24

图 6 –24 是 000541 佛山照明的日 K 线走势图，时间是 2010 年 7 月 27 日至 2011 年 3 月 11 日。

二、双重顶的变形及识别

（一）双重顶形态的基本构造原理

双重顶的构造与双重底的构造原理完全相同，只不过形态是倒过来的。成交量方面，也是第一个头的成交量比第二个头的成交量大（如图6－25所示）。

图6－25

图6－25是000049德赛电池的日K线走势图，时间是2010年7月30日至2011年5月9日。

（二）变形双重顶的识别要点

双重顶的变形，也是其中某一个顶以小形态的形式出现，两个顶都以小形态出现的形式也常见，但是如果两个头都是小形态时，成交量则不一定是第一个头大于第二个头（如图6－26、图6－27所示）。

图6－26

图6－26是600310桂东电力的日K线走势图，时间是2010年10月11日至2011年9月22日。

图 6－27

图 6－27 是 000418 小天鹅 A 的日 K 线走势图，时间是 2010 年 8 月 3 日至 2011 年 7 月 25 日。

三、多重顶的变形及识别

多重顶实际上就是多重底的倒转，其基本构造原理及变形后的识别要点与多重底一样，成交量变化也是由前到后依次递减（如图 6－28、图 6－29 所示）。

图 6－28

图 6－28 是 000777 中核科技的日 K 线走势图，时间是 2010 年 10 月 13 日至 2011 年 5 月 18 日。

图 6－29

图 6－29 是 600112 长征电气的日 K 线走势图，时间是 2011 年 3 月 10 日至 2011 年 9 月 23 日。

四、圆弧顶的变形及识别

圆弧顶是圆弧底的倒转，其基本构造原理及变形识别和圆弧底一样。但在成交量方面，却有较大不同。圆弧顶的成交量是形成之初成交量较大，随后逐次递减，但是变形部分的成交量往往会突然放大（如图 6－30、图 6－31 所示）。

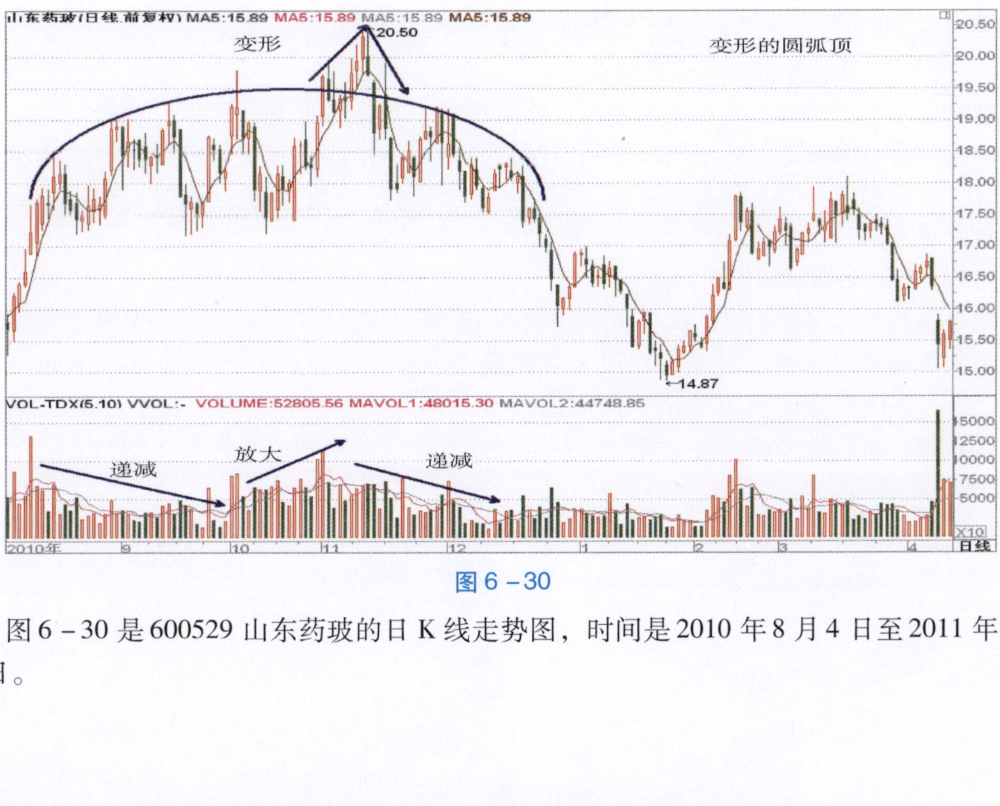

图 6－30

图 6－30 是 600529 山东药玻的日 K 线走势图，时间是 2010 年 8 月 4 日至 2011 年 4 月 14 日。

图6－31

图6－31是000528柳工的日K线走势图，时间是2010年11月19日至2011年6月15日。

五、喇叭顶的变形及识别

（一）喇叭顶形态的基本构造原理

喇叭顶的基本构造是高点逐次抬高，低点逐次下降，而且上下对称，就像一个倒过来的对称三角形。因形态完成后酷似喇叭，所以称为喇叭顶。在实战当中，标准的喇叭顶并不常见，但是变形的喇叭顶比较常见。成交量方面，大多数的喇叭顶都是在喇叭形成之初量能最充足，随后逐次递减。

（二）变形喇叭顶的识别要点

喇叭顶的变形多存在于下边，喇叭顶的变形实际上就是下边的变形。通常情况下，变形的喇叭顶逐次下降的幅度很小，很多时候甚至不是向下逐次降低，而是处于同一水平上。也有少数喇叭顶的下边是稍稍向上逐次抬高的，但需注意，如果向上抬高的幅度过大，则需考虑旗形的可能。成交量方面基本上是呈现出不规则递减状态（如图6－32至图6－34所示）。

图 6－32

图 6－32 是 000423 东阿阿胶的日 K 线走势图，时间是 2010 年 10 月 19 日至 2011 年 5 月 18 日。

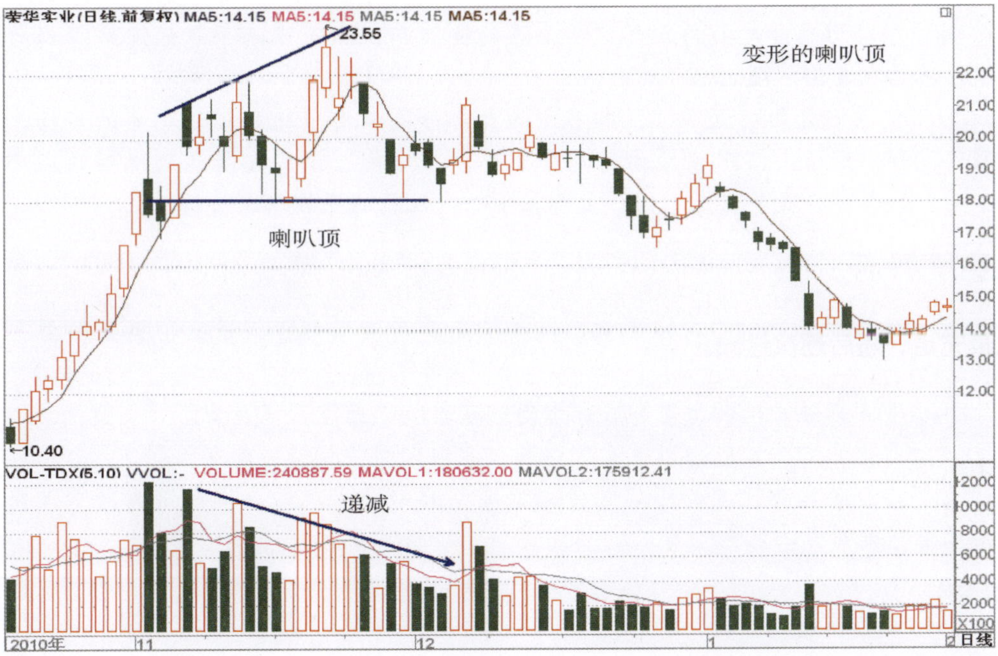

图 6－33

图 6－33 是 600311 荣华实业的日 K 线走势图，时间是 2010 年 10 月 18 日至 2011 年 2 月 1 日。

图 6－34

图 6－34 是 000069 华侨城 A 的日 K 线走势图，时间是 2010 年 12 月 31 日至 2011 年 9 月 23 日。

提示：

1. 持续整理形态，是由高点至少两个点的连线和低点至少两个点的连线得到的几何体，所以不存在变形问题。

2. 为了使图例更加贴近实际，本书中的大部分图例都节选自最近两年的市场。由于本书写作过程中市场价格中枢处于前期牛市和熊市之间，个股没有达到绝对的底部，所以，本书中的大部分底部形态示例，大都属于阶段性质的底部形态。

本章要点

1. 充分理解形态变形的内在因素，以及形态变形的必然性，进一步提高对形态技术的认识。

2. 熟悉并掌握各种顶部形态和底部形态的基本构造原理，以及变形识别要点。

3. 区分双重底和多重底，以及双重顶和多重顶之间的相似之处及不同之处。

4. 变形形态是形态技术的组成部分，且变形的形态出现的比例非常大，所以读者应对变形形态有足够的认识和了解。

第七章 形态陷阱的识别

第一节　形态的位置

第二节　形态识别的难易程度及形态的构筑时间

第三节　形态的确认

第四节　应对形态陷阱的实战理念

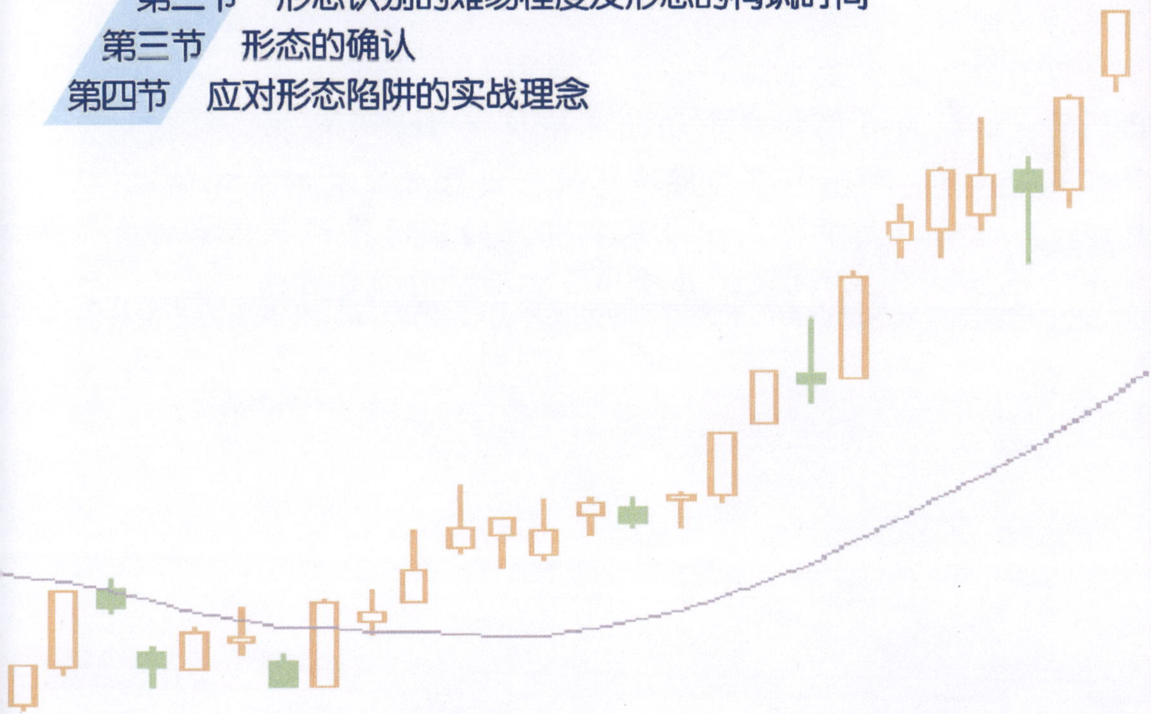

在证券市场中，任何一种技术都可能被主力利用，陷阱、假象比比皆是，形态技术也不例外。无论是底部形态，还是顶部形态以及持续形态，都存在陷阱。形态陷阱几乎全部发生在形态构筑完毕后的方向突破之时。

一种形态构筑完毕后，存在着向上突破和向下突破的两种可能性，向上突破有可能是诱多陷阱，向下突破有可能是诱空陷阱。在实战当中，投资者除了辨清形态的性质外，还要注意陷阱的可能性。

形态陷阱极少是市场行为，几乎全部是在主力行为控制下出现的，这就为我们判断市场的真假提供了重要依据。根据形态所处的位置、形态形成的标准程度，以及成交量的变化情况，我们可以提前预判市场走向并采取相应的应对措施。本章将会对各种形态陷阱进行阐述，并给出应对陷阱的操作方法。

第一节 形态的位置

形态构筑时所处的位置，是判断形态真假的重要依据之一。我们知道，市场或股价涨多了必然会下跌，跌多了也一定会有反弹，所以当市场或股价向着某一方向长时间运行后，出现相同方向类别的形态时，就应该引起高度警惕，这种情况下，往往容易出现陷阱。同样，在某一种趋势中途出现相反的持续整理形态时，往往是不可靠的陷阱。

一、陷阱的识别要点

巨大涨幅之后形成的底部形态是不安全的，顶部形态才是较为可靠的；股价自底部经过一段时间的上涨，随后整理过程中形成的顶部形态，往往是不可信的，而底部形态大多是可靠的；在上升趋势中，形成的看跌持续形态大多是不可信的，而看涨持续形态是比较可靠的；经过较长时间的下跌，且跌幅巨大，随后震荡形成的顶部形态，大多是不可信的，而底部形态是较为可靠的；下跌中途大幅度反弹后的底部形态不可靠，顶部形态才较为可信；下跌途中的看涨持续形态不可信，而看跌持续形态较为可靠。

二、上升趋势中的形态陷阱

（一）底部形态陷阱

股价经过较长时间的上涨后，涨幅巨大，这时股价开始进入到震荡态势。一段时间的反复震荡后，渐渐形成了某种底部形态，这个时候的底部形态往往是不可靠的。所以，当股价在上涨后期形成底部形态时，应引起高度警惕，防止陷入形态的陷阱（如图 7 - 1、图 7 - 2 所示）。

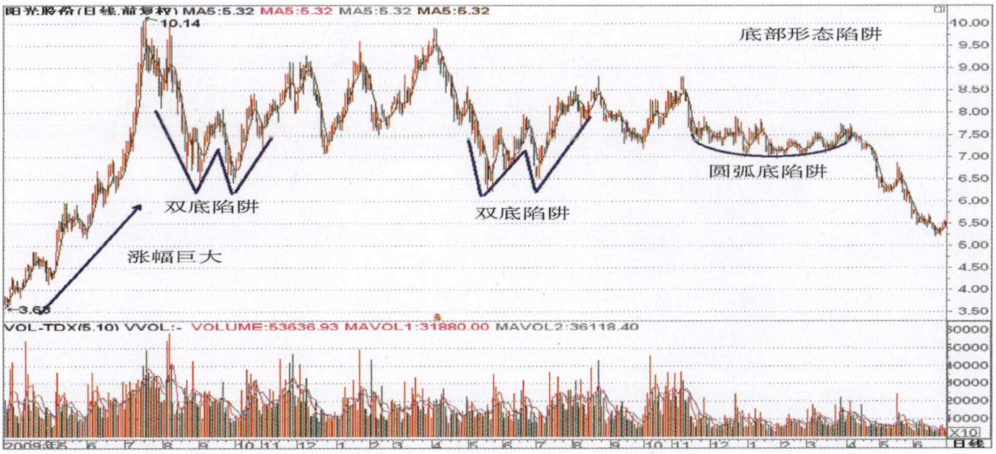

图 7 - 1

图 7 - 1 是 000608 阳光股份的日 K 线走势图，时间是 2009 年 3 月 18 日至 2011 年 6 月 28 日。

图 7－2

图 7－2 是 600210 紫江企业的日 K 线走势图，时间是 2009 年 1 月 21 日至 2010 年 6 月 23 日。

（二）顶部形态陷阱

股价经过一段时间的上涨后，出现了短时间内的大幅度下跌（跌幅超过 20% 以上），随后股价震荡调整，且渐渐形成了某种顶部形态，这种在长期向上趋势并未改变的情况下出现的顶部形态，大多数都是不可靠的陷阱（如图 7－3、图 7－4 所示）。

图 7－3

图 7－3 是 600651 飞乐音响的日 K 线走势图，时间是 2008 年 11 月 24 日至 2009 年 11 月 24 日。

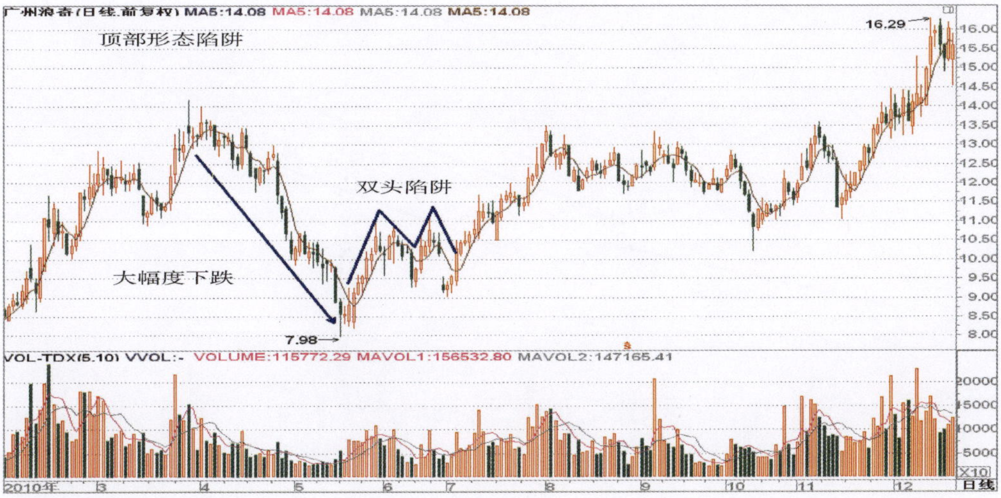

图 7－4

图 7－4 是 000523 广州浪奇的日 K 线走势图，时间是 2010 年 1 月 15 日至 2010 年 12 月 24 日。

提示：

上涨途中经过大幅下跌后形成的底部形态较为可靠，而顶部形态多为主力设置的陷阱。但是由于股价已经有了较大的上涨幅度，所以投资者必须要摆正操作心态，只能站在波段的角度操作，而不能站在中长期的角度操作。

（三）持续形态陷阱

股价在上升趋势中，由于短时间内上涨幅度较大，股价开始震荡整理，且形成了看跌持续形态，这种情况下出现的看跌持续形态，大多数都是不可靠的陷阱（如图 7－5、图 7－6 所示）。

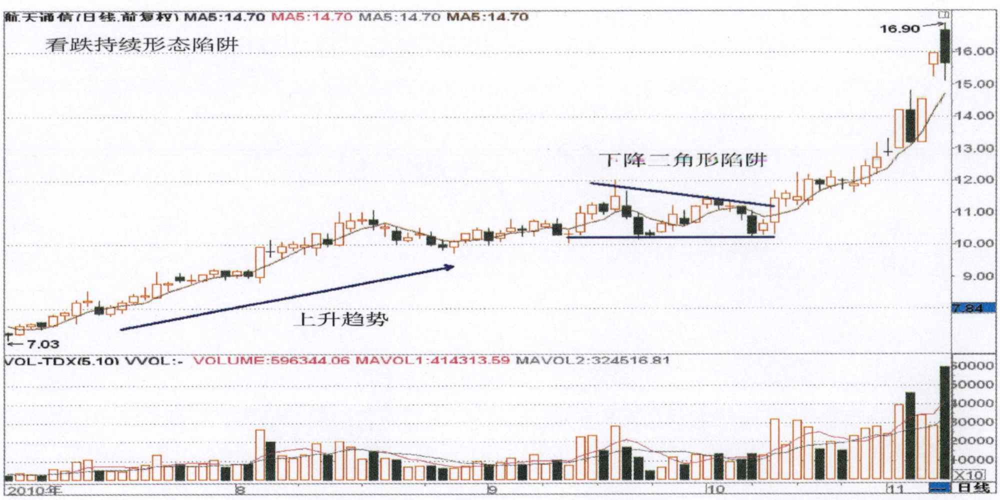

图 7－5

图 7－5 是 600677 航天通信的日 K 线走势图，时间是 2010 年 7 月 5 日至 2010 年 11 月 8 日。

图 7-6

图 7-6 是 000877 天山股份的日 K 线走势图，时间是 2010 年 6 月 29 日至 2011 年 3 月 22 日。

三、下降趋势中的形态陷阱

（一）顶部形态陷阱

股价经过较长时间的下跌后，跌幅巨大，这时股价开始进入到震荡态势。一段时间的反复震荡后，渐渐形成了某种顶部形态，这个时候的顶部形态往往是不可靠的。所以，当股价在下跌后期形成顶部形态时，中线的投资者应防止陷入形态的陷阱（如图 7-7 至图 7-9 所示）。

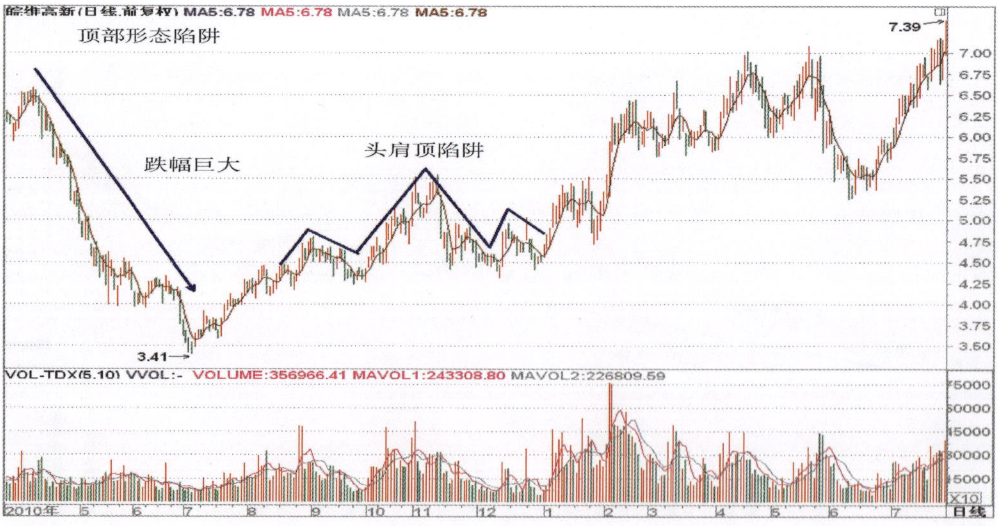

图 7-7

图 7-7 是 600063 皖维高新的日 K 线走势图，时间是 2010 年 3 月 23 日至 2011 年 7 月 27 日。

图 7 - 8

图 7 - 8 是 000532 力合股份的日 K 线走势图，时间是 2009 年 12 月 2 日至 2011 年 7 月 1 日。

图 7 - 9

图 7 - 9 是 001896 豫能控股的日 K 线走势图，时间是 2009 年 11 月 19 日至 2011 年 6 月 2 日。

（二）底部形态陷阱

股价经过一段时间的下跌后，出现了连续的大幅度反弹，随后构筑了某种底部形态，这种情况下的底部形态，大多数都是不可靠的陷阱（如图 7－10、图 7－11 所示）。

图 7－10

图 7－10 是 000570 苏常柴 A 的日 K 线走势图，时间是 2010 年 3 月 12 日至 2011 年 3 月 15 日。

图 7－11

图 7－11 是 600486 扬农化工的日 K 线走势图，时间是 2010 年 1 月 4 日至 2011 年 6 月 8 日。

（三）持续形态陷阱

股价在下跌趋势中，由于短时间内下跌幅度较大，股价开始震荡整理，且形成了看涨持续形态，这种情况下出现的看涨持续形态，大多数都是不可靠的陷阱（如图 7－12、图 7－13 所示）。

图 7－12

图 7－12 是 000539 粤电力 A 的日 K 线走势图，时间是 2010 年 9 月 6 日至 2011 年 8 月 19 日。

图 7－13

图 7－13 是 600037 歌华有线的日 K 线走势图，时间是 2010 年 10 月 29 日至 2011 年 9 月 23 日。

第二节　形态识别的难易程度及形态的构筑时间

一、高位形态识别的难易程度

高位时，顶部形态会比较模糊，且大多数都是大型的形态。而底部形态却很清晰，基本上都是小型的形态。原因很简单，大型的形态形成的时间长，不容易被发现，小型的形态形成的时间短，很容易就能看出来。清晰的底部小形态，是为了掩盖模糊的大形态。换句话说，诱多的小形态是为了掩盖出货的大形态。所以，在实战当中，投资者应尽量看得远一些，避免一叶障目（如图 7－14、图 7－15 所示）。

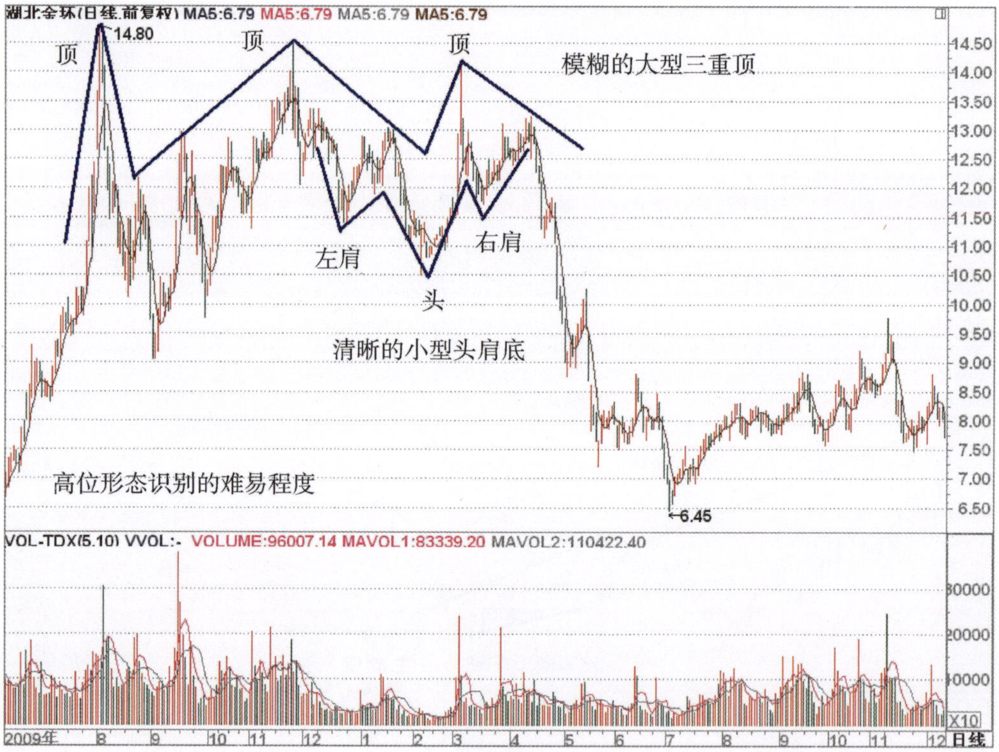

图 7－14

图 7－14 是 000615 湖北金环的日 K 线走势图，时间是 2009 年 6 月 12 日至 2010 年 12 月 9 日。

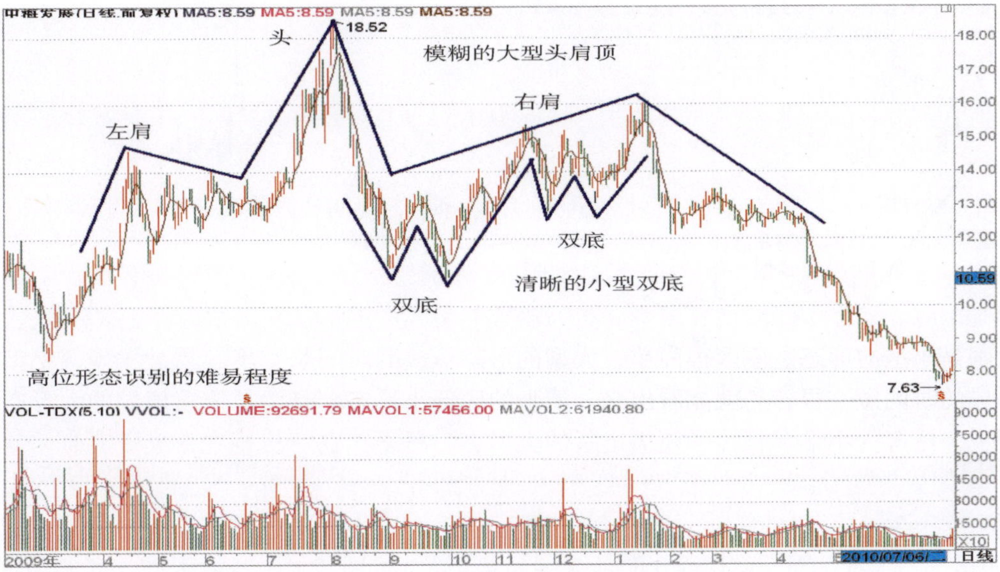

图 7－15

图 7－15 是 600026 中海发展的日 K 线走势图，时间是 2009 年 2 月 9 日至 2010 年 7 月 8 日。

二、低位形态识别的难易程度

低位时，底部形态会比较模糊，而且大多数都是大型的形态。而顶部形态却很清晰，基本上都是小型的形态。清晰的底部小形态，是为了掩盖模糊的大形态。也就是说，诱空的小形态是为了掩盖吸筹或洗盘的大形态（如图 7－16、图 7－17 所示）。

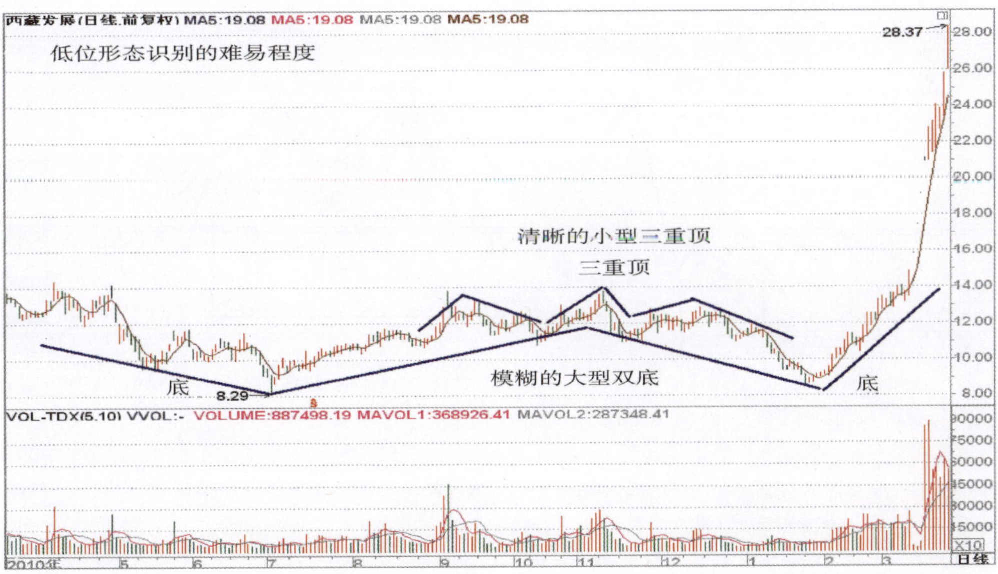

图 7－16

图 7－16 是 000752 西藏发展的日 K 线走势图，时间是 2010 年 3 月 22 日至 2011 年 3 月 29 日。

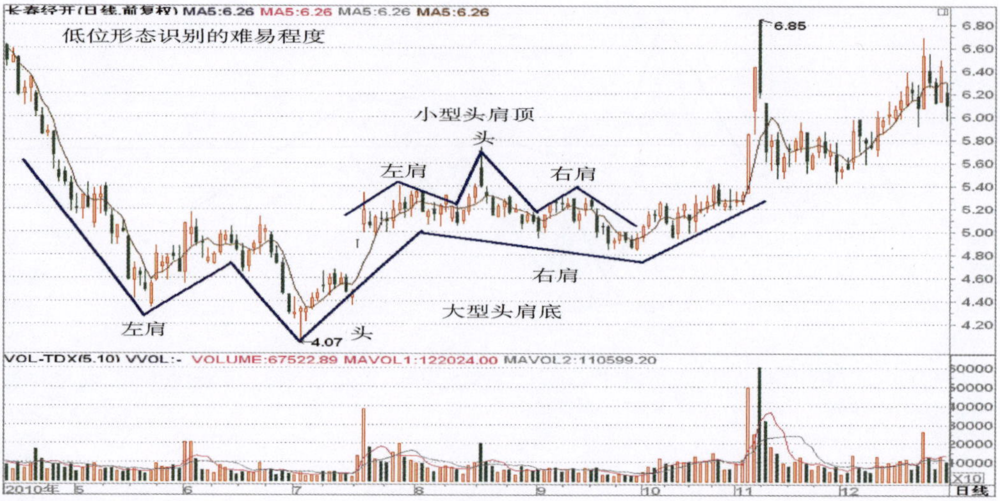

图 7－17

图 7－17 是 600215 长春经开的日 K 线走势图，时间是 2010 年 4 月 15 日至 2010 年 12 月 28 日。

三、反转形态的构筑时间

无论是高位的顶部形态，还是低位的底部形态，形态构筑的时间越长，其可靠性就越高，构筑的时间越短，其可信度就越低。原因很简单，主力在高位想要出货，当然不可能是一朝一夕就能完成的，短时间内就形成的头部形态，大多数都是不可信的。同理，庄家想要建仓，也不可能在很短的时间内完成，所以，在短时间内形成的低位底部形态，大多数都还不是底部（注：流通盘较小的袖珍股及小盘股不在此列）（如图 7－18 至图 7－20 所示）。

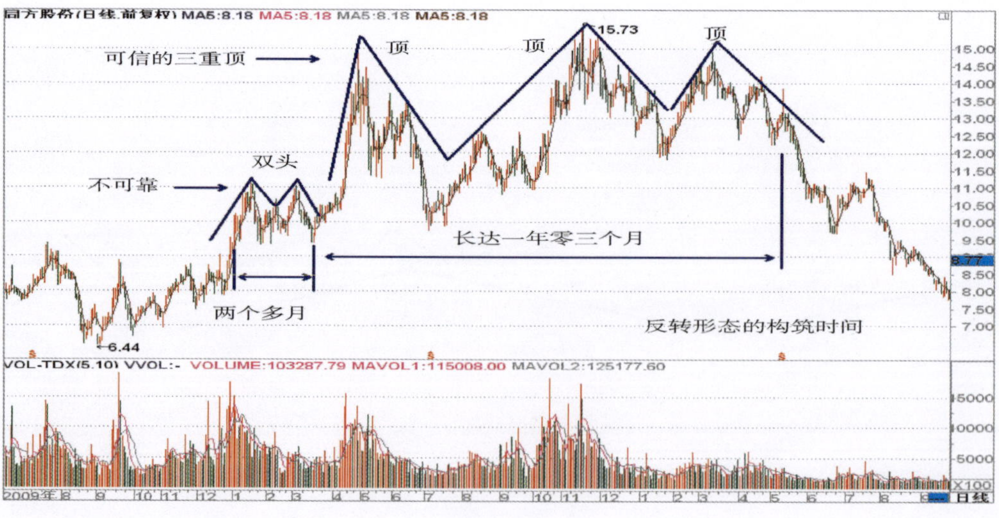

图 7－18

图 7－18 是 600100 同方股份的日 K 线走势图，时间是 2009 年 6 月 5 日至 2011 年 9 月 26 日。

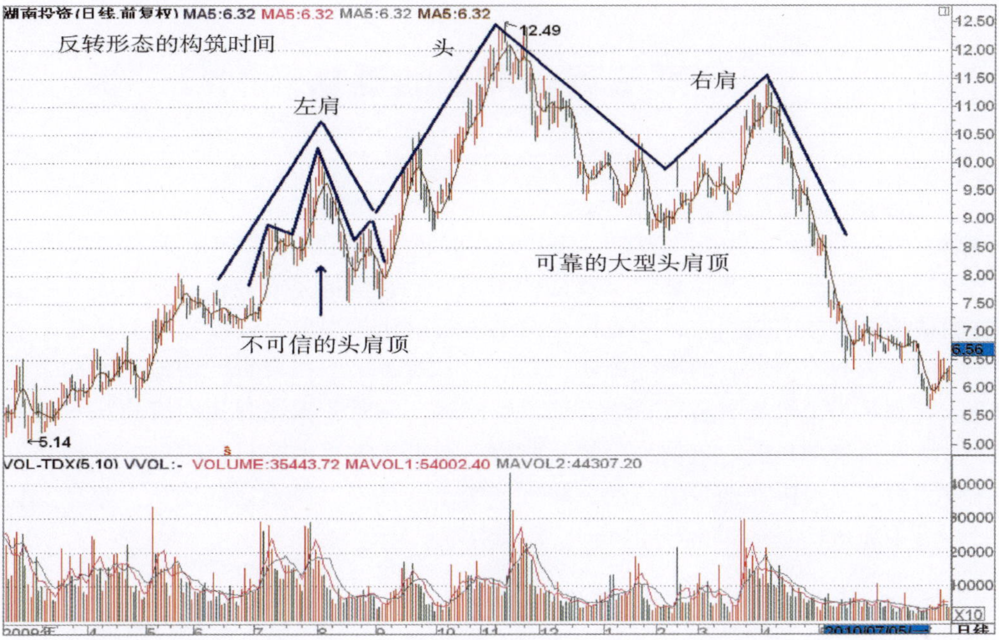

图 7－19

图 7－19 是 000548 湖南投资的日 K 线走势图，时间是 2009 年 2 月 17 日至 2010 年 7 月 14 日。

图 7－20

图 7－20 是 600841 上柴股份的日 K 线走势图，时间是 2008 年 3 月 28 日至 2009 年 10 月 27 日。

第三节　形态的确认

一、形态突破的确认

无论是底部形态，还是顶部形态及持续形态，形态构筑完毕突破后，大多数都会有一个回抽确认的过程，实战当中，只有极少数不进行确认的现象。之所以会有突破后的回抽确认，原因是：向上突破后的回抽确认，实际上是对不坚定持有者的清洗；而向下突破的回抽确认，则是为了给持有者以希望，稳住持有者，同时，骗场外短线客进场抢反弹，以达到主力顺利出货的目的。这就为分辨真假形态提供了重要的分析依据。一旦确认支撑或阻力无效，我们就可以立即采取行动，买入或卖出（注：持续形态的确认，很多时候是突破当日在盘中完成的）（如图 7－21 至图 7－24 所示）。

图 7－21

图 7－21 是 000860 顺鑫农业的日 K 线走势图，时间是 2010 年 8 月 27 日至 2011 年 5 月 13 日。

图 7－22

图 7－22 是 600160 巨化股份的日 K 线走势图，时间是 2010 年 9 月 27 日至 2011 年 3 月 28 日。

图 7－23

图 7－23 是 000547 闽福发 A 的日 K 线走势图，时间是 2010 年 3 月 31 日至 2010 年 12 月 3 日。

图 7-24

图 7-24 是 600269 赣粤高速的日 K 线走势图，时间是 2010 年 5 月 11 日至 2011 年 1 月 25 日。

二、重复形态的确认

所谓重复形态的确认，指的是相邻位置出现相同类别的形态。相邻位置出现同一类别的形态，是对前一次形态真实性的确认，其可靠性远远大于单一形态突破的确认（如图 7-25 至图 7-28 所示）。

图 7-25

图 7-25 是 000039 中集集团的日 K 线走势图，时间是 2009 年 7 月 23 日至 2010 年 12 月 24 日。

图 7－26

图 7－26 是 002217 联合化工的日 K 线走势图，时间是 2009 年 4 月 22 日至 2010 年 2 月 1 日。

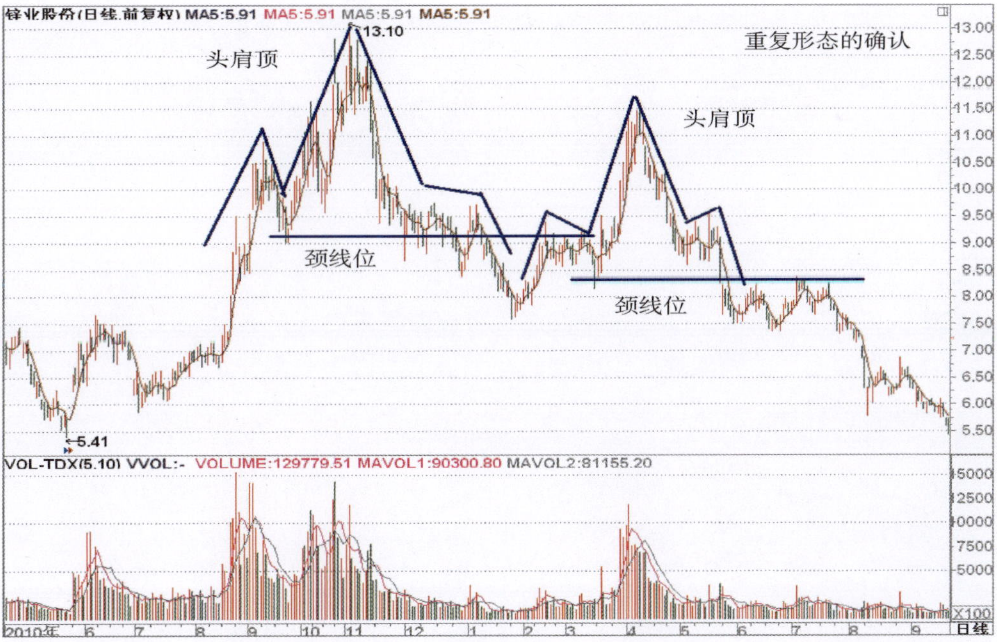

图 7－27

图 7－27 是 000751 锌业股份的日 K 线走势图，时间是 2010 年 4 月 19 日至 2011 年 9 月 26 日。

图 7－28

图 7－28 是 600196 复星医药的日 K 线走势图，时间是 2010 年 1 月 15 日至 2011 年 6 月 24 日。

第四节　应对形态陷阱的实战理念

一、抄底理念

我们绝大多数散户，对于抄底这个概念，存在着严重的误解，认为买在最低价或最低点才是抄底。事实上，所谓的抄底绝不是买在最低点，因为底部并不是某一个价位或某一个点位，而是一个区域。在实战当中，凡是追求买在最低点的人，几乎都是经常被套的一族。

所谓的底部区域是指某一段价值空间。以上证指数为例，2008 年 10 月 28 日见底 1664 点，随后指数宽幅震荡了 3 个多月，期间指数最高上摸到 2100 点，振幅达 436 点，涨幅达 26%，于 2009 年 2 月初完成了向上的突破。2008 年 11 月初到 2009 年 2 月初这三个月，就是真正意义上的底部区域。

秉承正确的抄底理念，即便是在当时震荡区域的最高点 2100 点买入，到 2009 年 8 月的 3478 点时，也有超过 65% 的涨幅。虽然，相对于在低点买入的人来说是亏了，但实际上却占了很大的便宜，因为是别人帮你造就了底部，你完全是坐享其成地放心进场，那些总是试图买在最低价或最低点的人，不但经常被套割肉，还是你赚钱的垫脚石。

我们经常遇到这样的情况，市场在牛市或某一段升势中时，某一日市场大涨，但自己的股票却涨幅很小，就觉得亏了，心里很不舒服。如果我们抱有这种思维，就永远不可能成为市场的赢家。因为我们看到的只是某一日的利益，而不是账户的盈亏方向。当我们在底部区域买进后，应坚持持有，只要底部形态还未被破坏，或者是还未出现顶部形态，就应该坚定持有信心。

二、逃顶理念

逃顶也是一个概念，顶部不是某个点或某个价位，而是一个区域。投资者一定要清楚这一点。能够卖在最高点或最高价的人毕竟是少数，凡是追求卖在最高点位的人，基本上都是快速把利润还给市场的那部分人。

人真是奇怪的动物，当你指给他一条明路的时候，他却狐疑满腹不肯相信，执意去走错误的弯路，虽然走弯路之后又回到了正确的道路上，但是当这条路再一次分叉出另一条路时，你告诉他该走另一个方向了，可他却认准了老路的方向，依旧不肯走对的路线，这是惯性思维在作怪。

2008 年 11 月 2 日，笔者当时正在火车上，并写下了《风雨过后会出现彩虹吗》这篇博文。笔者当时明确指出，一轮大级别的中级反弹就要出现了。随后，在 11 月 7 日，行情正式启动，之后笔者的博文一路看多，且指出，大盘指数保守地看将会到达 2800 点，乐观地看可到达 3300 点，但是当时几乎人人都觉得笔者是疯子，根本没人相信。随着行情的发展，大盘真的到了 2800 点，且还有继续上行的欲望。这时，笔者在博文中开始泼冷水，提醒大家应该在 3000 点之上逐步减仓，可惜那个时候，人人都认为牛市来了，不会跌回去了。当指数到达 3200 点之后，笔者在博文中一再强调，应该出局观望了。但是，没有几个人肯出局观望。

人类与生俱来的贪婪与恐惧，完全控制着感性的一面，理性在利益面前显得那么渺小。回头看，当时的 3200 点是其后近 8 个月的价格中枢，虽然后来指数涨到了 3478 点，但是能说 3200 点不是顶部区域吗？3200 点退出不是逃顶吗？相对于后来的 3478 点来说，虽然我们少赚了 200 多个点，但其后恐怖的连续暴跌，令多少人把近一年赚来的利润都还了回去啊！所以说，不要试图卖在最高点，当个股形态已经发出了卖出信号时，应摒弃一切幻想，立即退出观望。

三、资金安全理念

安全第一，一直是笔者博文倡导的理念。实战当中，大多数投资者都不是把安全放在第一位，甚至很多人根本没有任何安全意识，他们追求的是抓住每一次反弹，甚至是极其微小的反弹也希望能够抓到，在市场趋势已经明确向下的情况下，不顾存在的巨大风险，义无反顾地一次次杀进杀出乐此不疲，其结果是账户资金一次次缩水。

笔者倡导的是，宁可放弃可能错过的利润，也不能将自己置于极大的风险之中。市场不会关门，只要手中握有资金，总会有机会的。就像战争一样，战略性撤退，是为了更好地夺回失去的领地。面对强大的敌人，只有保存实力才有可能反败为胜，否则必然会被消灭。

安全第一，投资者应最大限度地保证资金安全，在实战当中，任何时候都要把安全放在第一位，如果你不能保证资金的安全，就根本谈不上成为市场的赢家。

本章要点

1. 正确看待形态的陷阱现象，不可因陷阱的存在，就否定形态的技术价值。

2. 形态出现的位置不同，其形成陷阱的概率也不同，所以，当某一形态形成后，首先应观察、分析股价所处的位置是否与形态类别相匹配。

3. 熟悉并掌握市场各个阶段各种形态陷阱的识别要点，正确区分顶部形态陷阱与底部形态陷阱的不同之处。

4. 清楚不同趋势中出现相同形态的不同意义，并明白其内因。

5. 形态构造标准与否，与形态陷阱有直接关系，越容易辨别的形态，越容易形成陷阱；相反，越不容易辨别的形态，越有可能是真的。正确看待形态的变形及难以辨别的形态积极的一面。

6. 形态构筑时间的长短，与形态的真假有密切联系，理解形态构筑时间与形态真假的关系。

7. 形态的突破确认是把握形态技术的重要一环。熟悉并掌握突破确认方法与形态确认各自的优缺点。

8. 理解形态陷阱的实战理念，是投资者成功路上必不可少的重要一课。安全第一是市场中永不过时的话题。

第八章 K线组合及K线形态实战案例

K 线组合及 K 线形态是最具实战价值的技术之一，但是在实战当中，很多投资者要么是对 K 线组合或形态不是很懂，要么就是虽然知道组合及形态的实战含义，却不能正确使用。

任何一项技术都没有绝对的成功率，关键是如何去运用。在以往的培训中，笔者曾经着重地讲解过 K 线组合的技术含义及使用技巧，但是笔者发现很多学员经常在组合还未确立时就着急进场，结果是期待的组合没有形成，造成了不必要的损失。还有一些学员，虽然买入是按照组合的技术要求做的，但是当市场发生变化，买入组合失败时，就不知道怎么办了。更有甚者，当持有的股票出现了卖出组合时，虽然知道应该卖出，却不但没有卖，反而加仓买入，一错再错。

本书中所讲到的各种 K 线组合实战技巧，是笔者多年积累下来的实战经验，是经过多次市场检验的。但是，市场是复杂的，组合是死的、固定的，不可能百发百中，总有一两次会脱靶。所以，读者应活学活用，不可生搬硬套。

本章将以实例的形式，详细讲解 K 线组合及形态的使用技巧，以及买卖过程中的操作依据，希望能给读者带来有益的借鉴。

第一节 K线组合实战案例

一、组合实战案例之幻影移形

2011年4月26日，一位股友找到笔者，让笔者帮他看看通宝能源这只股票，当时笔者随意地看了一下，告诉他这只股票如果不着急可以拿着，但是笔者不会买这样的股票。他问笔者为什么。笔者指出，这只股票还没有形成突破，特别是前期2010年11月5日高开低走的长阴线存在着较大的压力，如果不突破这个压力，随时都有回落的风险。

虽然当时并未在意，但因为分析了它，所以就放到了自己的观察股池里。5月5日，该股早盘突然冲击了涨停板，引起了笔者的注意，但随后却冲高回落，且成交量大幅度放大。晚上股友又找笔者问是怎么回事。笔者指出，该股存在回落的要求，但有资金活动迹象，放量阴线有洗盘嫌疑。转日，也就是5月6日，该股果然大幅度低开，当日剧烈震荡报收十字星。随后，连续两根缩量小阳线，11日又是一个十字星。两根小阳线加上两个十字星，组成了幻影移形K线组合。当晚复盘时，笔者觉得机会来了，准备伏击它。

5月12日，大盘低开，通宝能源虽然也是低开，但走势明显强于大盘。中午收盘后，经过考虑，笔者决定买进它。下午一开盘笔者就以6.26元和6.28元的价格分两次填单买入。经过20分钟的小幅整理后，1时20分之后，该股逆势启动，封于涨停板。随后，13日直接跳空高开，并报收阳线。16日上午再次冲击涨停，但没能封死，虽然尾盘以涨停报收，但是笔者认为它要调整了。转日，也就是17日，早盘经过一个小时的停牌后，开盘股价即迅速下探，盘中数次反抽都没能翻红，2时30分之后，股价又一次跌破了分时均价线，笔者随即以7.66元的价格卖出。至此，短短四个交易日除去佣金，盈利超过了20个百分点（如图8－1所示）。

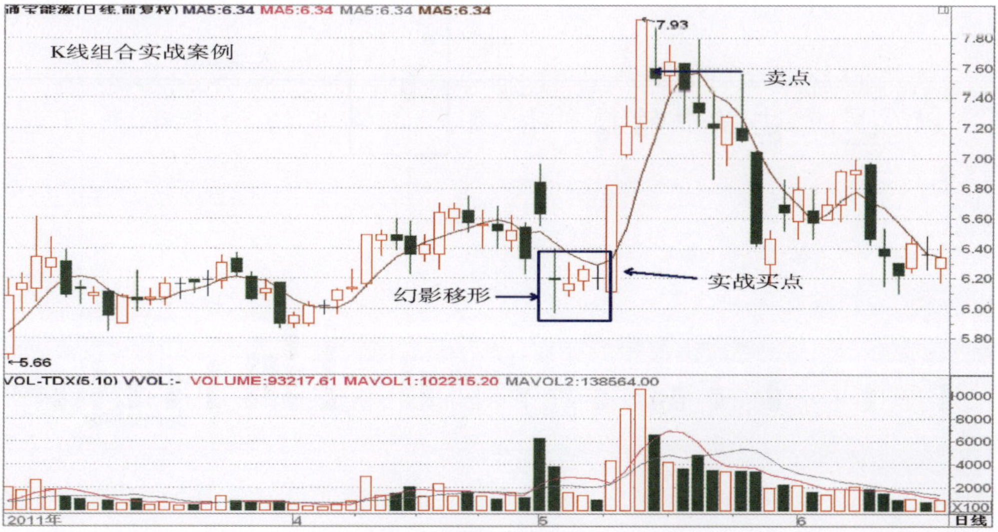

图8－1

图 8－1 是 600780 通宝能源的日 K 线走势图，时间是 2011 年 3 月 4 日至 2011 年 6 月 16 日。

二、组合实战案例之前仆后继

上次成功运作通宝能源之后，这只股票一直留在笔者的股票池中。8 月 3 日晚上复盘时，笔者发现它又回到了前期高点，但是冲高回落的走势，显示出这个位置似乎还有较大的阻力。随后，果然出现了连续三日的大幅度向下调整。当时大盘较为恐怖，8 月 8 日大盘暴跌后，9 日再一次巨幅低开，虽然当日该股也是低开，但是并未创出调整新低。随后，大盘逐波反弹，该股也快速反弹，并先于大盘翻红，至午间收盘时，已经将前一日的阴线实体吃掉了一大半，中午的时候笔者感到它又有机会了。下午开盘后，该股快速上攻，在股价完全吃掉 8 日的阴线实体后，笔者迅速下单以 7.55 元的价格追了进去。随后，股价经过两波脉冲，顺利拉至涨停板，形成了阳包阴的前仆后继组合。

转日，该股又一次向上跳空上攻，与上一次的走势如出一辙。但 11 日却并未再次上行，早盘直接低开震荡，最终还是收在了前一日的收盘价之上。12 日，该股早盘直接高开，但冲高后却大幅度回落。由于当日的成交量并未大幅放大，且重心也没有向下移，所以笔者决定继续持有。8 月 15 日，股价经过一个半小时的震荡后，于 11 时启动上攻，并于下午 2 时之后再次涨停。由于该股走势与前一次有些相似，加上又是尾盘涨停，所以笔者决定转日如果不是高开高走，就获利了结。16 日，该股小幅低开并快速下探，随即笔者以 9.10 元的价格止盈出局。至此，经过 5 个交易日，获利达 20 个百分点（如图 8－2 所示）。

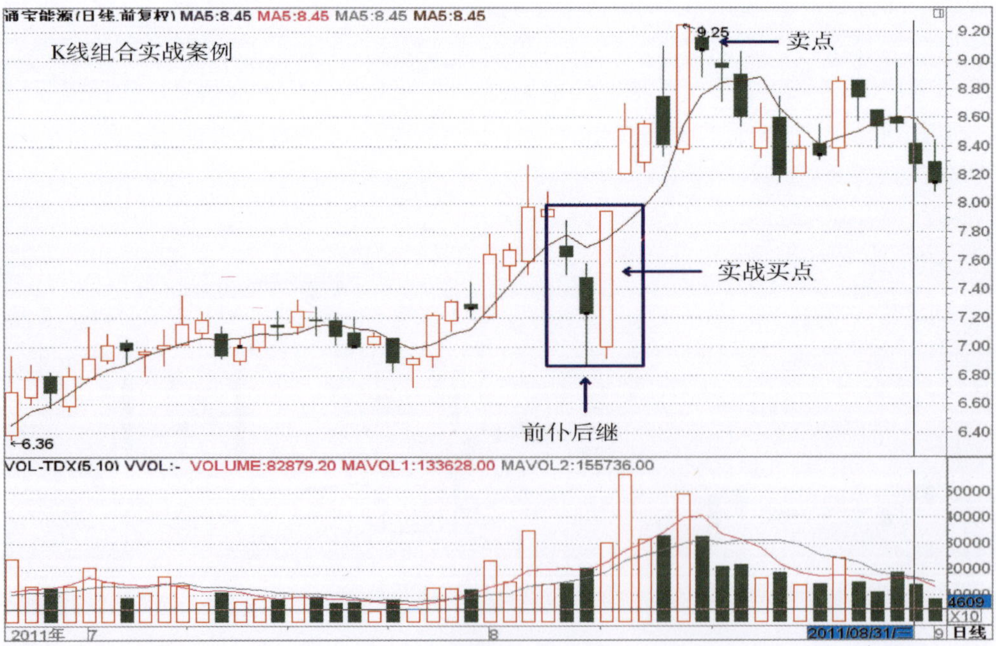

图 8－2

图 8－2 是 600780 通宝能源的日 K 线走势图，时间是 2011 年 6 月 24 日至 2011 年 9 月 1 日。

2011 年 5 月 18 日晚上，笔者复盘时翻阅涨幅排行榜，发现 000626 如意集团以涨停的形式形成了前仆后继组合，同时还创出了新高，重要的是它并未放量，根据量价关系及组合，笔者分析后认为该股短线存在较大的机会，所以决定转日如果走势良好就参与。

转日，也就是 5 月 19 日，该股早盘直接跳空高开，笔者当即决定追高，以 11.61 元的价格下单买进。上午曾经冲击涨停板，但未能封死。当日股价冲高回落。转日收获了一个涨停板。但是 23 日被宣布停牌。27 日复牌开盘即跌停。随后，虽然打开了跌停板，但最终尾盘还是以跌停报收。考虑到受停牌及消息的影响，所以笔者没有出局，但已经做好了止损的准备。转日，也就是 5 月 30 日，该股低开后快速回升，并再次涨停，同时还形成了两面夹击组合。

随后几日，股价虽然大幅震荡，但 6 月 7 日又一次涨停。8 日，宽幅震荡后报收小阳线，但小阳线有点吊颈线的味道。9 日，直接低开并大幅震荡，但尾盘跌破了分时均价，于是笔者以 13.45 元的价格止盈出局。至此，经过 11 个交易日，盈利超过了 15 个百分点（如图 8－3 所示）。

图 8－3

图 8－3 是 000626 如意集团的日 K 线走势图，时间是 2011 年 3 月 17 日至 2011 年 7 月 25 日。

三、组合实战案例之虚晃一枪

2011 年 4 月 19 日晚上复盘时，笔者发现 600152 维科精华连续两日的走势酷似比翼双飞组合，但由于 19 日的小阳线是冲高回落的，且上影线较长，所以打算重点跟踪一下。

随后，该股连续震荡调整，且走势上形成了下降旗形整理态势，所以笔者一路继续跟踪但并未采取行动。直到4月29日，当日股价大幅度低开，随后一路震荡回升，一直到收盘形成了虚晃一枪组合，但是由于股价并未突破下降旗形的上轨线，所以笔者并未着急进场。

5月3日假日后开盘，早盘该股即快速冲破了旗形的上轨线，随后在股价第二波上攻突破日分时均价时，笔者以11.67元的价格下单买进。当日该股在午间时涨停，下午开盘后涨停被打开，但尾盘还是收于涨停。因为尾盘涨停属于力竭式的强势，所以笔者认为该股短时间内会有调整，但当日因为上午发生了涨停现象，因此笔者判断即便是调整也会是强势的。另外，因为仓位不是太大，所以决定只要调整时价格还在买入价之上就拿着，反之则出局。

随后几日，股价果然出现了剧烈的震荡调整，而且5月6日的最低价几乎触及了11.67元的买入价，不过当日还是中阳报收。随后，股价开始连续发力上攻，直到5月11日，尾盘再次以涨停报收。又是尾盘涨停！由于短线涨幅已经较大，所以笔者在收盘前卖出了一半仓位。转日，也就是12日，早盘停牌一小时后开盘，股价快速向上攻击，随后又急速回落，当股价回落到日分时均价之下时，笔者以16元的价格又卖出了一部分，直到下午2时30分，股价反抽无力回升到日分时均价之上时，笔者即以15.61元的价格清仓出局。至此，经过8个交易日，盈利达到了34个百分点（如图8－4所示）。

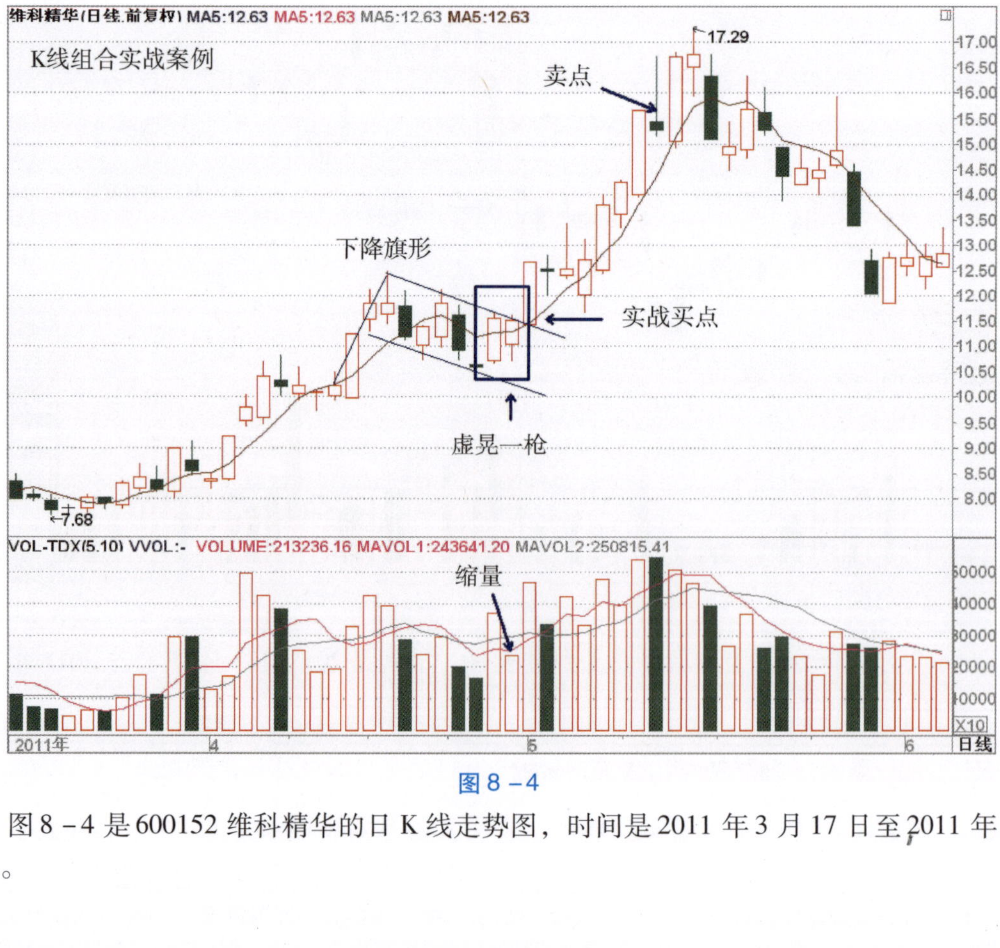

图8－4

图8－4是600152维科精华的日K线走势图，时间是2011年3月17日至2011年6月3日。

四、组合实战案例之两面夹击

600103 青山纸业这只股票也算是较为经典的股票，因为该股走势不但考验了人的耐性，同时也说明了贪婪需要付出代价。2011 年 5 月 2 日晚间翻阅跟踪观察的股票时，笔者发现青山纸业最近的几个交易日走势上蹿下跳，同时，该股走出了两面夹击 K 线组合。经过分析，笔者认为该股符合买入条件，所以决定转日买进。

5 月 3 日开盘后，该股剧烈震荡，因为笔者当日的主要精力集中在其他股票上，所以一直到 11 时左右才以 5.18 元的价格买入这只股票（这只股票连同其他五六只股票的操作细节及交易记录曾经公布在笔者的博客上）。当日青山纸业以大阳线报收，但随后该股出现了连续的震荡回落走势。经过连续 5 个交易日的调整后，该股于 5 月 11 日涨停。转日，也就是 12 日早盘，笔者发现该股量能出现了异常现象，所以决定冲高减仓，随后在 11 时 09 分和 11 时 29 分，分别以 5.78 元和 5.88 元的价格分两次清仓出局。至此，经过 8 个交易日，盈利达到了 15 个百分点（如图 8 –5 所示）。

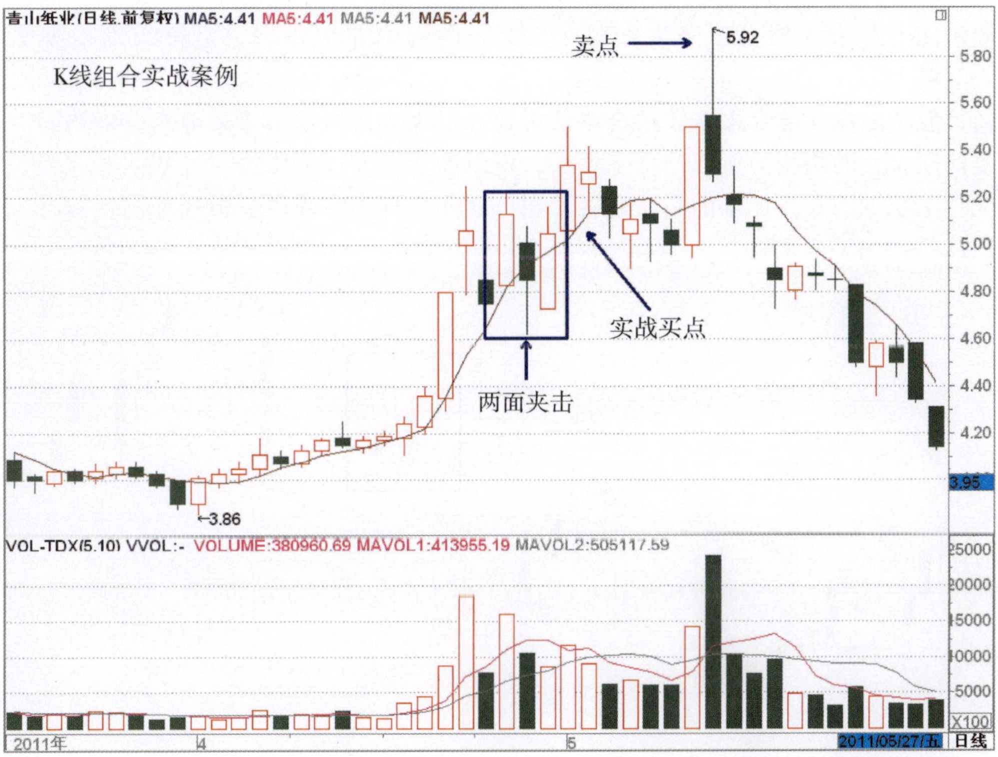

图 8 –5

图 8 –5 是 600103 青山纸业的日 K 线走势图，时间是 2011 年 3 月 21 日至 2011 年 5 月 27 日。

五、组合实战案例之以退为进

这是一个失败的案例，从最终的结果看，不但说明应该按照技术操作，同时也警示我们，形似神不似的结局终究是要失败的。

2011 年 7 月 4 日晚复盘时，笔者发现 600038 哈飞股份的 K 线组合酷似以退为进组合，但是 4 日的阳线并未完全吃掉前面的所有调整阴线，且成交量也不够大，所以决定转日看看走势再说。7 月 5 日，早盘股价快速冲高，且创出了反弹新高，同时成交量快速放大，所以笔者决定买入，于是在 10 时 10 分左右股价再次创出新高时，以 28. 23 元的价格填单买入。随后，股价没能继续上攻，且盘中成交量快速缩小，到收盘稍稍被套。由于当日整体成交呈现温和放大状态，所以笔者还是比较安心的。

6 日，该股大幅震荡，最终报收中阳线，让笔者觉得后面或许有戏可看。但随后的走势却否定了笔者的乐观。从 7 日、8 日开始，连续调整了两天，11 日股价回到了 6 日收盘价上方，但 12 日却没能上攻，且下午形成了震荡回落走势。由于当时笔者认为大盘的反弹目标已经达到，所以决定收盘前如果不能收复日分时均价就止损。一直到 2 时 30 分，看看股价回升已经无望，笔者随即以 27. 77 元的价格止损出局，最终亏损不到 2 个百分点。

这只股票的操作败笔在于，组合虽然形似以退为进，但是由于形成组合的当日并未完全收复前期调整的阴线，且成交量不够大，所以埋下了亏损的隐患。而买入的当日，成交量未能补上缺少的量，却未能引起笔者警惕，这才是真正的错误所在（如图 8 -6 所示）。

图 8 -6

图 8 -6 是 600038 哈飞股份的日 K 线走势图，时间是 2011 年 5 月 6 日至 2011 年 7 月 29 日。

第二节　K线形态实战案例

一、形态实战案例之头肩底

600868ST梅雁这只股票可以说是综合技术的经典。早在2010年7月时，笔者就开始跟踪它。该股从7月初到10月18日，构筑并宣布头肩底形态确立，但向上只有十几个点的升幅就开始震荡调整，并最终形成了再次探底走势，这期间笔者只是关注并未操作。直到2011年2月后，笔者才开始重点关注它。2月20日之后，走势已经形成了明显的头肩底态势，且右肩逐步形成，这种情况下只需等待向上突破右肩即可介入，所以，笔者每日都会关注它是否有突破迹象，直到2月28日涨停突破出现了买点（如图8－7所示）。

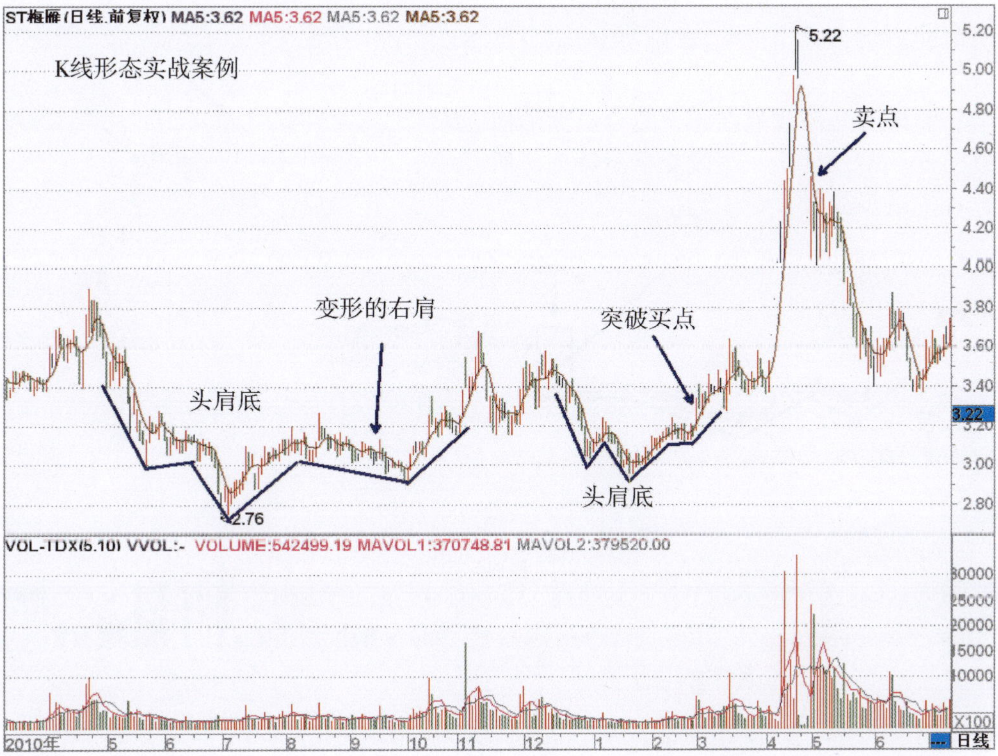

图8－7

图8－7是600868ST梅雁的日K线走势图，时间是2010年3月15日至2011年7月6日。

2011年2月28日，早盘一开盘该股就快速冲击涨停板，当时笔者并不知道，等笔者发现的时候已经冲击了涨停板，随后涨停板被打开，在回落到3.31元时，笔者快速下单买入。午间收盘前还是涨停了。当日不但形成了突破，同时也出现了一柱擎天买入组合。

随后，股价并未连续上攻，而是震荡向上。3月11日和3月14日股价对颈线位进行回踩确认后，又震荡回升，但还是没能形成上攻走势，随后的调整也没再回到颈线位，所以笔者没有采取任何操作。直到4月7日复牌后，开盘即一字涨停，随后又是连续两个一字涨停。4月12日经过一个小时的停牌后，开盘即再次涨停。13日开盘后巨幅震荡，最终报收了一根巨量的既触及跌停又触及涨停的小阳线。当日笔者并未有任何操作冲动，因为这种连续涨停后的巨幅震荡是很正常的。随后，14日、15日、18日、19日四个交易日又是连续四个涨停板。

20日起该股遭到证监会的稽查开始停牌。25日复牌后直接跌停，根本没有机会出逃，随后又是连续三个一字跌停板，直到4月29日下午2时30分左右，跌停被打开，并且盘中大幅直线反弹，在盘中触及涨停的一瞬间，笔者以4.46元的价格卖出了一半仓位。直到5月16日，看到主力已经无力回天了，当日下午笔者又以4.18元的价格清仓出局。至此，经过近2个月的操作，整体盈利30个百分点（如图8－8所示）。

图8－8

图8－8是600868 ST梅雁的日K线走势图，时间是2010年12月7日至2011年5月31日。

笔者买入002045广州国光后，曾经在读友群里公布了笔者的操作，同时也说明了笔者买入的理由。第一，周五（2011年9月2日）大盘下跌，它逆势上涨，强势体现出来了。第二，均线多头排列，且20日与30日黏合共振。虽然这个共振效果不是很大，但在大盘不好的情况下，形成的共振效果会大于正常的时候。第三，60日线已经向上走了很久，且股价近期一直在20日和30日均线缠绕的上方，这是均线即将发力的征兆。今日（2011年9月5日），大盘大幅度低开，但该股只是稍稍低开就快速向上且开始放量。以上是当时笔者给读友们的操作理由。笔者就是在第一波放量后的回调时买进的，大家看看买入时间（当时截图了笔者的买入操作）。因为这些读友只是《操盘赢家①——图解均线操盘口诀》的读者，所以，笔者只给了均线技术的解释。

9 月 5 日当日，笔者是在 9 时 43 分和 44 分以 8.26 元连续买进成交的。当日报收了大阳线，且形成了一柱擎天的买入组合。随后 6 日调整一天，7 日再次拉出大阳线，8 日、9 日、13 日，连续调整了三个交易日后，拉出了一根中阳线，但是未能创出新高，15 日股价低开低走，且下午破坏了上升趋势，所以，在收复日分时均价无望的情况下，笔者在 2 时 40 分左右以 8.84 元的价格清仓出局。至此，经过 8 个交易日，盈利近 7 个百分点。需要说明的是，本次操作虽然盈利不多，但是当时的大盘处于极度弱势状态，所以这个盈利笔者已经很满意。因为大盘很弱，所以操作这只股票的仓位并不大（如图 8－9 所示）。

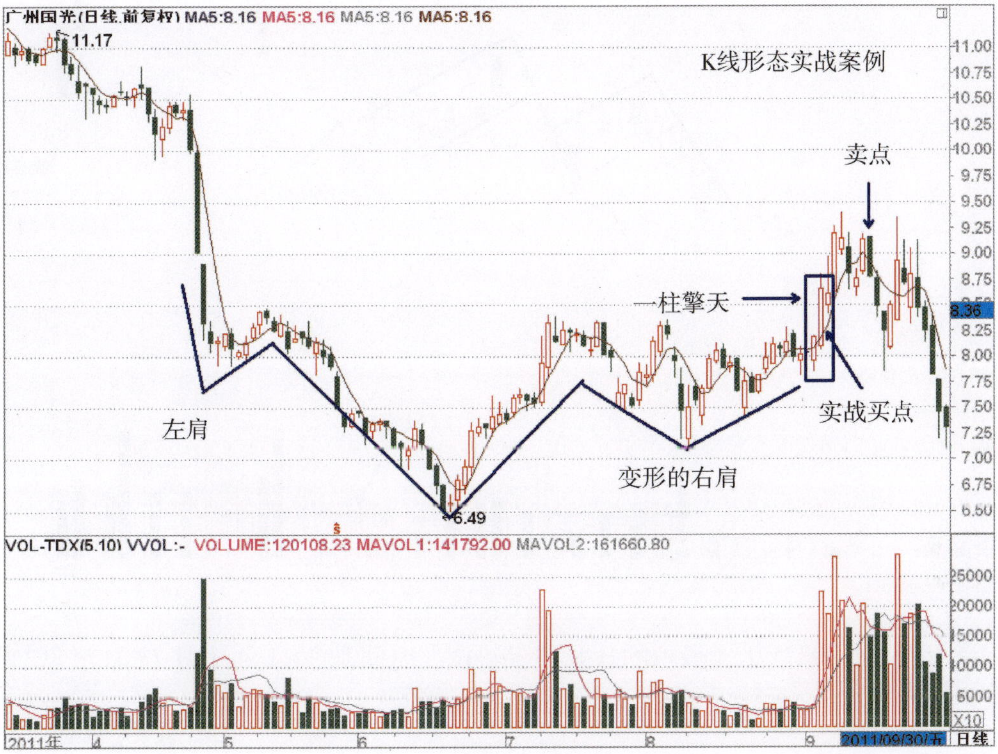

图 8－9

图 8－9 是 002045 广州国光的日 K 线走势图，时间是 2011 年 3 月 16 日至 2011 年 9 月 30 日。

二、形态实战案例之下降旗形突破

笔者 2011 年 3 月 14 日晚上复盘时，翻阅以前的股票池，看到 600725 云维股份走势很有规律，且之前形成了一次旗形整理。14 日当日虽然报收阳线，但是是尾盘拉起来的，且有明显的旗形整理特征，所以笔者决定跟踪看看。随后几日，股价连续小幅震荡，23 日下午 1 时 30 分时，该股出现了一波拉升，随后虽然震荡回落，但是股价已经稳稳站上了旗形的上轨线，同时成交量也温和放大，所以收盘前笔者以 10.46 元的价格买入。

经过连续两日小幅度攀升后，3 月 28 日报收了中阳线。转日，也就是 29 日盘中出现了大幅度拉升，但尾盘回落报收中阳线。30 日，盘中股价再次上攻，但是未能创出新高，且早盘冲高之后就一路回落，到尾盘时股价已经回到了前一日的收盘价，日线形成了长长的上影线。考虑到前一日也有一根长长的上影线，笔者感到上方压力巨大，所以决定出局，于是在收盘前以 11.37 元的价格卖出。经过 5 个交易日，盈利超过了 8 个百分点。虽然该股后来几日最高达到了 12.3 元的价格，但是那已经与笔者无关了（如图 8－10 所示）。

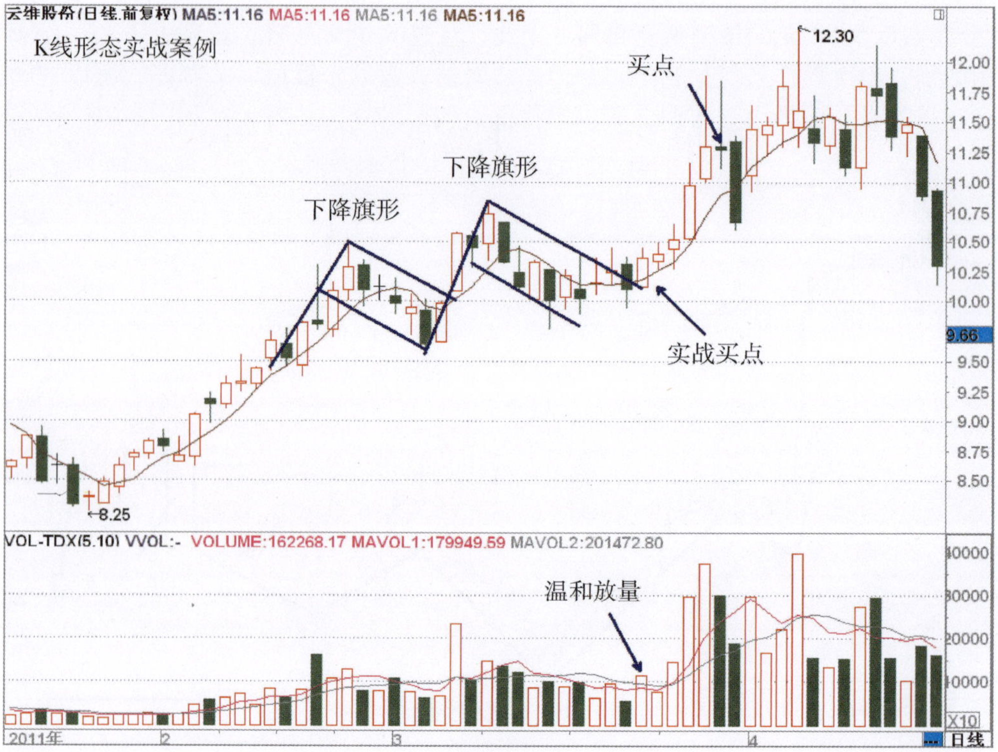

图 8－10

图 8－10 是 600725 云维股份的日 K 线走势图，时间是 2011 年 1 月 18 日至 2011 年 4 月 25 日。

三、形态实战案例之双重底

这是一个失败的案例，虽然最终是亏损的，但是操作上并无错误，也没有什么遗憾。002228 合兴包装这只股票是笔者随机性买入的。2011 年 9 月 6 日下午 2 时左右，笔者翻阅股票时发现了它，当时展开走势后，发现它已经突破了双底的颈线位，同时当日已经明显放量，于是笔者在 2 时 30 分时以 8.34 元的价格买入。

经过三个交易日的震荡，9 月 14 日报收了一根大阳线。由于是尾盘的拉升，所以笔者觉得还会有调整，没想到 9 月 19 日一开盘就快速跌破了双底的颈线位，随即笔者在 10 时 30 分左右以 8.04 元的价格止损出局。至此，经过 7 个交易日，亏损将近 4 个百分点。

这只股票虽然亏损了，但是我希望读者能明白亏损的原因，并正确看待亏损，因为技术没有只赚不亏的，股票市场也没有常胜将军。亏损是正常的，只要操作是正确的，有亏损也将是可控的（如图 8－11 所示）。

图 8－11

图 8－11　是 002228 合兴包装的日 K 线走势图，时间是 2011 年 3 月 29 日至 2011 年 9 月 30 日。

四、形态实战案例之上升三角形突破

2011 年 7 月 4 日复盘时，笔者发现了 000426 富龙热电，主要是前面的跌停吸引了笔者。翻阅了公告和消息后，得知该股重组失败，随后连续跌停。笔者认为主力是先行杀跌，且并未完全走脱，所以理应还有反弹空间，以供主力继续出脱手中的剩余筹码。

该股跌停之后，构筑了一个前低后高的双底，虽然这个双底不规范，但考虑到前期的特殊情况，所以觉得也还合理。7 月 4 日时股价已经站上了颈线位，但是由于成交量过小，所以笔者担心主力有急杀的可能性，没有着急进场。7 月 7 日，股价放量冲击了涨停板，同时一个上升三角形的突破态势也呈现了出来，但是由于担心假突破，所以并不敢追高，一直到尾盘确定可以守在日分时均价之上时，笔者才以 18.65 元的价格买入。

随后，股价震荡上行，13 日再次报收大阳线，14 日、15 日连续两根缩量小阳线之后，18 日缩量报收小阴线。转日，也就是 19 日，开盘后，股价快速下杀，10 时 30 分时股价已经跌破了 13 日大阳线的收盘价，随即笔者以 19.77 元的价格卖出。至此，经过 8 个交易日，盈利达 6 个百分点（如图 8－12 所示）。

图 8－12

图 8－12 是 000426 富龙热电的日 K 线走势图，时间是 2011 年 4 月 28 日至 2011 年 8 月 17 日。

后　记

经过几个月的紧张写作，《操盘赢家③——图解K线形态》终于完稿了。在本书写作过程中，《操盘赢家①——图解均线操盘口诀》及《操盘赢家②——图解量价关系》已经顺利出版发行，并得到了广大读者的肯定，令我非常欣慰。每一位作者都希望自己的书能够得到读者的认可，读者的肯定是对作者最大的奖赏。

很多读者来信来电，对我表示感谢，他们说市场上的技术书籍，大都没有什么实战价值，说我的书不但通俗易懂，且贴近实际，对实战帮助很大。实际上，每一本书都是作者心血的结晶，都有其自身的价值。但是，由于所处的角度不同，一些作者在写作时难免忽视了读者的感受，且由于个人的理解能力及悟性不同，使得读者难以理解书中的精髓。“操盘赢家系列”丛书，完全是站在散户的角度去写的，无论是市场心理、操作方式、技术使用，还是市场认识，都是以散户的思维来表达的，所以，能够使读者易于接受和领会。

本书写作过程中，得到了众多朋友的支持和帮助，特别是我广州的一位学生，一直默默地承担着《操盘赢家系列丛书》原稿的校对工作，在此我表示深深的感谢！另外，《操盘赢家系列丛书》，从审稿到发行，每一道程序都有很多幕后工作者的辛勤劳动，我在这里一并表示感谢！虽然写作过程中，我力求精益求精、通俗易懂，但是毕竟写作水平有限，所以，书中难免会有错误及遗漏，甚至会有某些技术解释让读者难以理解。在此，除了请广大读者包涵之外，更真诚地希望读者及证券界的高手批评指正。

由于连续完成了《操盘赢家系列丛书》前三册的写作任务，身心较为疲惫。无论是身体还是心理，都需要休息一段时间进行调整，以期尽快回到最佳状态。

奋　斗